新编21世纪高等职业教育精品教材

通识课系列

中国传统文化

（第二版）

主　编　战　歆　卢炳秋　尹成功　侯　佳　贾雨潇　李筱翎
副主编　刘文杰　梁晓霞　罗北战　卢　梦　谢分泮　孙小玉
主　审　阙勇平　苏　波　邓　洁

中国人民大学出版社
·北京·

图书在版编目（CIP）数据

中国传统文化 / 战歆等主编. -- 2版. -- 北京：中国人民大学出版社，2024.2（2026.3重印）

新编21世纪高等职业教育精品教材. 通识课系列

ISBN 978-7-300-32110-3

Ⅰ. ①中… Ⅱ. ①战… Ⅲ. ①中华文化—高等职业教育—教材 Ⅳ. ①K203

中国国家版本馆 CIP 数据核字（2023）第 162703 号

新编21世纪高等职业教育精品教材 · 通识课系列

中国传统文化（第二版）

主　编　战　歆　卢炳秋　尹成功　侯　佳　贾雨潇　李筱翎

副主编　刘文杰　梁晓霞　罗北战　卢　梦　谢芬萍　孙小玉

主　审　阚勇平　苏　波　邓　洁

Zhongguo Chuantong Wenhua

出版发行	中国人民大学出版社		
社　　址	北京中关村大街31号	**邮政编码**	100080
电　　话	010－62511242（总编室）		010－62511770（质管部）
	010－82501766（自营网店）		010－62514148（明德书店）
	010－62511173（销售部）		010－62515275（盗版举报）
网　　址	http:// www. crup. com. cn		
经　　销	新华书店		
印　　刷	北京昌联印刷有限公司	**版　　次**	2020 年 10 月第 1 版
开　　本	787 mm×1092 mm　1/16		2024 年 2 月第 2 版
印　　张	16.25	**印　　次**	2026 年 3 月第 3 次印刷
字　　数	303 000	**定　　价**	46.80 元

前言

几千年来，中华民族勤劳智慧的祖先们，以非凡的审美创造力，给我们留下了极为丰硕的文化遗产，它不仅对中华民族的发展产生巨大而深刻的影响，而且对世界文化的发展起到了重大的推动作用。

习近平总书记在中国共产党第二十次全国代表大会上的报告中指出："中华优秀传统文化源远流长、博大精深，是中华文明的智慧结晶，其中蕴含的天下为公、民为邦本、为政以德、革故鼎新、任人唯贤、天人合一、自强不息、厚德载物、讲信修睦、亲仁善邻等，是中国人民在长期生产生活中积累的宇宙观、天下观、社会观、道德观的重要体现，同科学社会主义价值观主张具有高度契合性。我们必须坚定历史自信、文化自信，坚持古为今用、推陈出新，把马克思主义思想精髓同中华优秀传统文化精华贯通起来、同人民群众日用而不觉的共同价值观念融通起来，不断赋予科学理论鲜明的中国特色，不断夯实马克思主义中国化时代化的历史基础和群众基础，让马克思主义在中国牢牢扎根。"这段话深刻阐明了我们党对待传统文化的立场态度，也集中体现了当代中国共产党人的鲜明文化观，指明了永葆中华文化生机活力的必由之路。

我的祖国我来爱，文化传承有我在。学习中国优秀传统文化，不仅对个人成长具有重要作用，还对落实文化认同，加强文化自觉和文化自信，陶冶当代大学生的人文情怀，建设中国特色社会主义新文化具有深远的意义。只有深入地了解和学习中国优秀传统文化，才能懂来处、明去处，才能更好地弘扬、传承中华五千年文明，实现中华民族伟大复兴的中国梦。

为此，我们在第一版的基础上对本教材进行了修订，进一步筛选和优化了内容，以党的二十大精神和《关于实施中华优秀传统文化传承发展工程的意见》《高等学校课程思政建设指导纲要》《关于推动现代职业教育高质量发展的意见》等为依据，以弘扬和传承中华优秀传统文化为立足点，以模块化的形式介绍了中国主流传统思想、传统礼仪、古代文学、书法和绘画、戏曲、体育、传统节日、中医药、服饰文化、饮食文化和古代建筑等内容，帮助当代青年加深对中华优秀传统文化人文内涵的理解，领悟中国文化和智慧，提高审美情趣，激发爱国精神，厚植家国情怀，坚定文化自信，达到潜移默化、以文化人的育人目的。

在修订过程中，结合教学实践吸取各家所长，与同类教材相比，本教材具有以下特点：在内容选择上，做到人文教育与思政教育相融合，既有人文知识的普及，也有文化内涵的挖掘，还有课程思政点的融入，在知识传授的过程中，“润物无声”地融入对当代青年的思想品德教育；在体例编排上，除了系统介绍知识外，还提供了本课程教学团队教师讲授的微课视频（二维码），设置了实践体验与知识拓展栏目，较好地实现了把教育效果从课堂延伸到课外。

本教材编写团队成员全部是一线教师，编者在编写过程中参阅了大量学者的有关著作和著述，从中得到了不少启发和帮助，在此表示衷心的感谢！

由于水平有限，加上时间仓促，书中的错误和不妥之处在所难免，敬请广大读者和专家批评、指正。

目录

模块一 

内化于心　外化于形

学习目标

1. 了解文化、中国传统文化和中国文化的基本内涵；了解中国传统文化产生的地理、政治、经济条件和基本精神，了解本课程学习目的。

2. 概览中华文化的悠久历史和独特魅力，明确中华文化复兴的重要性和责任感。

3. 激发对中华民族悠长辉煌、博大精深的历史文化的赞叹与感慨，增强文化认同、文化自觉和文化自信，增强民族自豪感，激发爱国热情。

人文精神荟萃

文化认同　文化自信　文化自觉　爱国精神　责任与担当

情景导入

观看2022年北京冬季奥运会开、闭幕式，在欣赏绚烂的中国传统文化瑰宝的同时，感受当代中国科技文化蓬勃发展的生命力，领略中华民族优秀的物质文化和精神文化，从而更加明确学习中国优秀传统文化的意义，引导新时代青年人肩负起文化传承的责任，以达到增强文化自信心、民族自豪感，激发爱国热情的目的。

中国传统文化博大精深，源远流长，在世界四大古老文明中，中国传统文化是唯一尚存且生生不息地延续着，没有出现过断层的文化体系。在有文字可考的四千多年漫长岁月中，我们勤劳智慧的祖先们，以非凡的创造力，给我们留下了极为丰硕的文化遗产。它不仅对中华民族的社会发展产生了巨大而深刻的影响，而且对世界文化的发展也起到了重大推动作用。学习中国传统文化，不仅对个人成长具有重要意义，对落实文化认同，加强文化自觉和文化自信，陶冶当代大学生的人文情怀，建设中华民族社会主义新文化也具有深远意义。作为当代中华儿女，只有深入地学习和了解中国传统文化，才能懂来处、明去处，才能更好地弘扬、传承中华五千年的文化传统，实现中华民族伟大复兴的中国梦。

项目一　中国传统文化概述

历史悠久的中华民族，以其宏伟壮阔、博大精深的文化令世人瞩目。中国传统文化犹如一座宏伟的殿堂，蕴藏着无尽的宝藏和资源，是我们每一位中国人的骄傲。认真学习中国传统文化，继承中华民族的智慧，创新发展社会主义新文化，构建和谐社会，实现中华民族的伟大复兴，是我们的责任和使命。

一、中国传统文化的定义

（一）文化

每个中国人都能随口举出诸多中国文化的象征物，大到长城、兵马俑、故宫、颐和园，小到书画、折扇、刺绣……我们常说到“文化”一词，但你有没有认真思考过它的准确含义？“文化”概念的内涵十分丰富，外延非常广泛，因此，给“文化”下一个严格精准的定义非常困难，不同学者在他们的著作中给“文化”下过的定义不少于两百种。

《说文解字》说：“文，错画也，象交文。”可见“文”的本义为纹理，如手上的掌纹，织物的布纹，后引申为“文字”“文章”“礼乐制度”“精神修养”等，如成语“文质彬彬”。

“化”的本义为变化、生成、造化，指事物形态或性质的改变。所谓“万物化生”（《易·系辞下》），其引申义为风俗、风气的教化，如成语“潜移默化”。

“文化”二字合用，包含“人文”“化成天下”“以文教化”之意。我国最早将“文化”合而用之的人是西汉时的刘向，他在《说苑·指武》中说：“凡武之兴，为不服也，文化不改，然后加诛。”大意是：圣人治理国家要先利用文化和道德，然后才运用武力。用武力得到国家的人，难以使人降服，如果不能使其内在发生改变，以后也会像这样被别人动用武力。这句话说明了人文教化的重要性。

今天，人们使用“文化”一词时，它可以指知识，如“学文化”“文化课”；也可以指某种比较典型的社会生活习惯、风俗，如“饮食文化”“节日文化”等。它是“人类社会物质财富和精神财富的总和”，如“仰韶文化”“玛雅文化”；也是“社会意识形态”，如“文化领域”等。

文化是人类社会特有的现象，是人们社会实践的产物，是人们长期创造形成的产物；文化又是一种历史现象，是社会历史的积淀。它包括思想观念、思维方式、价值取向、道德情操、生活方式、礼仪制度、风俗习惯、宗教信仰、文学艺术、教育科技等。人类生存、发展的过程，同时就是选择文化、创造文化的过程。

（二）中国文化与中国传统文化

所谓传统文化，是指在长期的历史发展过程中形成和发展起来的，保留在每个民族中间，具有稳定形态的文化。它是一个民族的历史遗产在现实生活中的展现，有着特定的内涵和占主导地位的基本精神。它负载着一个民族的价值取向，影响着一个民族的行为方式和生活方式，汇集出一个民族自我认同的凝聚力。

中华民族在过去的历史过程中创造并发展起来的、保留在民族中间的、具有稳定形态的、对现在社会仍有影响的就是中国文化，中华民族是 56 个民族的总称，因此，中国文化包含了 56 个民族的文化。

如按时代划分，中国古代文化可以分为九个阶段：原始文化、殷周文化、春秋战国文化、秦汉文化、魏晋南北朝文化、隋唐文化、两宋文化、辽夏金文化、明清文化。一般来说，中国传统文化指的是 1840 年鸦片战争以前我国的古代文化。

二、中国传统文化的特点

（一）崇尚统一，追求稳定

秦汉实现统一后，特别是汉代董仲舒对“大一统”观念的理论阐述，使统一逐渐转化为民族文化深层结构的社会心理，形成了中华民族的独特政治思维定式——以江山统一为乐，以社稷分裂为忧，这是中华民族天经地义和永志不移的政治价值取向。历朝历代的统治者与被统治者都认同统一，认为只有统一才能创造开明的政治、繁荣的经济和文明的社会，国家才能强盛，百姓才能安居乐业。

正如李中华在《中国文化概论》中所说：“中国传统文化在其历史发展的长河中，逐渐形成了一个以华夏文化为中心，同时汇集了国内各民族文化的统一体。这个统一体发挥了强有力的同化作用，在中国历史上的任何时刻都未曾分裂和瓦解过。即使在内忧外患的危机存亡关头，在政治纷乱、国家分裂的情况下，它仍能够保持完整和统一。这一特征在世界任何民族的文化中都难以找到。”

（二）伦理至上，群体至上

在中国封建社会，人们的注意力集中在父子、长幼、上下、尊卑等人伦关系上，对人伦关系的重视远远超过对宇宙、自然及生产技术的探索，重伦理、轻自然的特点非常显著。这就造成了中国封建社会真正实验意义上的自然科学始终不发达，直到 19 世纪，中国思想史上从来没有出现过一次科学革命，中国的自然科学长期停留在经验或技术的水平上，没有形成近现代形态的各种自然科学理论体系。

中国古代还十分强调群体至上，两千多年来一直延续着“家族本位”传统。传统主流思想认为：构成社会的本体是家而不是个人，一个独立个体的人，对家以上的群体要承担无限的义务与责任，个体对社会应具有服从甚至牺牲奉献精神。个体的社会角色首先是家庭成员，然后才是社会公民，家族是家庭的扩大，国家是家族的扩大和延伸。中华民族的群体意识对维护社会稳定起了重要作用，促进了个体对家、国义务的履行，所谓“在家尽孝，在外尽忠”，但这也因此抑制了个体的自由发展。

（三）尊老尚古，贵中尚和

在中国人的传统观念中，老者是智慧与经验的化身，所以要“尊老尚古”，以孝为本。儒、墨、法、道各派皆以“法先王”的方式来推行其政治理想，即“述而不作，信而好古”（孔子语，意为只是传述而不创作，相信而且喜好古代的东西），一切可能给生活带来不确定性和风险的东西都不想、不说，更不做。

“中”是不偏不倚，既不要不足，也不要过度，也就是孟子所说的“中庸”。“和”是和气、和睦、和平、和谐。传统观念认为，不同人、不同时间、不同空间，做事的尺度不尽相同，因人、因时、因地而为才是人们应该追求的境界。只有“贵中”才能调和事物的矛盾，才能“尚和”，才能使社会和谐。中国人一贯追求群体和谐、社会和谐、天人和谐，认为“天时不如地利，地利不如人和”。和谐之美在传统思想中被看作一种最高境界。

（四）兼容并包，丰富多彩

中国人历来认为，只有包容、兼容，吸纳不同的意见，汇集不同的声音，在矛盾的对立统一中才能体现自身的价值。汉代以后，尽管儒家学说一直占据主导地位，但法家、墨家、道家、佛教等思想并没有因此消失或中断，仍然占有一席之地，呈现多元一体、多元共存的格局。正是由于不断地吸纳和兼收周边各少数民族或世界各地的优秀文化，中国传统文化才更加丰富。

项目二　学习中国传统文化的意义

传统文化是我们先人留下的伟大的精神瑰宝，保存先人的成就并使后人适应社会是一种既定形态。对待中国传统文化必须注意辩证地分析，批判地继承，最终发展和创新。应在批判地继承中国传统文化的基础上，吸收先进的外来优秀文化，创造传统与现代统一的、民族与世界统一的，民族的、科学的、大众的现代中国社会主义新型文化。开拓创新，兼收并蓄，根据社会主义现代化精神文明建设的需要作出创新性发展，完成社会主义现代文化建设任务，是正确对待中国传统文化、建设和发展社会主义新型文化的根本途径。

党的二十大报告指出："坚持和发展马克思主义，必须同中华优秀传统文化相结合。只有植根本国、本民族历史文化沃土，马克思主义真理之树才能根深叶茂。中华优秀传统文化源远流长、博大精深，是中华文明的智慧结晶，其中蕴含的天下为公……等，是中国人民在长期生产生活中积累的宇宙观……的重要体现，同科学社会主义价值观主张具有高度契合性。"

我们正处在一个承前启后、继往开来的重要历史关头，面对科学技术的迅猛发展和世界各国的激烈竞争，面对世界范围内各种文化的相互激荡，面对小康社会人民群众日益增长的文化需要，学习中国传统文化，不断提高广大人民尤其是青年一代的文化素质，对大力推进中国特色社会主义文化建设具有重要意义。

一、有助于学会做人，提升整体素质

长期以来，人们比较注重使受教育者学会求知，学会做事，这无疑是十分必要的，但往往忽视了更重要的一条，就是教他们学会做人。所谓学会做人，就是学会处理人与人、人与社会的关系。在当代中国就是要有爱国主义、集体主义思想，有高尚的道德情操，有正确的世界观、人生观、价值观。用毛泽东同志的话说，就是要成为"一个高尚的人，一个纯粹的人，一个有道德的人，一个脱离了低级趣味的人，一个有益于人民的人"①。

中国传统文化可以说是一种如何做人的文化，非常注重伦理道德和人

① 毛泽东．毛泽东选集：第 2 卷．2 版．北京：人民出版社，1991：660.

格修养，被世人归结为伦理型文化。《大学》一书开宗明义地指出“大学之道，在明明德，在亲民，在止于至善”，并且提出“正心、诚意、修身、齐家、治国、平天下”的主张。这完全是以对道德的自我追求和完善为宗旨的。儒家倡导的“仁者爱人”“己欲立而立人，己欲达而达人”“己所不欲，勿施于人”，也浸透了怎样做人的伦理精神。儒家的崇仁、尚义、重节等一系列言论，以及道家所主张的不为境累、不为物役、绝圣弃智、洁身自好，实际上都是对理想人格的追求和对实现个体价值的向往。中华民族有源远流长的人文教育传统，以儒学为中心的人文教育是中华传统人文教育的主流。这种重礼、崇仁、尚义、追求高尚完美人格的人文教育传统，对受教育者思想感情的熏陶、人格的塑造具有不可忽视的作用，培养了一代又一代优秀人物，维系着中华民族的生存和发展。

孔子

二、有助于以理性态度和务实精神去继承传统

马克思说过：“人们自己创造自己的历史，但是他们并不是随心所欲地创造，并不是在他们自己选定的条件下创造，而是在直接碰到的、既定的、从过去承继下来的条件下创造。”① 中国传统文化，就是我们“直接碰到的、既定的、从过去承继下来的条件”，是影响中国人过去、现在和将来的传统。从一定意义上讲，传统是社会的一种生存机制和创造机制。借助于它，历史才得以延续和发展，社会的精神成就和物质成就才得以保存和实现。正因为如此，文化传统并非仅滞留于博物馆的陈列品和图书馆的线装书之间，它还活跃在今人和后人的实践当中，并在这种实践中不断改变自己。每一个有志为民族的未来贡献心智和汗水的中国人，都应该努力熟悉传统、分析传统、变革传统，而学习、研究中国传统文化，则有助于培育这种理性态度和务实精神。

三、有助于增强民族自尊心、自信心、自豪感

中国传统文化是世界上最古老的文化之一，也是世界上唯一没有过断层的古老文化。它是东方文化的典型代表，有着独特的价值系统和思维方式，是人类文明发展史上的一块瑰宝，对世界文化的发展发挥了重大的推动作

① 马克思，恩格斯．马克思恩格斯选集：第 1 卷．3 版．北京：人民出版社，2012：669.

用。中国传统文化在人类历史上光芒四射，而且至今仍有重要价值，有的在世界上仍处于领先地位，即使在科学技术领域中也是如此。

随着科学技术的发展，人类社会进入信息社会，人类各民族文化相互交流的深度和广度都在不断拓展。在这样的时代大背景下，中华民族及其文化应以怎样的姿态参与合作与竞争，是每一个华夏儿女都应该思考的问题。真正把握一个民族的文化特征，比把握诸如皮肤、头发、眼睛的颜色之类的体质特征要困难得多。然而，任何民族，其文化形态虽然纷繁多彩，但都可以寻觅到该民族文化的主色调、主旋律。我们之所以能够从芸芸众生中大致辨识各民族的特征，是因为每一个民族内部本身存在着繁复多样的阶级、阶层、集团、党派及个人修养和性格的差别，但同时也深藏着表现于共同文化上的共同心理素质，这便是所谓民族精神。中国文化源远流长，博大精深，在相当长的历史时期里，一直处在世界领先地位，给世界文明做出了巨大贡献。学习中国文化，是我们认识自己、把握中华民族精神的可靠途径，更有助于振奋民族精神，增强民族自豪感和民族责任感，提高民族自尊心和民族自信心，全面弘扬爱国主义精神，增强凝聚力。

四、有助于深入认识中国国情，推动经济快速发展

古老的中国在漫长的历史时期内，无论是在经济文化方面，还是在科学技术领域，都走在世界前列，处于领先地位，只是自明朝中叶以后才逐渐停滞和衰退，落在了西方国家之后。一些思想界人士曾将中国落后的原因归咎于以儒学为代表的中国传统文化，然而到了 20 世纪六七十年代，在以中国传统文化为母体文化所构筑的中华文化圈中，东亚一些国家和地区的经济开始腾飞，日本及亚洲“四小龙”的经济快速增长，这些事实显示出以儒学为核心的中国传统文化的价值。这种以儒学为核心的经世致用的传统文化对经济基础是有积极的能动作用的。由此可见，学习和弘扬中国传统文化对我国经济快速发展必将产生积极的推动作用。

当代中国人面临的历史使命是建设中国特色社会主义，完成这一千秋伟业的认识前提就是要切实认清中国的国情。国情的实质就是文化的历史与现状。新中国成立以来，中国走过了艰难曲折的道路，取得了举世瞩目的成就。但是，我们的社会发展和文明进步的程度还远远不能满足人民的需求。数千年的传统文化给我们留下了丰厚的遗产，同时也带来因袭的重负。外来文化的积极因素，我们吸取得还不够充分，但其负面影响已引起我们的警惕和忧虑。深入剖析传统文化与外来文化对今日中国的影响，总结我们走过的道路，是认清国情的必要工作。

五、有助于开阔文化视野，为建设社会主义现代新文化服务

从古今中外杰出人才的成长过程来看，除老师的教导和课堂学习外，无一不是从前人留下的文化精品中得到启发，受到熏染。中国传统文化当中那些宝贵的经典能给人无尽的滋养。了解这些经典，可以开阔文化视野，它们多是开放的体系而非实证的结论，是关于社会、人生等普遍性问题的论述，因而既是超越时代限制的，又是极富民族特色的，对后来者极富启迪作用。

学习中国传统文化，除了要加强人们的自身修养外，还担负着建设中国未来新文化的任务。中国未来文化是现代文化，它只能是植根于中国传统文化基础之上，并能体现中国传统文化精神的新文化。它既是现代的，又是传统的，是“现代”与“传统”的统一；它既是世界的，又是民族的，是“世界”与“民族”的统一。中国传统文化素有包容精神，能够并善于与外来文化融合，以升华自身。学习中国传统文化，有助于我们开阔视野，解放思想，以海纳百川的气概与开放的心态面向世界，博采各国文化之长，以保持旺盛的活力，创造出更加绚丽多彩的有中国特色的社会主义文化，对人类文明做出自己应有的贡献。

【微课扫一扫】

文化与中国传统文化

中国传统文化的生成背景及基本精神

继承和弘扬中国优秀传统文化

测一测①

一、单项选择题

1. 有历史记载的从事汉字规范工作的第一人是（　　）。

A. 黄帝　　B. 仓颉

C. 太史籀　　D. 许慎

① 如需参考答案，可至中国人民大学出版社官网（www.crup.com.cn）下载。

2. 中国文化中的（　　）观念，强调人与自然的和谐统一。

A. 大一统　　B. 以人为本

C. 天人合一　　D. 安身保命

3. 中国传统文化指的是（　　）以前的中国古代文化。

A. 清军入关　　B. 中华民国

C. 鸦片战争　　D. 解放战争

4. 中国古代文化可以分为（　　）阶段。

A. 六个　　B. 七个

C. 八个　　D. 九个

5. 秦汉实现统一后，特别是汉代（　　）对“大一统”观念的理论阐述，使统一逐渐转化为民族文化深层结构的社会心理，形成了中华民族的独特政治思维定式——以江山统一为乐，以社稷分裂为忧，这是中华民族天经地义和永志不移的政治价值取向。

A. 李斯　　B. 韩非子

C. 孔子　　D. 董仲舒

6.（　　）一书开宗明义地指出“大学之道，在明明德，在亲民，在止于至善”，并且提出“正心、诚意、修身、齐家、治国、平天下”的主张。

A.《论语》　　B.《大学》

C.《中庸》　　D.《孟子》

7. 中国最早的医学专著是（　　）。

A.《难经》　　B.《黄帝内经》

C.《脉经》　　D.《千金方》

8.（　　）的《道德经》被誉为“世界哲学之起源”。

A. 老子　　B. 孔子

C. 墨子　　D. 孟子

二、多项选择题

1.“文”的本义为纹理，后引申为文字、文章等；“化”的本义为变化、生成。“文化”二字合用，包含有（　　）之意。

A. 人文　　B. 以文化人

C. 以文教化　　D. 化成天下

2. 中国传统文化具有（　　）的特点。

A. 统一性与延续性　　B. 贵中尚和，兼容并包

C. 重群体，轻个体　　D. 重人伦，轻自由

3. 党的二十大报告指出：“中华优秀传统文化源远流长、博大精深，是中华文明的智慧结晶，其中蕴含的天下为公、民为邦本、为政以德、革故鼎

新、任人唯贤、天人合一、自强不息、厚德载物、讲信修睦、亲仁善邻等，是中国人民在长期生产生活中积累的（　　）的重要体现。”

A. 宇宙观　　　　B. 天下观

C. 社会观　　　　D. 道德观

4. 中国传统文化是世界上最古老的文化之一，是东方文化的典型代表，给世界文化以重要的影响，学习中国传统文化，有助于增强（　　）。

A. 文化自信　　　　B. 民族自豪感

C. 爱国精神　　　　D. 民族责任感

实践体验与知识拓展

1. 我的美丽家园。

主题：陈述你对目前所居城市的了解，向世人展示它的城市魅力，说明你认为它是“美丽家园”的理由。

内容：参观所居城市的博物馆。要求有参观笔记，有照片或视频（经博物馆允许）。

要求：分小组进行口头观感交流，交流结束后，整理参观笔记，完成作业上交。

2. 纪录片《圆明园》由北京科学教育电影制片厂历时四年、投资 2 000 多万元拍摄出品，它运用三维特技，再现了昔日皇家园林“万园之园”的盛景。影片从意大利传教士朗士宁切入，描述了清朝皇家园林从初建到大规模扩建成旷世园林，再到英法联军对这座人间仙境的破坏、焚烧的历史。

请同学们利用课后时间观看，并撰写 500 字的观后感。

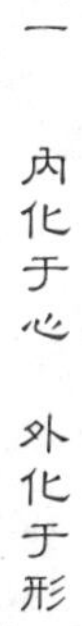

模块二

古圣先贤　智耀千秋

学习目标

1. 了解中国古代思想的发展脉络，熟悉诸子百家的代表人物及其主要思想，掌握诸子百家思想的现实意义和价值，学会运用中国古代思想分析解释现实生活中的现象和问题。

2. 了解中华民族传统美德，理解继承和弘扬中华传统美德对涵养人的道德品质、处理人际关系及人与社会的关系中所发挥的作用。

3. 党的二十大报告中提到“提高全社会文明程度。实施公民道德建设工程，弘扬中华传统美德”，运用中国古代思想滋养和培育正确的世界观、人生观、价值观和道德观，引导大学生自觉践行社会主义核心价值观。

人文精神荟萃

中华民族基本精神　中华传统美德　社会主义核心价值观　和谐社会

情景导入

科学史家萨顿在《东方和西方》的演讲中说：“新的启示可能会，并且一定会来自东方。”瑞典物理学家汉内斯·阿尔文博士（1970 年诺贝尔物理学奖获得者）指出：“如果人类要在二十一世纪生存下去，必须回到二十五个世纪之前，去汲取孔子的智慧。”英国著名历史哲学家阿诺德·汤恩比博士认为：“能够真正解决二十一世纪社会问题的，唯有中国的传统文化。”中国古典哲学思想不仅对于当代中国具有重要意义，而且对于当代美国乃至当代世界同样具有启发性。

中国在两千年前就出现了孔子、老子、庄子、孟子、荀子等哲学家，他们关于人如何改善自身、如何改善社会的思想，对后世有着重要而又深远的影响。然而，这些古典思想对当代的年轻人来说仍然具有启迪意义吗？

哈佛大学历史学家迈克尔·普鸣教授认为，中国古典哲学思想不仅对于当代中国具有重要意义，而且对于当代美国乃至当代世界同样具有启发性，“中国古典哲学思想是那么卓越不凡……它会改变你的生活”。

项目一　中国古代思想概述

中国传统思想文化浩如烟海，蓄积深厚，是中国传统文化长期发展的思想基础和内在动力，也是推动和指导中华民族文化不断前进的思想武器。它经历了一个长期复杂的发展历程，各有时代特色。本项目分先秦、两汉、魏晋、隋唐、宋明、清代六个时期，来梳理在历史演变中不断丰富和发展的中国传统思想文化，通过对不同历史时期最有代表性的思想学术流派、思潮和思想家及其主要观点的介绍，系统地阐述了中国不同历史时期学术与思想的渊源、发展和基本精神，勾勒出中国传统思想文化的发展脉络图，清晰呈现了中国传统思想文化的核心价值、基本特征特色及其对中国传统文化的深刻影响。

一、先秦文化

先秦是中国传统文化由原始文化发展到国家形态文化的时期，先秦文化既是中国早期文化的集中呈现，又为后世文化奠定了基础，是中国古代文化的第一个高峰和文化元基因，对后世文化影响巨大。之后 2 000 多年来的中国传统文化，从根本上讲是对先秦文化的延展与回应。因此，先秦文化的出现，标志着中国传统文化的形成。

（一）夏代文化

1. 中国国家形态的形成

夏代是中国有文献记载的第一个朝代，存在于公元前 21 世纪至公元前 16 世纪，都城在阳城（今河南登封）、安邑（今山西夏县）等地。

夏代的出现，标志着中国古代原始部落社会结束、中国国家形态形成，中国至此由原始社会的无序状态进入国家行政管理的有序时代。

2. 文化成就

由于夏代历史久远，也没有成熟的文字，流传下来的文化遗迹较为罕见。20 世纪 50 年代河南偃师市二里头村发现的二里头文化遗址是夏文化的重大发现，文化遗址中包含城址、宫殿建筑、村落、墓葬群，出土了大批陶器、石器、早期青铜器、玉器、象牙雕刻器和漆器等，是研究夏代经济和文化的珍贵资料。

二里头文化遗址和出土文物

（1）天文历法。

夏代的天文历法文化较为发达。天干、地支的概念已经出现，相传如今仍在使用的农历（民间又叫“夏历”“阴历”）就来源于夏代。其实真正的夏历早已失传，今天所用的农历是汉代出现的“汉历”，但人们仍然沿用了“夏历”之名。

周代《大戴礼记》中的《夏小正》，是中国现存最早的农事历书。虽然成书在周代晚期，但经历代学者考证，内存夏代资料，也有人认为它就是夏代的历法。

（2）青铜器的冶炼与使用。

夏代已出现青铜器的冶炼与使用，诸多历史文献对此均有描述。如《墨子·耕柱》:“昔日夏后开使蜚廉折金于山川，而陶铸之于昆吾……九鼎既成，迁于三国。”《史记·封禅书》:“禹收九牧之金，铸九鼎。”《越绝书》:“禹穴之时，以铜为兵。”二里头文化遗址出土的青铜小刀和青铜锥，证实了夏代已有青铜冶炼和使用的事实。

（3）官的出现。

夏代是中国国家形态的开始。国家的形成，必然带来国家机构的建立，进而产生行政者——官。因此，中国的官制度文化，可以追溯到夏代。根据《礼记》有“夏后氏官百，天子有三公、九卿、二十七大夫、八十一元士”的记载，夏代的官制已比较完善。

3. 对夏代文化的认识

（1）国家形态的形成为中华民族的生存发展提供了客观基础。

（2）官的出现，使中国至此进入行政管理的时代。

（二）商代文化

1. 商代文化是中国传统文化重要的里程碑

商代建于公元前 16 世纪，至公元前 11 世纪灭亡，最早建都亳（今河南商丘），以后多次迁都。盘庚时将都城由奄（今山东曲阜）迁至殷（河南安阳），所以又叫作“殷商”。商代文化是中国传统文化重要的里程碑，取得了辉煌的成就。

2. 重要文化现象

（1）青铜器制造水平的登峰造极。

青铜的冶炼与制造技术在商代已经炉火纯青。尽管中国不是世界上最早冶炼、制造青铜器的国家，但商代的青铜冶炼技术与制造水平堪称当时世界第一。后母戊青铜方鼎就是商代青铜器的代表之作，其精美程度无与伦比。

（2）成熟文字的出现。

19 世纪末 20 世纪初，在河南安阳小屯村陆续发现了 10 万余片甲骨文，学者们整理出古文字图形 4 000 余个，可识别的文字 2 500 多个。这些文字是古人用刀刻在龟甲或兽骨上的意义符号，所以叫作“甲骨文”。甲骨文是商人对占卜情况进行记载的文字符号，其内容包括政治、军事、文化、社会习俗等，涉及天文、历法、医药等。汉字是世界上唯一还在广泛使用的表意性文字，产生于古人对自然和事象特征的模仿，其特征是用象征性的书写符号来指代一个特定的事象，被称为“象形”。因此，它是表意的，不是直接或单纯表示语音的。这是汉字与英语等表音文字最大的区别。汉字的表意性特点使其具有丰富的人文内涵和审美意趣。造字需要想象和表现，认字和写字也需要想象，写字还需要高度的表现技巧和审美内涵。但“象形”的造字方法不利于文字的类型化、精细化发展。鉴于此，古人又在“象形”的基础上创造出指事、形声、会意、假借、转注等造字方法，使汉字的发展跳出单纯的“模仿”局限而具有无限可能。古人将以上六种造字方法合称为“汉字六书”。甲骨文已具备“六书”的特点，展现了中国文字的独特魅力，是迄今为止我们可以看到的中国最早的成熟文字。

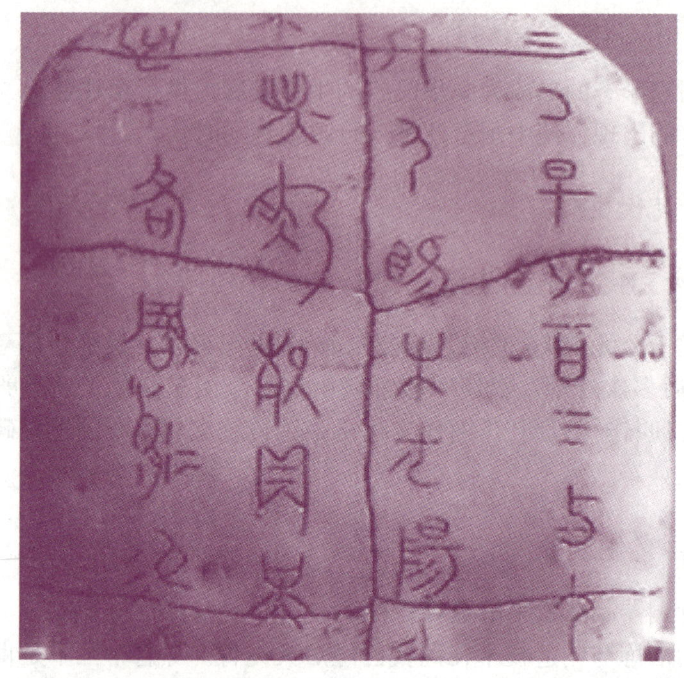

甲骨文

3. 儒的出现

商代是祭祀盛行的时代，上自国家大事，下至民间婚丧嫁娶，人们都要通过祭祀的方法来占卜天地、预测吉凶，"国之大事，在祀与戎"（《左传·成公十三年》）。那些从事祭祀活动、掌握了祭祀专业知识与技能的人，被人们称作"儒"或"术士"，也就是我们今天所说的知识分子。这样，知识分子群体在商代兴起。

4. 商代文化的重要意义

（1）中国文化开始有文字可考。

商代以前，文化只能以实物传承和口口相传，文化成果的遗失和变形不可避免。文字的出现，不仅可以记载、整理文化成果，使文化传承更具有客观性，同时对文化传播和文明导向也具有巨大的推动作用。

（2）知识分子成为社会生活的重要力量。

商代以前，不能说没有知识分子，但在商代知识分子开始作为一个群体出现。文化需要记录和推广，更需要精英力量的参与。儒的出现，不仅有了大批记录文化的专业人士，有了文化传播的主力军，也增加了社会生活的精英力量。这对中国古代社会的文明进步具有极其重要的意义。

（三）周代文化

1. 周代文化是中国传统文化形成的标志

周代建于公元前 11 世纪，公元前 256 年灭亡，建都镐（今陕西西安）。周平王东迁后史称“东周”，建都洛邑（今河南洛阳）。东周又分为春秋（公元前 770—前 476）、战国（公元前 475—前 221）时期。

（1）封建释义。

“封建”的意思是“封邦建国”，即古代的部落盟主或后来的君王将土地封赐给后代或有功之臣，以分层管理的形式建立宗法制部落或国家。封建制适应了周代社会的发展，其合理性是引进竞争机制，推动社会的多元发展。

上古时期，部落首领将土地封赏给后代或属下的现象就存在了，称为“封建诸侯”（《尚书正义》），《史记·五帝本纪》里有“诸侯咸尊轩辕为天子”的记载。商代后期，分封已较为普遍。至周代，分封成为国家建制的主要形式。据《荀子·儒效》记载，周初分封了 71 国，姬姓之国有 53 个。后来，分封国家达到数百个，到春秋时，还有 170 多个。

（2）对分封制的认识。

分封制是周代社会制度的主要形式，对社会进步和文化发展意义重大。

1）分封制的特点是对国家实行宗主统一下的多元化分层管理，客观上推动了社会的竞争发展。

2）分封的前提是建立分封的规矩（礼法），《周礼》的出现使古代中国从此步入有制可依、有章可循的时代。

3）社会的多元化发展促进了政治、经济、文化的繁荣。

2. 重要文化成果

（1）封建社会的形成。

封建制度的确立，奠定了封建社会的礼法基础，2 000 多年来，中国社会的文明进步正是以这个基础为起点的。

（2）生产方式的进步。

周代为了适应社会多元化分层管理的态势，实行了井田制。周天子通过地方大小贵族，将土地资源层层转包、耕种。此举充分利用了土地资源，调动了社会生产的积极性，使劳动力作为重要的生产力得到确认（宗法制社会关系正是在这样的基础上得以形成），促进了生产工具的进步（战国时期铁器出现，极大地提高了生产效率），推动了经济的发展。

（3）“子学”的兴起。

社会的多元发展和竞争带来文化繁荣，“子学”的兴起成为中国古代

第一个文化高峰。所谓“子学”，即诸子之学，是对各类知识学科流派汇集的称谓，是春秋战国时期中国各类学术成就的集中呈现。“子学”成为后世学术活动取之不尽的思想源泉。周代封建制的重要特点是向社会引进竞争机制，各国诸侯要想在竞争中脱颖而出，不仅要有强大的经济、军事实力，更要有正确的治国方略，这就为知识分子的著书立说提供了客观条件，也就是《荀子·解蔽》所说的“诸侯异政，百家异说”。所以，“子学”的产生，正是周代封建制的必然产物。

3. 对周代文化的认识

周代是中国封建制的形成时期，也是中国古代文化繁荣的第一个高峰，对后世影响巨大。

（1）公平竞争、多元发展的时代。

封建制的实质是通过分层管理的方式将国家引入多元发展、优胜劣汰的竞争模式，使社会成为开放、公平、自主发展的平台。这样的制度模式符合人类社会文明进步的基本走向，是后来的大一统专制制度无法比肩的。正因为如此，周代形成的社会文明成为中国古代历代社会精英推崇的楷模。

需要说明的是，周代的封建制与后世的封建制有本质上的区别。前者开放自由，后者封闭保守；前者多元并包，后者专制集权。这是我们在认识周代文化时应具有的基本常识。

（2）中国古代精英文化的发源。

周代晚期出现的“子学”，汇聚了中国先秦各种重要的学术思想，取得了极高的学术成就，成为2 000多年来历代社会精英取之不尽的学术源泉。

（3）中国古代社会规范、文明取向的源头。

周代出现的“周礼”以及在此基础上形成的“三礼”（《周礼》《仪礼》《礼记》）成为历代社会规范、行为准则的蓝本，是中国古代最为经典的社会契约。

二、两汉经学

（一）经学释义

《辞海》把“经”字定义为历来被尊崇为典范的著作或宗教的典籍，亦指记载一事一艺的专书；但在汉代独尊儒术后，特指研究儒家经典学说，训解、阐明其蕴含义理的学问。经学是中国古代学术的主体，仅《四库全书》经部就收录了经学著作1 773部、20 427卷。经学中蕴藏了丰富而深刻的思想，保存了大量珍贵的史料，是儒家学说的核心组成部分。

（二）经学的产生与发展

经学产生于西汉。春秋末年（公元前 6 世纪至公元前 5 世纪），孔子编订和整理了《诗》《书》《礼》《易》《乐》《春秋》，统称为“六经”，后世儒生们以“六经”为范本学习儒家思想。秦始皇时焚书坑儒，致使大量先秦典籍消失，“六经”除了《易经》之外，其他均未能幸免于难。西汉文景时期展开了大量的献书和古籍收集工作，经书得以传世。因《乐》亡佚，遂成为“五经”。古老的经书内容深奥，主要靠经师的传授得以流传。经学研究的工作，主要就是给经书做注疏。所谓注，就是直接对经典的文字的意义等加以解释说明，但有些注因为太简要或年代久远，后代人便为注再作解释，称作疏。除了注、疏之外，其他如“解”“考证”“集解”“正义”等，名虽不同，但做法类似，都是对经书一字一句详加研究，希望能了解它真正要表达的意思。经书的内容解释了宇宙秩序、政治、道德规范，甚至日常生活等的准则及正当性来源，但对其的理解充满争议，所以研究经书便成为汉代以来最重要的学术活动。

汉武帝即位后，为了适应大一统的政治局面和加强中央集权统治，采纳董仲舒“罢黜百家，独尊儒术”的建议，将经过董仲舒改造的儒家思想作为官方认可的统治思想，还专设五经博士，负责讲授儒家经典。从此儒学独尊，“五经”的地位超出了一般典籍，成为崇高的法定经典，也成为士子必读的经典。在东汉时有“遗子黄金满籯，不如一经”的说法。《汉书·艺文志》中，把当时的著作区分为“经、史、子、集”四种，即以经为首，这种分类方式一直到清代仍为人所接受。汉代儒生们即以传习、解释五经为主业。自此经学正式宣告诞生，可以将经学视为对先秦原初儒学的继承和发展。经过各学派间的长期分化、传承，演变出“西汉五经”“东汉七经”“唐九经”“开成十二经”“宋十三经”“朱子四书五经”等体系。儒家经学，历朝都有，在思想活跃的先秦、两宋时期，以子学、理学的形态出现，而在思想不活跃的两汉、清代，则以经学形式出现。

相关链接

西汉五经：《诗》《书》《礼》《易》《春秋》。

东汉七经：除上述五经外，另外二经究竟为何一向众说纷纭，据王国维《汉魏博士考》，应为《孝经》与《论语》。

唐九经：将五经中的《礼》拆为《仪礼》《周礼》《礼记》，《春秋》拆成《左传》《公羊传》《谷梁传》。

开成十二经：唐文宗开成二年于九经上添《尔雅》《论语》《孝经》，刻做石经。

宋十三经：北宋时，承继唐代九经定制，但是《孟子》的地位有所上升，南迁以后，《孟子》的地位已经不可动摇，升格为经，与开成十二经合为十三经。

四书五经：为朱子所定，于五经上增设“四书”，即《论语》《孟子》《大学》《中庸》。随着朱子学的繁盛，这也成为儒家经典最为著名的编订方式。

两汉经学在传播过程中，逐渐形成两种学派：一派称今文经学，所讲授的经典用汉代通行的隶书写成，基本倾向是结合当时政治，发挥经典中的微言大义；另一派称古文经学，其经书用籀文、蝌蚪文书写，一般着重于文字训诂和对典故的解说，不联系当时实际。武帝立五经博士，所立的都属今文经学。古文经学未受重视，只能在民间传授。汉朝是经学发展最为繁荣和昌盛的时期，儒生通过对经学进行阐述与发展，将经学的思想渗透到普通民众之中。

（三）董仲舒和今文经学

董仲舒是今文经学派的重要代表人物。董仲舒以研究春秋公羊学为主，融合阴阳家、黄老、法家思想，建立了“天人感应”的目的论思想体系。西汉前期以黄老之学为尊，汉武帝于元光元年（公元前 134 年）下诏征求治国方略，董仲舒上《举贤良对策》三篇，提出“罢黜百家，独尊儒术”，为汉武帝采纳。从此，他的学说成为汉代官方认可的正宗思想。董仲舒提出了许多影响较大的建议，被汉武帝采纳并实行。

董仲舒

1. 大一统

董仲舒的社会理想是建立一个大一统的和谐安定社会。他说：“《春秋》大一统者，天地之常经，古今之通谊也。”他认为《春秋》最重“元”，“谓一元者，大始也”。“元”就是大一统的开始，认为“唯圣人能属万物于一而系之元也”，因此他希望汉武帝是圣人，能成就建立封建大一统帝国的功业。大一统的根本特征是思想的统一。董仲舒向汉武帝提出“罢黜百家，独尊儒术”的建议，主张“诸不在六艺之科、孔子之术者，皆绝其道，勿使并进”。汉武帝采纳了这一建议，儒学从此成为官学，上升到至尊的地位。

2. 三纲五常

董仲舒说：“王道之三纲，可求于天。”“天不变，道亦不变。”董仲舒以“天人感应”的神学思想宣称：帝王授命于天，是秉承天意统治天下的，因此称为“天子”。按照这个说法，帝王自然具有绝对的统治权威。董仲舒从天人关系出发，建立一套“三纲”“五常”的伦理学，为维护封建帝王的绝对统治服务。“三纲”指：君为臣纲，父为子纲，夫为妻纲；“五常”指仁、义、礼、智、信。三纲五常是中国儒家伦理文化中的重要思想，在漫长的封建社会中起到了极为重要的作用。

3. 更化

秦行法家政治，刑罚惨苛。汉律大体沿袭秦律，西汉路温舒在《尚德缓刑书》里说，“秦有十失，其一尚存，治狱之吏是也”。董仲舒说阳是天之德，阴是天之刑，刑主杀，德主生，天亲阳而疏阴，重德而不重刑。所以他主张更化，要求以仁德代替严刑，也就是以儒家学说代替法家学说。董仲舒认为，富贵人家奢侈淫逸，贫苦人家穷急愁苦，这实在是需要更化的时候了，限田是更化的关键所在。董仲舒建议限田，不许豪富占田过限；释放奴婢，禁止擅杀奴婢；减轻赋税，节省徭役，让庶民的负担略为宽舒。董仲舒这个对农民充满同情心的正义性建议，后来得到汉武帝的采纳，但专禁商贾占田，没收他们的田宅和奴婢，不是董仲舒普遍限田的原意。

4. 推阴阳灾异

汉武帝认为，一切宜忌以五行家为主。五行家得到汉武帝的尊信，成为日常生活的指导者，儒家和它合流是很自然的。《春秋》记录天变灾异，原来并不含迷信的意义。陆贾在汉高帝时作《新语》，说“治道失于下，则天文变于上，恶政流于民，则虫灾生于地”，足见西汉儒者已开始推灾异。董仲舒取《春秋》所记天变灾异广泛地予以附会穿凿，使“公羊学”彻底地阴阳五行化。董仲舒创阴阳五行化的儒学，借天变灾异来附会经义，本意在利用天变灾异来进行谏诤，正如他在对策里所说，“以此见天心之仁爱人君而欲止其乱也。自非大亡道之世者，天尽欲扶持而全安之，事在强勉而已矣”，其实质仍是孔孟的仁义学说。自从董仲舒开出这一条道路，各家经师都认为这是一条最合时的道路。经学阴阳五行化，成为西汉今文经学的基本特点。

5. 断狱

儒家谈德治，向来与法家刑名之学对立。董仲舒据《春秋》经义附会汉

朝法律，决断了许多疑难大狱，儒法两家合流。西汉初萧何定法律凡 9 章，到汉武帝时，律和令增至 359 章。其中死罪律 409 条，凡 1 882 目，又有死罪例 13 472 条。法令繁多，连掌管法令的官吏也不能全部了解、掌握，常任意引用一条法令作根据。董仲舒依照《春秋》之义，引经断案，救活了许多人命。他的判词集合成《公羊董仲舒治狱》十六篇，流传久远，至东晋时还有人引用它来为自己的冤狱辩护。

三、魏晋玄学

（一）玄学释义

玄学是汉末魏晋时期至宋朝中叶出现的一种崇尚老庄、研究幽深玄远问题的哲学思潮。“玄”这一概念，起源于《老子》中的一句话“玄之又玄，众妙之门”。西汉扬雄在《太玄·攡》中说：“玄者，幽攡万类而不见形者也。”三国魏王弼在《老子指略》解释道：“玄，谓之深者也。”玄学是魏晋时期的学术主潮。

（二）基本特点

玄学是在东汉末年经学衰落之际，抛弃了天人感应之论，以自然为本为体，以名教为末为用，探讨本末的有无，即宇宙的本体问题；对此哲学目的，又以“得意忘言”为方法，以辨名析理为其思维形式，由是而成为一整套哲学体系。在元嘉十六年（439 年）国家开设五馆，玄学馆为其中之一，这也标志着玄学的确立并为朝廷认可。玄学大体上分为三派：以何晏、王弼、向秀、郭象等为代表的玄理派，以王衍为代表的清谈派，以嵇康、阮籍“七贤”等名流为代表的狂放派。玄学的思潮还开创了中国文化史上的新时期，其核心内容牵涉哲学上各个领域，如本体论、知识论、语言哲学、伦理学、美学等，都是前人未有触及或未能深入探讨的问题。魏晋玄学影响广泛，医学方面自然主义的养生观、重术尊方的发展理路，以及“医者意也”的思维方式等，都与玄学的影响有关。

1. 以“三玄”为主要研究对象

魏晋时人注重研究《老子》《庄子》《周易》，称为“三玄”。《老子》又称《道德经》，《庄子》又称《南华经》，此二书被视为“玄宗”，并以之注解《周易》，王弼的《周易注》与《周易略例》两书，就是以老庄解《周易》的代表作。经玄学家解释的易学，已经不是先秦时的易学，而是“老庄化”了的玄学的易学。

2. 以辩证“有无”问题为中心

魏晋玄学把老庄哲学中的“有无”问题当作讨论的中心课题。以何晏、王弼为代表的贵无派把“无”当作世界的根本和世界统一性的基础。崇有论者裴頠则反对贵无思想，否认无能生有，认为有是自生的，自生之物以有为体。

3. 以探究世界本体为其哲学的基本内容

秦汉时期的哲学，注重宇宙生成问题，魏晋玄学则主要讨论宇宙本体问题。贵无派把“无”当作“有”的存在根据，提出了“以无为体”的本体论思想。郭象既反对“无中生有”说，亦反对有必“以无为体”说，主张有之自生说，并认为“有”是各个独自存在的，不需要一个“无”作为自己的本体。

4. 以解决名教与自然的关系问题为其哲学目的

先秦的老庄学以崇尚自然、反对名教（即儒家礼教）为基本特征，而魏晋玄学的老庄学，除了阮籍、嵇康之外，总的来说是以调和儒道、调和自然与名教为根本目的。王弼用“以老解儒”的方法注《周易》与《论语》，把儒道两者调和起来；郭象提出了名教即自然的理论，认为“圣人虽在庙堂之上，然其心无异于山林之中”，是为“游外弘内”。嵇康声称“非汤、武而薄周、孔”，提出了“越名教而任自然”的主张；阮籍讽刺儒家之徒是处于裤裆中的虱子，表现了反儒的倾向。然而阮籍、嵇康反儒主要是反对当时司马氏集团宣扬的虚伪的儒家礼教，他们并不反对维护封建纲常的名教，所以又都各自强调儒家礼乐的作用，认为真正的礼乐教化可以达到移风易俗的目的。

5. 以“得意忘言”为方法

玄学的主要代表王弼、郭象等针对汉儒支离烦琐的解释方法，强调在论证问题时应注意把握义理，提出“得意忘言”“寄言出意”的方法。

6. 以“辨名析理”为其哲学的思维形式

魏晋玄学家重名理之辨，善作概念的分析与推理，因此玄学的思辨性很强，辨析名理成为玄学哲学思维形式的基本特征之一。

魏晋玄学在中国哲学发展史上占有重要的地位。它不仅上承先秦两汉的道家思想，克服了汉代经学的弊病，开创了糅合儒道学说的一个新的哲学时期，还对佛学乃至之后的宋明理学都产生了深远影响。它提出的“本末”“体用”等宇宙本体论思想，与西汉讨论宇宙生成论的哲学相比，在理论思维上是一个很大的进步。

四、隋唐佛学

作为世界三大宗教之一，佛教对我国有着深远的影响。佛教起源于印度，于两汉之际传入中国，东晋南北朝时广泛传播，隋唐时期得到了空前的发展。隋唐佛学思潮是我国汉传佛教史上引人注目的文化现象，佛学也在中国化过程中展现了强烈的生命力。唐朝六祖慧能创造禅宗之后，佛教的一个标志就是中国化和本土化，和中国的文化融在了一起。可以说佛教传入我国后，在隋唐时期达到鼎盛。《西游记》中的西天取经就是以佛教为背景，西天指的就是古印度。而唐僧取经在历史上也确有其事，发生在唐太宗贞观年间，距今 1 300 多年。《西游记》虽然是一部神魔小说，但从中可以看出唐朝人们对于佛学的向往。

（一）隋唐佛学勃兴的缘起

隋唐时期，佛教出现一派鼎盛局面，发展十分迅猛，影响空前广泛，这绝非偶然。它既有佛学自身发展的内在逻辑，也有隋唐政治、经济、文化发展的支撑配合。

首先，魏晋南北朝时期，佛教学者在传播佛经过程中创造出“连类”与“格义”的方法，使佛经翻译逐渐越过了语言和文化思想的障碍，促成了印度佛教文化与中国文化的逐步融合。

其次，隋唐王朝看到了佛教在缓和社会矛盾、维护政权稳固方面的重大作用，对佛教给予了极大的扶持。隋朝时，文帝与炀帝都出巨资扶助卷帙浩繁的佛经的翻译出版。到唐朝时，唐太宗主张“丧乱”之后应令天下寺院“度人为僧尼”；要求起义农民“灭怨障之心，趣菩提之道”。武则天出于政治需要，借用佛教压制道教，曾下诏明令“释教宜在道法之上，缁服当处黄冠之前”，还亲自参与组织了《华严经》的翻译。虽然佛教发展后来有所曲折（如唐玄宗时对佛教的禁令，以及唐武帝时灭佛），但仍在迅速发展。

再次，隋唐王朝的经济繁荣，为佛教的发展奠定了物质基础。当时寺院除了自身的田园收入外，还时常得到朝廷、地方政府的资助。《旧唐书》曾记述“十分天下之财而佛有七八”，虽有夸大之嫌，但从中也可见当时佛门经济实力之雄厚。

最后，隋唐佛学与空前繁荣的隋唐文化密不可分。唐太宗授命孔颖达等经学家编定《五经正义》，推进儒学的发展。道家先哲备受尊崇，《老子》被封为“上经”或“真经”，而《庄子》《文子》《列子》等书，亦分别被封为《南华真经》《通玄真经》《冲虚真经》。唐高宗时《老子》被列入科举考试的必读之书，道教文化得到了有效传播，涌现出许多有成就的道教学者。而以唐诗为代表的文学、艺术成就都达到了前所未有的境界。隋唐佛学在与其他文化相互影响、相互交融的进程中得到发展。

（二）隋唐佛学的兴盛

据史书所载，隋代佛教寺院达四五千所，到唐代，寺院竟然增到四万多所。随着佛教的兴盛，还大肆开凿石窟，最为壮观的艺术成果当数敦煌莫高窟和洛阳龙门石窟。

佛经翻译数量大增。根据费长房《历代三宝纪》载，隋代共有佛经 2 146 部，共 6 235 卷之多；唐代时又有所增加，据德宗时圆照的《贞元新定释教目录》，共有 2 447 部、7 399 卷。从唐高祖武德到德宗贞元年间共 180 多年，我国译出佛经总数达 435 部、2 476 卷，翻译家共 46 人。所以，隋唐时期是我国佛经翻译史上最辉煌的一个时期。

我国佛教史上有影响的教派，也大多数在隋唐时期形成。例如，隋朝时形成的天台宗，以及唐朝形成的唯识宗、华严宗、禅宗、密宗、净土宗、律宗等皆是。这些佛教宗派各有高僧，如天台宗的智𫖮，唯识宗的玄奘，华严宗的法藏，禅宗的慧能，密宗的不空，净土宗的道绰，律宗的道宣、怀素、义净等，皆是当时学问高深的佛学大师。

五、宋明理学

（一）理学概述

宋明理学亦称“道学”，是一种既贯通宇宙自然（道教）和人生命运（佛教），又继承孔孟正宗（根本），并能治理国家（目的）的新儒学，是宋明时期占主导地位的儒家哲学思想体系。汉儒治经重名物训诂，至宋儒则以阐释义理、兼谈性命为主，因有此称。

理学流派纷纭复杂，北宋中期有周敦颐的濂学、邵雍的象数学、张载的关学、二程（即程颢和程颐）的洛学、司马光的朔学，以及胡安国、胡宏与张栻的湖湘学派，南宋时有朱熹的闽学、陆九渊兄弟的江西之学，明中期则有王守仁的阳明学等。尽管这些学派具有不同的理论体系和特点，但按其基本观点和影响来分，主要有两大派别：一是以二程、朱熹为代表的程朱理学；二是以陆九渊、王守仁为代表的陆王心学。程朱理学在南宋以后成为长期居于统治地位的官方哲学，陆王心学在明中期以后得到广泛传播。

理学专求“内圣”的经世路线以及“尚礼义不尚权谋”的致思趋向，将传统儒学的先义后利发展为片面的重义轻利观念。应该看到，理学强调通过道德自觉达到理想人格的建树，也强化了中华民族注重气节和德操、注重社

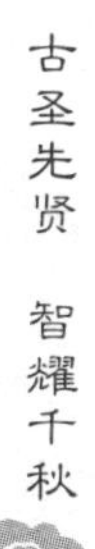

会责任与历史使命的文化性格。张载庄严宣告“为天地立心，为生民立命，为往圣继绝学，为万世开太平”；顾炎武在明清易代之际发出“天下兴亡，匹夫有责”的慷慨呼号；文天祥、东林党人在强权或腐朽政治势力面前，正气浩然，风骨铮铮，无不浸润了理学的精神价值与道德理想。

（二）程朱理学

二程曾同学于北宋理学开山大师周敦颐，著作被后人合编为《二程集》。他们把“理”或“天理”视作哲学的最高范畴，认为理无所不在，不生不灭，不仅是世界的本源，也是社会生活的最高准则。在穷理方法上，程颢“主静”，强调“正心诚意”；程颐“主敬”，强调“格物致知”。在人性论上，朱熹主张“存天理，灭人欲”，并深入阐释这一观点，使之更加系统化。二程学说的出现，标志着宋代理学思想体系的正式形成。南宋时朱熹继承和发展了二程思想，建立了一个完整而精致的客观唯心主义的理学体系。程朱理学在南宋后期开始为统治阶级所接受和推崇，经元到明清正式成为国家的统治思想。故如对宋明理学的概念不做特别界定，通常便是指程朱一派的理学。

朱熹在哲学上发展了二程关于理气关系的学说，集理学之大成。朱熹认为宇宙万物都是由“理”“气”两个方面构成的，气是构成一切事物的材料，理是事物的本质和规律，在现实世界中理、气相依而不能相离。“天下未有无理之气，亦未有无气之理。”他又断言“理在先，气在后”，“有是理便有是气，但理是本”，把“一理和万理”看作“理一分殊”的关系；提出“凡事无不相反以相成”，事物“只是一分为二，节节如此，以至于无穷，皆是一生两尔”；发挥《大学》“格物致知”思想，探讨认识领域中的理论问题，强调穷理离不得格物，即格物才能穷其理，穷理愈多而知之愈广。在认识来源上，他既讲人生有知的先验论，也不否认见闻之知；强调“知先行后”，又认为“知行相须”，注重行在认识中的重要性；强调“天理”和“人欲”的对立，要求人们放弃“私欲”，服从“天理”。在经学方面，朱熹有许多著作，其一生著述极丰。他将《论语》《孟子》《大学》《中庸》集合为“四书”，是汉代以后儒学经典解释学的又一次高峰，他的思想在元、明、清三代一直是封建社会的官方哲学，标志着封建社会意识形态的更趋完备。

（三）陆王心学

南宋陆九渊开创了心学学派，明王守仁继承发扬了陆九渊的“心即理”的学说，完成了心学体系，后人合称“陆王心学”。陆王心学与程朱理学虽同属

陆九渊

宋明理学之下，但多有分歧。程朱理学为“格物派”(一称“客观唯心主义”)，而陆王心学往往被认为是儒家中的“格心派”(一称“主观唯心主义”)。明中期以后，陆王心学几乎取代程朱理学，在思想领域影响颇大。

陆九渊解说“宇宙”二字为：“宇宙内事乃己分内事；己分内事乃宇宙内事。”陆九渊主张“宇宙便是吾心，吾心便是宇宙”，又倡“心即理”说，断言“天理、人理、物理只在吾心之中。人同此心，心同此理。往古来今，概莫能外”。陆九渊把心和理、心和封建伦理纲常等同起来，企图由此证明所谓封建等级秩序及道德教条是人心所固有的恒久不变的东西，并以朱熹理学批评者的面目出现，认为治学的方法在于“发明本心”，不必多读书外求，而应反身内省，革除物欲，存心养心，立乎其大者。

王守仁继承和发扬陆九渊的学说，集心学于大成。他提出“心外无物，心外无理”，认为身之主宰便是心，心之本体便是理，心之所发便是意，意之所在便是物，心外无物；认为“心”与“理”合一，不可分离；认为“良知”乃人察知善恶的本能，世人因受各种物欲蒙蔽而隐没良知，故须下“致”的功夫，以摆脱私欲，恢复原有的善良本性；主张“知是行的主意，行是知的功夫”，并认为“真知”是在实行中得来的，所谓“真知即以为行，不行不足以语知”，这与朱熹“知先于行”的主张截然不同。明代理学基本以王守仁的心学为中心。王守仁之后，王门诸子几乎遍布天下。黄宗羲的《明儒学案》中将其弟子分成浙中、江右、南中、楚中、北方、粤闽、泰州七派。其中，浙中学派著名的有钱德洪、王畿、徐爱；被称为“王学正宗”的江右派著名的有邹守益、聂豹、罗洪先；泰州学派著名的有王艮、颜钧、何心隐、李贽。明末，王学开始衰微。东林学派顾宪成、高攀龙批判王学末流谈空说玄、引儒入禅的学风，欲用朱学救其弊，提倡治国救世的名实之学。明末两大儒中的黄道周推崇朱学，而刘宗周以“慎独”为宗，对王守仁思想进行改造和发展。

六、清代实学

(一)实学界定

“实学”概念由来已久。实学以“虚”的、“伪”的学问作为参照系，这个特点也是后来实学研究的共同特征。实学有广义、狭义之区别。广义之实学是指自先秦以来注重现实、经世致用的学问；而狭义之实学则是指发轫于北宋中叶、昌盛于明末清初直至晚清洋务运动之前的实体达用之学，是在对明末理学及王学末流所造成的种种积弊进行理性反思和深层批判的基础上，形成的一股社会变革思潮和思想解放运动。

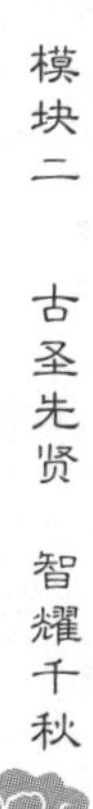

（二）清代实学的代表人物及其学术思想

清代前期，许多有识之士清醒地认识到，晚明理学的空疏无本是导致明王朝覆亡的重要根源。这种反省，流露出对宋明理学空洞说教的强烈不满。清初实学力矫晚明“束书不观，游谈无根”的空疏学风，易主观玄想为客观考察，改空谈为实证，学术研究领域扩大到自然和社会的众多实际领域，如天文、地理、九经、诸史、风俗、吏治、财赋、典章、制度等。其代表人物有顾炎武、黄宗羲、王夫之等。

顾炎武

顾炎武“综贯百家，上下千载，详考其得失之故，而断之于心，笔之于书，朝章国典，民风土俗，元元本本，无不洞悉，其术足以匡时，其言足以救世”。在治学方面，顾炎武主张“经世致用”，反对空谈性、命，注意广求证据。顾炎武还认为治学和培养道德情操都是为了经世济民。顾炎武在《日知录》即说：“不习六艺之文，不考百王之典，不综当代之务，举夫子论学、论政之大端一切不问，而曰‘一贯’，曰‘无言’。以明心见性之空言，代修己治人之实学。股肱惰而万事荒，爪牙亡而四国乱，神州荡覆，宗社丘墟。”在治学方法上，“每一事必详其始末，参以证佐”。在政治方面，顾炎武反对君主专制，提出“以天下之权，寄天下之人”，才能“天下治矣”。他还主张扩大地方权力，以此来限制君权。他反对君主专制的“独治”，而主张吸收更多的地主阶级分子参政的“众治”。他认为治乱的关键在于人心风俗，因此主张正风俗以治天下。此外，在经济方面，他一方面认为人的自私是常情，另一方面又提倡贫富平均的思想。他极力主张的要点是发展农业生产。顾炎武的学风对清代影响较大。

黄宗羲深受王守仁心学影响，提倡以修儒为心学之本，以慎独为入德之要。他力主穷经、治史，指出“学者必先穷经，经术所以经世。不为迂儒，必兼读史。读史不多，无以证理之变化；多而不求于心，则为俗学”，倡导经世致用，开创一代求实学风，成为清代史学之祖。他批判宋明理学空谈性、命和治学，“明人讲学，袭语录之糟粕，不以六经为根柢，束书而从事于游谈”，谓“儒者之学，经纬天地，而后世乃以语录为究竟，仅附答问一二条于伊洛门下，便厕儒者之列，假其名以欺世”。哲学上，他主张气本论，认为

黄宗羲

“理为气之理，无气则无理”；在道器关系上，他坚持“器在斯道在，离器而道不可见”的观点；在理心关系上，他认为“我与天地万物一气流通，无有碍隔，故人心之理，即天地万物之理”，力主“心即气”的观点。黄宗羲也激烈批判封建君主专制，揭露君主“以天下之利尽归于己，以天下之害尽归于人”，君主专制为“天下之大害”；提倡“法治”，反对“人治”；反对重农抑商，提倡“工商皆本”。

王夫之以“六经责我开生面”为己任，有鉴于明代学术蛊坏、世道偏颇，强调将理性思辨与经验见闻相结合，以求“思学兼致之实功”，不仅以博大精深的哲学思辨见长，而且“江山险要，士马食货，典制沿革，皆极意研究”。政治上，他提出要“趋时更新”，以发展的眼光看待历史。哲学上，他提出“理在气中”的命题，认为“气者，理之依也”，主张“气”是物质实体，“理”为客观规律。在道器观上，认为“道不离器”，指出“天下惟器而已矣。道者器之道，器者不可谓之道之器也”。他还提出“静即含动，动不舍静”，即“运动是绝对的，静止是相对的”的朴素辩证法思想，否定理学家主张的形而上学思想。清初三大思想家中，王夫之的唯物主义最为彻底。

（三）清代实学的影响

清代实学产生于“天崩地解”的明清之交，其在痛定思痛中高扬的“经世”思想，深刻影响了整个清代儒学历程。颜李学派、浙东史学，特别是产生于中华民族生死存亡之际的晚清儒学，都从清初的实学中汲取了强大的动力。

清初至康熙年间，清兵入主中原所引起的激烈民族矛盾，以及随着资本主义萌芽的发展而产生的市民阶层反抗封建统治的斗争和西方文化对中国传统文化的冲击，推动了实学的高涨；康熙后期和雍正、乾隆、嘉庆时期，由于江南资本主义萌芽受到严重摧残，统治者大力复兴和提倡程朱理学，并对知识分子实行高压和怀柔两手政策，以及对外闭关锁国，使实学渐被朴学（考据学）所代；从嘉庆后期开始，清王朝由“盛世”向“乱世”滑落，阶级矛盾以及中华民族与西方殖民主义的民族矛盾均趋尖锐，兼之学术流变的内在因素，使朴学又复转向经世实学。从纵向考察，清代实学是一个动态的历史范畴；从横向考察，它是一个多层次的社会概念；从演变过程看，每当“治世”，它往往埋藏在“纯学术”的外壳内，转向低潮，每当“乱世”，它却沿着“修实政，施实惠”的方向发展，进入高潮时期。

实学源于中国，流传于朝鲜、日本等东亚国家，是一门具有广泛社会影响的国际性学问。中国实学传入朝鲜、日本后，与朝鲜、日本本土文化相结合，形成独具特色的朝鲜实学和日本实学。

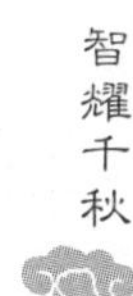

项目二　先秦诸子百家思想

一、“百家争鸣”形成的背景

公元前 770 年到公元前 221 年，是中国历史上的春秋战国时期，这个时期社会矛盾激化，诸侯争霸，兼并战争不断，整个社会礼崩乐坏。就在这个时期，一批新的社会力量应运而生。虽然社会地位低下，但很多都是有思想有才能的人，他们出身不同，立场不同，但他们著书立说，各成一家之言，出现了我国历史上有名的“百家争鸣”的局面，形成了儒家、道家、墨家、法家、阴阳家等学派，后世称他们为诸子百家。诸子百家的思想对中华民族的性格和中华文化产生了巨大影响，是我们民族思想文化发展的宝贵遗产。

二、诸子百家

所谓诸子百家，诸子，以前为称呼，指孔子、老子、庄子、荀子、孟子、墨子、鬼谷子等；百家，是指学派林立的现象。西汉司马谈将诸子百家概括为“儒、墨、道、法、名、阴阳”六家，东汉班固又补充了“农、纵横、杂、小说”四家，形成了十家有影响的学派。各学派都有自己鲜明的观点和特征，我们主要介绍其中最有影响的儒、道、墨、法四家。

（一）儒家及其思想

代表人物

孔子、孟子、荀子。

主张

“仁”“仁政”“礼”；“性善论”“养浩然之气”。

儒家思想以“仁”为内在思想核心，以“礼”为外在行为规范，以“中庸”为其处世原则。重视血亲人伦，仁慈亲和；重视现世事功，刚健中正，以救世安民为己任；重视道德修养，具有完善的人格，儒家的理想人格是君子。具体表现在以下几个方面：

1. 重视修身、尊崇君子的人格追求

儒家讲求“修身”，并形成了一整套道德标准，如修德立人、立志笃行、正直忠信、谦逊谨慎、与人为善、先义后利、爱人惜物等，还总结了许多修养的方法与途径，如诚意、正心、格物、致知、慎独、“吾日三省吾身”、闻过则喜、见贤思齐等。在人格培养方面，儒家提倡君子人格：君子“忧道不忧贫”“谋道不谋食”，追求高尚的精神境界和道德完善，对物质没有过分要求；君子要重义轻利，“君子喻于义，小人喻于利”，君子应言行一致，“君子耻其言而过其行”，“君子欲讷于言而敏于行”，君子“文质彬彬”，然后君子还应该“修己以安人”“修己以安百姓”，通过个人品质和修养来实现治国安民；君子应成全别人的好事，成就别人的真善美，而不成全别人的恶，“君子有成人之美，不成人之恶”，“君子上达，小人下达”，君子的生命是向上发展和延伸的，小人则刚好相反，“君子坦荡荡，小人长戚戚”。君子的观念深深地融入了中国文化之中，也深刻地影响了中国人的性格和思想，对于中国人人格世界的构成具有基础性的作用。

2. 关注现实的积极入世追求

儒家直面现实的传统始于孔子。孔子生活在春秋末年“天下无道”“礼崩乐坏”的动荡时代，传统的价值观和行为规范受到了强烈冲击，这促使他关注现实社会与现实人生。孔子“不语怪力乱神”，他说“未能事人，焉能事鬼”“未知生焉知死”，对鬼神“敬而远之”。其强烈的现实主义精神对后世儒家影响深远，也催生出儒家积极的入世态度，与佛道的避世、遁世以及把希望寄托于未来等有着鲜明的不同。儒家的入世，突出表现为儒学家自身对政治的参与、对民生的关注，希望通过自身努力来为国为民效力，来“齐家治国平天下”。孔子强调德治，孟子推崇“仁政”，荀子主张“礼法并重”，董仲舒和后来的二程、朱熹、王阳明等人的学说无一不是从治国出发的入世之学。儒家的这种入世品格，表现了儒学家心怀天下、以天下为己任的担当意识和忧患意识，也启迪着后人志存天下、经邦治国、建功立业。

3. 心怀天下、忧国忧民的忧患意识

所谓忧患意识，是指对国家对人民前途、命运的深切关心而表现为思想上、情感上的一种经常性的忧心和思虑状态。《易传》中“安而不忘危”，当政者应当居安思危，不可以因表面无事而沉迷于安乐。春秋战国时期，社会动荡不安，萌芽于殷周之际的忧患意识被早期儒家发扬光大，并贯穿于儒家思想发展的始终，它成为中华民族的一种伟大传统和精神，启迪、激励着后世无数志士仁人、中华儿女以天下兴亡为己任，自觉地承担起维护国家统一、

民族统一、国家安危、人民安危的责任，为国分忧、为人民大众分忧。从中国历史看，自孔子以来，儒家学者多对社会政治抱有强烈的忧患意识，如孔子说“人无远虑，必有近忧”，孟子的“君子有终身之忧”、“生于忧患，死于安乐”、“乐民之乐者，民亦乐其乐；忧民之忧者，民亦忧其忧。乐以天下，忧以天下”，范仲淹的“先天下之忧而忧，后天下之乐而乐”，陆游的“位卑未敢忘忧国”，等等。这种“天下兴亡，匹夫有责”的担当精神融入了中华儿女的血液。

4. 积极进取、自强不息的奋斗精神

孔子一生为了推行自己的政治主张，周游列国，虽屡遭冷嘲热讽和挫折打击，但他从未灰心丧气，因此，孔子十分推崇“刚健有为”的品质，认为临大节而不夺，如《论语》中“士不可以不弘毅，任重而道远”，就强调君子要有宏大的志向、坚毅的品质，“三军可夺帅也，匹夫不可夺志也”也表达了要坚定信念，矢志不渝。“学而不厌，诲人不倦”，“发愤忘食，乐以忘忧，不知老之将至”，“不怨天，不尤人，下学而上达”。对崇高理想的不懈追求要“知其不可而为之”。孟子也主张“苦其心志，劳其筋骨，饿其体肤，空乏其身，行拂乱其所为，所以动心忍性，曾益其所不能”，讲一个人在逆境困境中不屈不挠、坚持不懈、永不放弃。这种积极进取、奋发图强的自强精神发展到荀子，就形成了一种“自知者不怨人，知命者不怨天”的精神，强调有志之士不必怨天尤人，应该发挥主观能动性，要想有所作为，就应该自己奋发努力、持之以恒、锲而不舍。儒家这种奋斗精神对中华儿女的性格有着积极的作用和影响。

5. 将心比心、推己及人、“和而不同”的和谐人际关系

“仁”是孔子思想的核心，他说，“仁者爱人”。但这个“爱人”不仅仅是爱自己、爱自己的父母和亲人，不局限于家庭血缘亲情，而是“泛爱众”，就是爱一切人，无论是正面的“己欲立而立人，己欲达而达人”的将心比心，反面的“己所不欲，勿施于人”的设身处地、换位思考，以及“达则兼济天下”的博大胸怀，还是孟子的“老吾老以及人之老，幼吾幼以及人之幼”的推己及人，都是儒家“仁爱”思想的集中表现。儒家的这种从自身做起，将心比心、推己及人、设身处地、善于换位思考，有利于建立和谐的人际关系。但与此同时，儒家又提出“和不同”，主张和谐中保持自己独立的个性，彼此不同但又不彼此冲突，坚持自己的观点，同时又能够容纳别人的观点，“和谐”共生，相辅相成。因此，儒家推己及人、将心比心、“和而不同”的处世智慧和原则对今天人们之间建立和谐的人际关系有着重要的作用。

（二）道家及其思想

代表人物

老子、庄子。

主张

“道”，“有无相生，难易相成”，“无为而无不为”，“小国寡民”。

道家的价值取向首先是道法自然、宁静淡泊、无为自适。道家认为“道”是世界万物的本源，也是宇宙运行的规律。只有自然运行，天地才可以运化万千，宇宙才可以和谐，人类社会才可以协调有序，六畜才可以兴旺，万木才可以常青。道家的行为取向是超世无为，对世间的一切都不要做任何努力和改变，顺其自然。道家认为，人生在世，要受到无数外在的约束，如声色之乐，功名利禄之欲，甚至死亡之惧，只有超然于这一切之上，不刻意去有所作为，才能领会到人生的意义。

1.“不争”——以退为进的处世哲学

老子的《道德经》提出了许多以退为进的处世哲学，其中有八处提到“不争”，如：“天之道，不争而善胜”（第七十三章）；“天之道，利而不害；圣人之道，为而不争”（第八十一章）；“夫唯不争，故天下莫能与之争”（第二十二章），正因为不和人争，所以天下没有人和他争；“夫唯不争，故无尤”，正因为不与别人争夺，所以才不会引起别人的关注、嫉妒和怨恨。老子的这种“不争”的处世智慧告诉我们，今天一个人要想成功，它的方法就是不争，不要去争抢，只是低调地提升自己的能力，完善自己，使自己强大，故自然而然不争而胜。对此，老子以“水”为例，“上善若水，水善利万物而不争”，水是最柔弱的，但是它滋润万物，不与万物争，但水又是最强大的，水滴石穿。大海和谁相争了吗？它只是柔顺处下，把心量放大，故能海纳百川，百川归海。

2.“生活辩证法”——启发现代人进行自我心理调适

在老子看来，任何事物的存在和发展都不可避免地要经历一个由弱到强的过程，“人之生也柔弱，其死也坚强；草木之生也柔脆，其死也枯槁”，柔弱标志着新生、生命力和发展的希望，而刚强则是衰退、败亡的征兆，所以“物壮则老”，“木强则折”，强难道是永远强吗，弱难道是永远弱吗？“祸兮福之所倚，福兮祸之所伏。”坏事里面就蕴含着好事的因素，好事里面也蕴含着坏事的前兆。所以你成功了，不要得意；你失败了，也不要丧气。因此，老子的生活辩证法能让人们正确去看待生命中的得失、成败、祸福，坦然面对失败，淡然面对成功，有利于个人缓解自身的焦虑、忧郁等不良情绪，缓解生存压力，使人获得内心的平和和满足，保持心理健康。

3.“淡泊名利”——获得内心的平和和自适

道家的主要思想是“无为”。但老子的“无为”和庄子的“无为”是有区别的，老子的“无为”其实是“无不为”，至少，也是“有所为”。只不过为了“有所为”，先“无所为”，这就是“有所为有所不为”。而庄子的“无为”是真的什么都不做，是“真不为”，庄子一生，把很多送上门来的功名利禄拒之门外。很多人一般都理解为庄子清高。其实庄子不是清高，而是透彻，他把人世间的名和利看得很淡，不愿意被名和利束缚，认为生命和自由才是最可贵的，自由自在地活着就好。因此，庄子开启的这种对自然、对本真、对自我、对自由的追求，曾对魏晋风度、明末士风的形成产生过深刻的影响，同时也引发了个人意识的觉醒，启迪人们从名利等各种绳索捆绑之中解放出来，教人把人生的种种负累统统卸下，淡泊名利，从而获得宁静的自由和自适的心境。

（三）墨家及其思想

代表人物

墨子。

主张

“兼相爱，交相利”。“三患——饥者不得食，寒者不得衣，老者不得息”；“三务——国家之富，人民之众，刑政之治”。

墨家思想以贴近平民和小生产者的生活、代表其愿望为特征。其主要思想是：兼爱（人人平等互助互爱）、非攻（反对侵略战争）、尚贤（不分贵贱唯才是举）、尚同（上下一心兴利除弊，为民服务）、天志（掌握自然规律）、明鬼（鬼神客观存在，主司赏善罚恶）、非命（通过奋斗掌握个人命运）、非乐（摆脱划分等级的礼乐束缚，废除烦琐奢靡的编钟制造和演奏）、节用（节约以扩大生产）、节葬（不把社会财富浪费在死人身上）。其中“兼爱”是其核心，包括忧民之患的同情之心和“兼以易别”，以“兼”去消除“别”。

（1）墨子所提出的“兼爱”“非攻”“尚贤”“尚同”“强本节用”等观点，比较全面地体现和阐释了人与人、国与国、国家与人民、生产与消费等方面的和谐思想，在中国的“和合文化”中具有举足轻重的地位，是今天构建和谐社会的重要文化渊源之一。

（2）墨子思想中的“兼爱”“非攻”，对消除人与人之间的等级界限，提倡不分彼此、不别亲疏、没有等级地爱一切人，使人与人和睦相处、共存共荣、良性互动，建设和谐社会有着重要的意义。

（3）借鉴其学说的精华，对于人类正确认识自身，认识外界，维护世界和平，建设和谐社会，保护人类共有的地球家园，都具有积极的现实意义。

（四）法家及其思想

代表人物

商鞅、韩非。

主张

法、术、势。

韩非的法治思想是在战国末年封建中央集权专制即将形成的形势下提出来的，强调法、术、势三者结合，主张改革和实行法治，反对儒家“法先王”思想，要求“废先王之教”“以法为教”。他强调制定了“法”就要严格执行，任何人也不能例外，做到“法不阿贵”“刑过不避大臣，赏善不遗匹夫”。主张建立中央集权，实行君主专制独裁，为此，君主应该使用各种手段清除世袭的奴隶主贵族，“散其党”“夺其辅”，同时，选拔一批经过实践锻炼的封建官吏来取代他们，“宰相必起于州部，猛将必发于卒伍”。在思想和教育方面，则主张禁断诸子百家学说，以法为教，以吏为师。韩非批判吸收各家主张，博采儒道墨之长，融“法”“术”“势”为一体，其思想达到了先秦法家理论的最高峰，为秦统一六国提供了理论武器，对于建立统一强大的秦王朝、实现国家富强起到了重要的作用，但最终因其“一断于法”而忽视对社会的教化引导，从而加速了秦王朝的灭亡。秦亡后法家思想并未消亡，汉初仍有影响。汉武帝后，其势逐渐衰微，法家作为一个学派已经消失，但其影响一直波及后世。

（1）法家的意义在于将“法”的意识深深地植入人的心中，让百姓知晓法律，只有这样才能使人人都懂法、服法，从而使法律易于执行，引导人们步入一条知法守规之路。

（2）法家最值得称道的是树立了“法不阿贵”的平等观，强调法律面前人人平等。

（3）法家“法与时移”的主张，坚持历史进化论，具有彻底的唯物主义精神。

（4）法家坚持执法要立功去私，“不别亲疏，不殊贵贱，一断于法”，“法不阿贵”，“刑无等级”，对“刑不上大夫”“礼不下庶人”予以否定。这是对中国法治思想的重大贡献，对于清除贵族特权、维护法律尊严产生了积极的影响，体现了法家法治思想公平、公正的原则，对于今天仍具有极高的借鉴价值。

项目三　民族的精神：中华传统美德

所谓中华传统美德，是指中国五千年文化流传下来的极具影响、可以继承，并得到不断创新发展，有益于后代的优秀的道德文化遗产。中国传统文化是一种伦理型文化，支撑这一文化的最强大支柱就是道德，中华传统美德标志着中华民族的“形”与“魂”，是中国人两千多年来处理人际关系、人与社会关系实践的结晶。中华传统美德是支撑中华民族生生不息的强大力量。

一、正心修身的追求

中华民族最讲究修身，《大学》中说“修身齐家治国平天下”，修身是根基。儒家有句名言，“达则兼济天下，穷则独善其身”，把“平天下”和“修身”提到了同等高度。由此可见，修身在中国传统文化中占据重要地位。老子说：“含德之厚，比于赤子。”意思是德性浑厚高尚的人，好比初生婴儿一样纯洁。老子又说：“重积德则无不克。”这更是指明了个人的修身不仅是处世的条件，而且是成就事业的根本。统而言之，所谓修身，无非就是我们自身应该具备中华传统美德，这些美德会成为一种力量，使人成为谦谦君子。

老子

（一）安贫乐道

每个人在成长过程中都会或多或少地遇到逆境、挫折、失败、痛苦。这些不幸的遭遇，往往会超出一般人的承受能力，如何才能经受这些严峻的考验，渡过难关，关键不是靠外力的支持，而是靠我们自身的修养。中国古人给遭受挫折与失败的人开出的“药方”之一，就是必须具备安贫乐道的美德。

安贫乐道的“道”，原指儒家所信奉的道德，后引申为人生的理想、信念、准则。所谓“安贫乐道”，指的就是处境虽很贫困，但仍乐于坚守信仰。孔子曾说，吃着粗粮，饮着白水，弯着胳膊当枕头，这也是充满乐趣的。孔子评价他的学生颜回说，真是贤啊，颜回用非常简陋的竹器吃饭，用瓢饮水，住在陋巷，别人受不了这种困苦，颜回却不改变乐观态度。孔子的话其实是告诉我们，一个人的快乐不在于物质享受，而在于精神的追求。孔子的这两段话被后人总结为“孔颜乐处”，它是中国古人关于人格理想与道德境界的命题，汉、宋以来的儒学大师都把它奉为一种极高的人格理想与道德境界。唐代诗人刘禹锡《陋室铭》中的名句“斯是陋室，唯吾德馨”，便可以看作是中国古人安贫乐道的最好写照。

安贫乐道是一种生活方式，更是一条正心修身之路。安贫不是目的，乐道才是关键。为什么要安贫？因为人一旦把心思都用在追逐钱财上，就会滋生很多执着心，不可能一心向道。而且，古人认为，人一旦富贵了，物质财富越来越多，也会滋长更多的私心，欲罢不能，这更是对求道的干扰。

作为一种正心修身的方法，安贫有助于我们更好地求道，修炼自己的心智；乐道则有助于我们克服当下的贫苦，坚定自己的理想和信念。

（二）勤劳节俭

中华民族是最勤劳的民族之一，我们的祖先用辛勤的劳动修筑了万里长城、大运河、都江堰等伟大工程。在中华文化历史上，流传着许多用劳动征服大自然的动人心弦的故事。中国古人早已认识到“赖其力者生，不赖其力者不生”的真理。

热爱劳动是立身、安家、兴邦的根本。中国古代伟大的医药学家李时珍就是一个把热爱劳动这一美德发扬光大的人。李时珍从小立下志愿，要熟读医药百书，解除人间疾苦。可通过读书，李时珍发现许多药书有错误，他又下决心要亲身体验，弄清每种药的真实情况。李时珍用了整整30年，记下了几百万字的笔记，经过一遍又一遍的修改，以献身医学的非凡勇气和求实的精神，终于完成了举世闻名的中药巨著《本草纲目》。

我国古代人民认识到劳动很重要。古诗“锄禾日当午，汗滴禾下土”，指出勤劳的人们都把汗水挥洒在自己劳动的地方。在中华传统观念中，无论是贩夫走卒还是达官显贵，都应该有劳动的意识和行动。墨子认为，人与动物的根本差别就在于人能劳动，而且人必须劳动。动物有皮毛作衣服，以草木为食物，故此，不用耕作、不用纺织也能衣食充足。但人却不同，如果要生存下去，就必须自食其力，这便是墨子所说的“赖其力者生，不赖其力者不生”。

如果说，勤劳的美德是开源，那么，节俭的美德就是节流。正是依靠着勤劳与节俭，人类生产和积累了大量的物质和精神财富，支撑起个人、家庭和国家的发展、成长。中华民族几千年来虽然历经艰难曲折，但是始终屹立在世界的东方，很重要的一个因素就是勤劳节俭。

节俭，自古以来就是君子修身、齐家、治国的传统美德之一。《左传》中说：“俭，德之共也；侈，恶之大也。”意思是说：节俭，是善行中的大德；

奢侈，是邪恶中的大恶。《尚书》对一国之君的要求是："克勤于邦，克俭于家。"意思是说：在国事上要勤劳，在家庭生活中要节俭，中国古代的圣贤之君都是这样做的。

相关链接

春秋时期，鲁国的贵族子弟公父文伯继承了祖上的大夫爵位，得意扬扬，看见母亲正在绩麻，便说道："像我们这样的人家，母亲还要绩什么麻呢？不怕别人笑话我不能奉养您吗？"他母亲听后惊叹道："咱们鲁国要亡了吗？怎么叫你这种不懂道理的孩子做官呢？"于是，她对儿子讲了许多必须重视劳动的话，其中有几句是这样的："……劳则思，思则善心生；逸则淫，淫则忘善，忘善则恶心生。"意思是说参加劳动，才能想到爱惜物力，知道节俭，才能产生好心；贪图安逸，就容易放荡堕落，就要丧失好心，产生坏心了。"劳思逸淫""劳思善生"这两个成语就是由此而来的。

南朝宋的开国国君刘裕，年轻时家境清贫，为生活不得不出外谋生。刘裕辞别家人，穿上新婚妻子亲手缝制的粗布衫裤，到新洲帮人收割芦苇以换取温饱。一连数天，他顶着大太阳挥汗工作，新的衣裳很快就破烂不堪，辛苦赚来的血汗钱也只能勉强维持生活。后来，刘裕穿着这身破衣投身军旅，凭着战功，得到晋升，之后当上了南朝宋的皇帝。刘裕登上皇位后，并没有忘记年轻时的贫寒日子，他将破烂的粗布衫裤仔细收藏起来，并常告诫子孙说："我保存这套粗布衣裤，就是为了提醒自己，不要忘记当年。后代子孙如果有奢侈不知节俭者，一定要家法严惩。"刘裕带头崇尚俭朴，使得东晋以来浮夸奢侈的社会风气大为改观。

诸葛亮在《诫子书》中说："静以修身，俭以养德。"节俭需要首先克制自己的欲望和贪念，这样才能保持节操，培养德行，所以自古有德之士都推崇"俭以养德"。节俭不仅是为人之德，还是一种很重要的为官之德。清代学者汪辉祖说："用财宜节，不节必贪。人即不自爱，未有甘以墨败者。资用既绌，左右效忠之辈进献利策，多在可以无取、可以取之间。意谓伤廉尚小，不妨姑试，利径一开，万难再窒。情移势逼，欲罢不能。或被下人牵鼻，或受上官掣肘，卒之利尽归人，害独归己。败以身徇，不败亦殃及子孙，皆由不节之一念基之。故欲为清白吏，必自节用始。"清代名臣乌尔通阿也说："居家宜俭，居官尤宜俭。人情愈奢则愈纵。始而贪，继而酷，皆自不俭始……俭则安分，俭则洁己，俭则爱民，俭则惜福，故曰：俭，美德也，官箴也。"一个不懂节俭的人，很容易养成骄奢淫逸的习惯，从而走向贪腐的深渊，自然也就做不成好官、清官。

节俭不仅是一种美德，有时候它还能使人避免危难，这就是《周易》中所说的“君子以俭德辟难”。其中的深意在于：一方面，简朴的德行能够防止奢靡、腐化等行为；另一方面，在面临危险时，具备简朴的德行有助于摆脱危险。宋仁宗时的宰相张文节就深谙此道。张文节虽位居宰相，薪水很高，但生活异常节俭，有人讥笑他沽名钓誉，他从不在意。亲友劝他要稍微随俗一些，张文节就给他们讲道理：“我现在的薪水，足以让全家锦衣玉食。可是由俭入奢易，由奢入俭难。我现在的薪水不是永久的，生命也不是长存的，一旦有了变化，家人已经习惯了奢侈，不能立刻回到节俭，一定会失去生活依靠。那个时候，我不是在害他们吗？倒不如不管我做不做官，活着或死了，家人的生活都一样才好！”节俭是中华民族几千年来一直提倡并保持下来的传统美德，深深影响着所有中国人的行为。即使在物质财富相对丰富的今天，戒奢从简仍是我们必须崇尚的道德修养。我们应该培养节俭这一美德，因为只有具备这一美德，才能不为物欲所羁绊。

（三）明礼诚信

《论语》中说：“君子敬而无失，与人恭而有礼，四海之内，皆兄弟也。”又说：“民无信不立。”这两句话被后人归纳为中华传统美德之一，即明礼诚信。

中国之所以有“礼仪之邦”“文明古国”的美誉，就是因为中国自古以来特别讲究隆礼。这里的“礼”，既是指“礼仪”“礼节”“礼貌”，又是讲“礼让”“中和”“谦敬”。

所谓“礼仪”，《论语》中说：“君子所贵乎道者三，动容貌，斯远暴慢矣；正颜色，斯近信矣；出辞气，斯远鄙倍矣。”大意是说：君子严肃自己的容貌，就可以避免别人的粗慢无礼；端正自己的神色态度，就可以使别人相信；谈话时注意言辞声调，就可以避免别人的粗俗和错误言论。《礼记》上还有这样的规定：“入境而问禁，入国而问俗，入门而问讳。”意思是说：进入一个地区，先要问当地的法制禁令；进入一个国家，先要问该国的风俗习惯；进入别人家里，先要问主人有什么忌讳。以上都是自古以来中国文化中讲究“礼仪”“礼节”“礼貌”的一些代表性言论。

关于“礼让”，荀子的话颇具代表性：“人生而有欲，欲而不得，则不能无求；求而无度量分界，则不能不争；争则乱，乱则穷。先王恶其乱也，故制礼义以分之，以养人之欲，给人之求，使欲必不穷于物，物必不屈于欲，两者相持而长，是礼之所起也。”大意是说：人生来都是有欲望的，有欲望而得不到满足就有追求，有追求而无限度就会造成争夺，有争夺就会造成社会混乱，混乱则导致贫穷。先王厌恶混乱，因此制定了礼，礼的作用就是制定一系列的标准和限度，使人们相互礼让，安分守己，从而使社会和谐稳定。

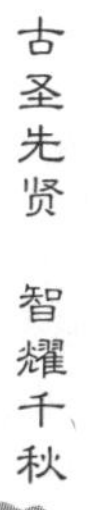

明礼诚信应当是当代中国公民的基本道德规范之一。之所以把“明礼”和“诚信”放在一起，并不是随意而为的，而是因为二者之间存在着内在的联系。“明礼”是人的行为的外在表现，“诚信”则是人的内心状态。“明礼”只有表现了人内心“诚信”的本质，才不会流于虚伪的形式或繁文缛节；“诚信”只有通过“礼仪”“礼让”，才能够最恰当、最真实地表现出来。《礼记》对“礼”有一个解释：“忠信，礼之本也；义理，礼之文也。无本不立，无文不行。”这说明古人已把“忠信”视为“礼”的本质。“诚”于内而“礼”于外，是对“明礼”与“诚信”相互关系的最好解说。

“诚信”包括“诚”和“信”两方面的内涵。“诚”主要是讲诚实、诚恳；“信”主要是讲信用、信任。“诚”“信”合在一起，就是指做人要忠诚老实，诚恳待人，以信用取信于人，对他人给予信任。

相关链接

季布一诺

季布曾是西楚霸王项羽的部将，楚汉两军交战时，曾经多次让刘邦困窘不堪。刘邦消灭项羽后，仍对此耿耿于怀，悬赏千金捉拿季布。季布潜藏到朱家家里。朱家劝夏侯婴说服刘邦赦免了季布，并召拜为郎中。惠帝时，季布为中郎将，后转任河东守。季布为人仗义，好打抱不平，以信守诺言、讲信用而著称。所以民间广泛流传着“得黄金百斤，不如得季布一诺”的谚语。“一诺千金”这个成语也是从这儿来的。

无论我们在社会中扮演什么角色，明礼诚信都是必备的美德之一。每个人都应该有这样的道德意识：做老实人，说老实话，办老实事；以信待人，以信取人，以信立人。

（四）浩然之气

《孟子》中记载了这样一段对话：

弟子公孙丑问孟子：“请问老师，您最擅长什么？”

孟子毫不思索地回答：“我善于培养我的浩然之气。”

公孙丑大惑：“什么是浩然之气？”

孟子皱眉道：“要给这浩然之气下个定义还真难。我只能这样描述它，它最宏大最刚强，用正义去培养它而不用邪恶去伤害它，就可以使它充满天地之间。它与仁和义相配合辅助，不这样做，浩然之气就会像人得不到食物一样疲软衰竭。浩然之气是由正义在内心长期积累而形成的，而不是通过偶然的正义行为获取的。自己的所作所为有不能心安理得的地方，则浩然之气就会衰竭。”

对于孟子说的浩然之气，曾有一首长诗作出过生动的描绘，这就是南宋文天祥写的《正气歌》。诗中写道："天地有正气，杂然赋流形。下则为河岳，上则为日星。于人曰浩然，沛乎塞苍冥……"意思是说：浩然之气寄寓于宇宙间各种不断变化的形体之中。在大自然，便是构成日月星辰、高山大河的元气；正气又叫浩然之气，充满天地之间。在国家、民族处于危难关头时，它便表现为仁人志士刚正不阿、宁死不屈的气节。社会秩序靠它维系而得以长存，道义是它产生的根本。文天祥还列举了许多可歌可泣的历史人物作为例证，说明浩然之气长存于天地之间，如：不怕杀头仍秉笔直书的晋国史官董狐；坚贞不屈，誓死不降，在匈奴牧羊十九载的苏武；被俘后大喝"蜀中只有断头将军，而无投降将军"的严颜；率部渡江北伐、中流击楫、发誓收复中原的东晋名将祖逖；等等。

相关链接

"大丈夫"的来历

孟子的浩然之气实质就是一种内在的气节力量，而拥有这种浩然之气的人，被称为"大丈夫"。孟子解释"大丈夫"的含义时说："居天下之广居，立天下之正位，行天下之大道。得志，与民由之；不得志，独行其道。富贵不能淫，贫贱不能移，威武不能屈，此之谓大丈夫。"遵守社会道德规范，用仁义之心与人相处，自己成功时与别人分享，自己不成功时独善其身，不被富贵所迷乱，不因贫贱而改变志向，不屈从权势和武力，这样才称得上大丈夫。这种气节和力量就是我们今天讲"男子汉大丈夫"的文化内涵和价值依据。

孟子所说的浩然之气，是刚正之气，是人间正气，是大义大德造就的一身正气。再说得直白一点，就是骨气和节操。中国人最注重这两点，正所谓"三军可夺帅也，匹夫不可夺志也"。孔子说："大节是也，小节是也，上君也；大节是也，小节一出焉，一入焉，中君也；大节非也，小节虽是也，吾无观其余矣。"（《荀子·王制》）从修身的角度而言，小节无疑也是重要的，在小的事情上能够让自己的行为符合道德要求，是个人美德的具体体现。但从政治生活而言，古人更注重的是大节，一个人在重大原则问题上能够坚守，是保持气节的关键，"临大节不可夺"。因此，大节是指一个人对国家、君主的忠诚与否；而小节则指一个人生活中个性品德的好坏。

作为一种崇高的美德，气节一直是古代思想家推崇的精神力量。孟子的浩然之气，就是对气节这一美德的重要发挥。孟子认为，对道义的坚守达到一定高度，就会自然产生出一种至大至刚的力量，这种力量鼓舞着人为实现

道义而勇往直前。

那么，我们应该具备哪些气节呢？

首先，人应该有尊严。每个人都有自己的人格，尽管人格表现出明显的不同，但人们在评价它时总会有一些共同的标准。这些共同的标准就是人格的尊严和独立。“嗟来之食”的故事恰好说明了这点：春秋时期齐国饥荒，有个贵族在路边摆上食物，居高临下地招呼一个饥饿的人：“喂，来吃啊。”那个饥民盯着他说：“我就是因为不愿意接受带有侮辱性的施舍才饿成这样的。”那位贵族虽然道了歉，可这个饥民还是不肯吃，最后饿死。

其次，人应该有正义感。为了正义应该不顾一切，大义凛然。唐朝安史之乱时，颜真卿被派到乱军营去和对方谈判，乱军首领要颜真卿投降，颜真卿断然拒绝。乱军首领就在他面前挖了个坑，暗示他如果不投降就会被活埋，颜真卿冷笑道：“我已活了 70 多岁，你要杀就杀，别玩这一套。”乱军首领多次以厚利诱其投降，颜真卿都置之不理，最后被乱军杀死。后人说，颜真卿不但维护了正义的尊严，而且还维护了自己人格的尊严。

最后，人应该维护民族和国家的利益。在这方面，前面提到的文天祥就是最好的榜样。文天祥是南宋朝廷的高官，因抗击元朝而被俘。元人知道他的分量，所以几次三番劝降，但都被他拒绝。最后，元人失去耐心，决定处死他。文天祥毫不惊慌，临刑前面朝南方拜了几拜，说：“我报效国家的机会，只能到此为止了。”然后从容就义，年仅 47 岁。这就是维护民族和国家利益所表现出来的气节，也就是孟子说的浩然之气。

二、与人为善的处世原则

人际关系是人生中的一件大事，围绕着这件大事，产生了诸多传统美德。这些美德主要有以下四种：忠、孝、仁、义。这四者分别规定了中国传统社会最为重要的四类人际关系：忠，讲处理个人与社会、国家之间关系的道德规范；孝，讲处理家庭生活中各种关系的基本准则；仁，讲人与人之间，尤其是个人与陌生人、上级与下级之间的相处之道；义，讲处理人际关系，尤其是利益关系的道德要求。

忠、孝、仁、义这四个基本道德规范，是中国传统社会道德生活的基石。在此基础上，传统道德的其他规范得以建立和发展。总体而言，这四种传统道德的终极目的可以归纳为四个字：与人为善。

（一）尽己之谓忠

中华传统文化最讲究“忠”。《论语》中曾子说：“吾日三省吾身：为人谋而不忠乎？与朋友交而不信乎？传不习乎？”首要的是“为人谋而不忠乎”，就是替别人做事时，有没有不尽自己心力去做的时候。在这里，“忠”是尽心竭力的意思，朱熹对这句话的解释为“尽己之谓忠”。

尽自己的一切心力去真诚对待别人，尽心尽力完成别人托付给自己的事，这就是忠的表现。孟子曾问齐宣王：“有个把自己的妻子、儿女托付给朋友的人出去游玩，回来后，他发现自己的妻子、儿女正在受冻挨饿，对这样的受托人该怎么办？”齐宣王说：“抛弃他。”孟子又问：“士师（古代的司法官）不能治理士（士师的下属），该拿他怎么办？”齐宣王说：“罢免他。”孟子再问：“不能治理好国家的人，又该怎样处理呢？”齐宣王发现孟子在说自己，急忙顾左右而言他。

这段记载于《孟子》中的对话，正是对“忠”这一传统美德的具体解释。答应帮助照顾对方妻子、儿女的“朋友”，根本没有尽心，使得对方的妻子、儿女挨饿受冻，这就是不“忠”。

“忠”还表现为要恪尽职守，尽心尽力做好自己的本职工作。古人认为，我们在一定的社会环境中都有一份工作，这份工作从本质上而言没有高低贵贱之分。不管这份工作的具体内容是什么，我们都应尽心尽力。

号称“史学之父”的司马迁最开始的工作只是个图书馆的档案秘书。在汉代，档案秘书虽然是管理文献史料、天文历史的官吏，但却是一个被封建统治者看不起的小官，而且当时的人们都把档案工作者与占阴阳卜吉凶的巫祝相提并论，所以说这个工作在当时并不被看好。即使如此，司马迁却认为自己所承担的是无比光荣的事业，就算在小的岗位中，也可以发光发热。

最后，“忠”还表现为要忠于民族和国家。古人云“位卑未敢忘忧国”“天下兴亡，匹夫有责”，说的都是要忠于自己的祖国和民族。古人认为，忠实于祖国，就要时刻关心国家的命运、民族的前途，将自己的生命与祖国的兴亡、民族的盛衰紧紧联系在一起。

辛亥革命以来，近代的有识之士主张在否定对君主个人愚忠的基础上，将忠的对象复归于国家、民族、人民和事业。孙中山先生在《三民主义·民族主义》中讲道：“在国家之内，君主可以不要，忠字是不能不要的。如果说忠字可以不要，试问我们有没有国呢？我们的忠字可不可用之于国呢？我们到现在说忠于君固然是不可以，说忠于民是可不可呢？忠于事又是可不可呢？我们做一件事，总要始终不渝，做到成功；如果做不成功，就是把性命去牺牲亦所不惜，这便是忠。……照道理上说，还是要尽忠，不忠于君，要忠于国，要忠于民，要为四万万人去效忠。”也就是说，封建社会对君主个人的愚忠是不足取的，但是我们忠于事业、忠于国家、忠于人民的原则和美德在任何时候都不会过时。

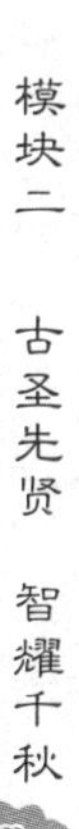

（二）孝为人本

“孝”是中国传统道德中最重要的内容之一。何谓孝？《说文解字》的解释是："孝，善事父母者。"也就是说，身为孩子要顺承父母的意思，并且要奉养父母，这才算尽到为人子女的责任。

从"孝"字的古文写法上看，"孝"字上面是一个老人，下面是一个小孩。整个字的字形像是一个孩子用头承接着老人的手行走。

孔子说，孝是为人之本。中华传统美德第一经的《孝经》更是把"孝"提到了无与伦比的高度："夫孝，天之经也，地之义也，民之行也。"

中国人提倡孝道，源于中国血缘文化的特点。这一特点决定了中国社会是以家庭（家族）为本位的，而在家庭中最重要、最首要的就是父母与子女的关系。孝既是子女对父母的天然情感，也是子女对父母的责任和义务。古人说："燕雀尚知反哺之恩，而况人乎！"意思是，连畜类都知报恩，更何况有理智的人呢？

"孝"在中国文化中的含义相当丰富，是一个相当复杂的道德要求体系。

孝的第一层含义是赡养。所谓赡养，即从物质上满足父母的需要。《吕氏春秋》认为养有五道："修宫室，安床第，节饮食，养体之道也；树五色，施五采，列文章，养目之道也；正六律，和五声，杂八音，养耳之道也；熟五谷，烹六畜，和煎调，养口之道也；和颜色，说言语，敬进退，养志之道也。此五者，代进而厚用之，可谓善养矣。"当然，古人对赡养提出的这些周到而具体的要求，在当下并不全然适用。赡养父母之孝，用今天通俗一点的语言就是让父母吃好、穿好、住好、用好。当然，这里的"好"没有硬性标准，因每个家庭的实际情况而定，因父母的具体需要而定。

孝的第二层含义是敬，所以有"孝敬"一词。如果"孝"仅仅只是要求子女给父母以物质方面的供给，那么孝的意义就会大打折扣。孔子曾经批评那些以为给父母好的物质条件就是孝的人，孔子说："今之孝者，是谓能养。至于犬马，皆能有养，不敬，何以别乎？"现在的人们对待自己养的小猫小狗，都舍得花钱，买一些好的用具和食物。如果"孝"就意味着"养"的话，那么我们岂不是也是在对我们的宠物尽孝？所以，孔子认为，如果将孝简单地理解为"能养"，就是把父母视为被饲养的犬马，自己也就变成了犬马的子女了。只有做到敬，才能使父母不仅获得物质上的满足，还能获得精神上的满足，这才是人类特有的孝道。正所谓，"孝子之至，莫大乎尊亲"。

孝的第三层含义是顺，所以有“孝顺”一词。所谓“顺”，是指顺从父母的意愿，不违背父母，养父母之志。父母最不希望子女做的事情就是那些可能危害自己生命安全的事情。所以，古人特别强调“父母在，不远游，游必有方”。

“孝”不仅仅是一种美德，它还是做有道德的人的根基。《论语》中有这样一段话：“其为人也孝弟，而好犯上者，鲜矣；不好犯上，而好作乱者，未之有也。君子务本，本立而道生。孝弟也者，其为仁之本与！”由此可知，孝顺父母是做人的根本，一个人只要在家庭生活中是一个孝子，那么当他走向社会后，就不会干什么坏事。这一观点的思路是这样的：对养育自己的父母都对不住，这种人还能对得住谁呢？

或许正是这种思路的影响，古人将“孝”界定为诸德之本，国君可以用孝治理国家，臣民能够用孝立身理家。由于对“孝”的这种推崇，在中国古代选举官吏时，孝顺父母是一条重要的道德标准。汉代的董仲舒就说：“求忠臣必于孝子之门。”汉代的“举孝廉”更是成为由下向上推选人才为官的制度。一个人只要在孝顺父母方面做得足够出色，从而被地方官员向朝廷举荐，就可以去做官。

孝是中国古代最重要的伦理思想之一。为了宣扬、推行孝道，中国古人编写了许多关于孝道教育的教材。其中最为经典的是《孝经》和《弟子规》。《孝经》以“孝”为中心，传说是孔子所作，比较集中地阐述了儒家的伦理思想，对实行“孝”的要求和方法做出了系统而详细的规定。《弟子规》由清朝康熙年间的秀才李毓秀所作，是广为流传的儿童启蒙读物，目的就是要对孩子进行启蒙教育。《弟子规》的开篇“弟子规，圣人训；首孝悌，次谨信”，指明了孝的重要性。这本启蒙教材还规定了一系列孝的规范，如“父母呼，应勿缓；父母命，行勿懒；父母教，须敬听；父母责，须顺承”等。

在孝道教育与传承过程中，家训往往起着非常重要的作用。家训又称家诫、家范、庭训等，指家庭或家族内部父祖辈对子孙后代的垂诫、训示，也指儒家知识分子在立身、处世、为学等方面教育后辈的家庭教育读物。司马光说，他自己的两部著作中，家训体裁的《家范》要比治国理念的《资治通鉴》更重要，因为欲治国先要齐家。

中国古代家训的内容大体相同，其中很重要的一个方面就是要求子女孝顺父母。例如，中国最著名的家训《颜氏家训》开宗明义就说：“夫圣贤之书，教人诚孝……”意思是古代圣贤的著述，教诲人们要忠诚孝顺。《颜氏家训》说“仁孝礼义，导习之矣”，主张在孩子小时候就要进行孝道教育；又说“父母威严而有慈，则子女畏慎而生孝”，“父不慈则子不孝”，道出了父母对孩子孝道养成的重要影响。

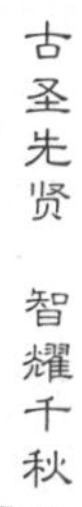

（三）仁者爱人

“仁”是中华传统文化中分量最重的一个字，本身就代表了中国传统文化和传统道德。它的提出者是孔子，有人问孔子什么是“仁”，孔子回答说：“仁者爱人。”

爱人，就是仁，是中华传统道德的精髓。这一传统美德要求我们在日常生活中与人打交道时要常怀一颗爱人之心，与人为善。因此，爱人应当是发自肺腑、真心实意的，虚伪就是不仁。

“仁”有很多种表现形式，如杀身成仁，仁政爱民，大仁不拘小节，其核心在于推己及人。所谓推己及人，就是设身处地为别人着想，这就是最高尚的仁。推己及人的对象主要有两个层面：一是自己身边的人；二是整个社会中的人群。

从影响身边人的角度而言，推己及人、将心比心、设身处地有两个基本要求：己所不欲，勿施于人；己欲立而立人，己欲达而达人。这两个方面的内容在传统道德学说中被称为“恕道”。

“己所不欲，勿施于人”，要求人们将心比心，不损害他人。你自己不愿意做的事情，不能要求其他人去做或者替你去做。作为子女，我们自己在家里不愿意干的活，不应该要求父母替我们去干；作为朋友，我们自己不愿意做的事情，不应该要求他人帮助我们去做；作为社会的一分子，我们自己不愿意尽的责任，不应该要求他人对我们履行或替我们尽责。

“己欲达而达人，己欲立而立人”，则要求人们将心比心，积极利人、助人，给他人以机会和力所能及的帮助。你自己想在困难的时候获得别人的帮助，那么在别人困难的时候，就应该去帮助他人；你自己想受到他人的尊重，就应该去尊重他人；你自己想获得成功，那么就应该帮助他人获得成功，至少是不阻碍他人获得成功；你自己愿意成为一个善良的人，那么就应该创造条件去帮助他人培养他的善良本性。孟子说：“穷则独善其身，达则兼济天下。”这句话被视为古代知识分子的理想人格和道德要求。这句话的意思可以理解为：当一个人能力有限时，应尽力提升自己的修养；能力较强时，那么就要努力为天下人造福。

概而言之，“恕道”的基本思想是用自己的感受去理解他人的感受，用自己的品德帮助别人品德的成长，通过换位思考，设身处地去为他人着想。“己所不欲，勿施于人”，属于基本的、起码的要求，这一要求在现代社会中被称为道德的“黄金定律”；而“己欲达而达人，己欲立而立人”则是更高的要求，由此可以成为中国传统道德所要求的“仁人”。

（四）义在利先

义，就是我们今天常提的“道义”。它是中国传统道德的“五常”之一，也是古人与人相处中使用频率最高的一种道德规范。义，繁体字写作“義”，由“羊”和“我”两字构成。在中国传统文化中，“羊”象征美和善，“義”的含义即自身所拥有的美好品质。在后来的衍变中，义作为一种道德规范，含义十分丰富。对“义”的道德要求进行系统阐述的是孟子。《孟子》一书中，使用“义”字108次，将义作为人立身处世的根本。自孟子后，义开始成为中国人道德生活的基本规范，影响至今。

谈“义”，必然绕不开“利”，“义利”是中国传统文化中无论如何都绕不开的道德话题。孟子把“义利”问题谈得十分透彻。

孟子对“义利”的主次、先后，甚至有无的问题定下基调，此后形成了重义轻利的文化传统。那么，在我们的人生中该如何来行“义”呢?

（1）义为宜，是一个人适合做的、应当做的事情。古人多以“宜”来解释义。“事得其宜之谓义”“义者，事之宜也”，而“宜”在古代就是“应当”的意思。而对一件事，采取最为适宜、恰当的行动，做出最为合理的反应，便是义。当我们看到歹徒正在行凶，当事人生命受到威胁时，挺身而出，采用一定的行动加以阻止，这就是义；否则就是不义。宋代学者陈淳说：“只当如此做，不当如彼做，有可否从违，便是义。”义的要求超越个人的利益考量，关注的是应不应该，而不是个人利益的大小。一旦考虑了利益的大小，那就是利在义先了。

（2）义要求做出的行为，是一个人在特定环境下应该做出的行为，这种行为本身应当是以对是非善恶的正确判断为前提的。我们现在生活中流行一个词叫作“讲义气”，但古人早就说过，义的道德要求一定不能违背善，“夫义者，所以限禁人之为恶与奸者也”。朋友的正当需求，我们当然应该倾力相助，但如果朋友想做的事情是不道德的，甚至是违反法律的，我们更有义务维护道德和法律的尊严。孟子说“言不必信，行不必果，惟义所在”，我们遇到的所有事，对别人做出的所有承诺，都不一定是必须履行的，关键是看这些事情和承诺是否符合道德和法律要求。义要求的是做好人，而不是做为了所谓“义气”去作奸犯科的愚人。

（3）义的要求内容是因人的身份、职业不同而有所不同的。所谓义者，“为人臣忠，为人子孝，少长有礼”。前面两条已经说过，现在重点讲述“少长有礼”。在古人的传统道德规范中，“待人以礼”是相当重要的，对任何人都应该以礼相待。尊师重教就是其中之一的礼，也是中华民族的传统美德。古人说“一日为师，终身为父”，我国古代的老师在社会中有相当高的地位。古人所列举的应该受到特别尊崇的对象有天地君亲师，老师就占有一席。民间“俗以天地君亲师五者合祀，比户皆然”。儒家经典《白虎通义》特别强调“人有三尊，君、父、师”，老师被列入与君、父共同受特殊尊敬的行列。教育界的祖师爷孔子，更被尊称为“至圣先师”，即使是天下至尊的皇帝，对

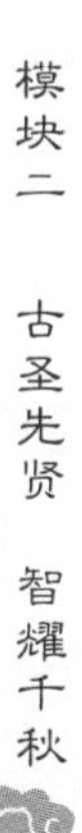

他也要顶礼膜拜。这一中华美德应该得到继续发扬。

三、君子怀德的境界

在中国传统文化中，君子人格是每个人都可以通过修德获取的，君子境界也是每个人都能到达的境界。单从人格方面讲，君子仅需具备我们前面所讲的那些美德就完全合格了，这就是"内圣"。但如果要做到"外王"，那还需要具备下面将要讨论的美德：隐忍、知耻和无私。

（一）隐忍

中华民族是一个极具坚忍力的民族，"隐忍谦让"是自古以来就有的传统美德。无论是佛家、道家还是儒家，都对"忍"情有独钟，都认为"忍"是成大事的一个必备美德。

儒家特别看重"忍"，《论语》中多处记载孔子论"忍"。他说"小不忍，则乱大谋"，意思是小事不能忍让，就会破坏大事情。孔子还说："一朝之忿，忘其身，以及其亲，非惑与？"大意是：因一时的愤怒而忘记自身及其亲人，这不是太糊涂了吗？孔子曾告诫子路说："牙齿因为刚硬所以容易折断，舌头因为柔软所以易于保存。柔软必定胜过刚硬，弱小的东西也可以战胜强大的东西。喜好争斗必定要受到损伤，一味逞勇一定会导致灭亡，百行的根本是忍让为先。"

中国传统典籍中有很多关于"忍"的论述。《周易·损卦》云："君子以惩忿窒欲。"大意是：有德行的人用自我警戒来抑制愤怒和欲望。《尚书》记载周公告诫周成王道："坏人怨恨你、责骂你，那么你应该严肃德行。"又说："不仅仅是不敢动怒，还要放宽你的心胸。"成王告君陈曰："必有忍，其乃有济；有容，德乃大。"意思是必须有忍耐之心，才能办成事情；有宽容之心，道德才能高尚。

中国民间对"忍"的理解更是别有趣味。民谚曰："忍事敌灾星。"又云"凡事得忍且忍，饶人不是痴汉，痴汉不会饶人"；"得忍且忍，得戒且戒。不忍不戒，小事成大"。这些都是告诫人们"忍一时海阔天空，让三分风轻云淡"的深刻道理。中华传统美德中的"忍"，其实意味着内心坚毅而决绝，要能忍常人所不能忍，这是一种修养和境界。隐忍不仅是一种美德，而且是成大事者必备的素质。

做人要隐忍，但绝不能一味退让。俗话说，"忍字心头一把刀"。这并非指"忍到心头插刀，也不反抗"。正确的理解应该是"忍无可忍时，便是亮剑之时"。忍，不应该是憋在心里，窝气；因为气不顺，憋在胸中，久而不畅，则智昏；智昏，则容易失言失态。最终，忍的修养还是会失去。忍的最高境界应该是主动、积极地去化解矛盾。

（二）知耻

孟子说："人不可以无耻。无耻之耻，无耻矣。"意思是：从不知羞耻到知道羞耻，就可以免于羞耻了。知耻是中国传统文化中的道德底线，是人自身道德完善的终点和"外王"的起点。儒家认为，人必须有羞耻之心，只有知道什么是耻辱之后才能分辨清楚是非、对错和善恶，才能避免做不道德的事，而去做符合道德的事。

知耻就是要有羞耻之心。孔子曾赞赏知耻的君子精神，并且说"知耻近乎勇"。一个人只有具备羞耻之心，才能见财不贪，临难不屈；才能谦和退让，取舍有度。无论是个人修养还是成大事，知耻都是良知的先导。王阳明说，良知是天地造化的精灵，无所不能，谁拥有它，谁就能成大事。

对于知耻，我们应该明确以下三个问题：

首先，知耻必先知善。中国古人很重视独立人格的培养，认为人人都有自己的价值，都有行仁德的能力，强调"人人有贵于己者"。孔子说："仁远乎哉？我欲仁，斯仁至矣。"又说："有能一日用其力于仁矣乎？我未见力不足者。"还说："道之以德，齐之以礼，有耻且格。"这是说一个人能以广德之心处世，并以礼来节制自己的行为，就会远离耻辱而成为正直的人。

相关链接

知耻近乎勇

《孔子集语·杂事》记载：孔子的弟子子路自诩很勇敢，但孔子始终认为子路是个莽夫，并未得孔门儒学"勇"的真谛。某次，孔子游山，子路随行。孔子口渴了，让子路去打水。子路在水边遇到一只老虎，他兴奋极了，扔了水瓢就和老虎搏斗起来，几个回合下来，子路把老虎打死，并把虎尾巴扯下揣在怀里，回来问孔子："上士打虎如何？"孔子发现子路的水瓢不见了，怀里露出一毛茸茸的东西，马上就明白了，于是回答："持虎头。"子路又问："中士打虎如何？"孔子回答："持虎耳。"子路急了，再问："下士打虎如何？"孔子回答："持虎尾。"子路愤懑不已，自己徒手和老虎搏斗险些搭上性命，才落了个"下士"。他跑到一边，把老虎尾巴扔掉，揣了个石头回来，恶狠狠地问孔子："上士杀人用什么？"孔子脸色不变："用笔。""中士杀人用什么？""用语言。""下士杀人用什么？""用石头。"子路垂头丧气，心服口服，扔了石头，不言语。孔子这才说，你已是勇士了，因为"知耻近乎勇"。

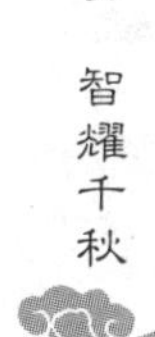

倘若一个人没有这种追求高尚品德的独立人格，他就只能在个人生存利益层面上考虑；他不懂善，也不可能以不善为耻。所以一个人要真能知耻，就必须在知善的基础上来实现。面对生活的甘苦、个人的荣辱、生命的安危、事业的成败而心地坦荡，宁静淡泊，严于律己。在这种境界下，就能知耻发奋，就能言行一致。正如陆九渊所说的，“人唯知所贵，然后知所耻”。

其次，知耻必先自知。知耻是说一切道德行为要具有自觉的动机，是发自内心的自觉的行为；知耻也意味着一种自己衡量、自己选择的过程；知耻又意味着一种在社会上人与人之间关系中发生的具体行为。因而它离不开一个人对自己的评价与了解。知道自己的追求与理想，知道自己的弱点与强项，知道自己在人群中的位置与责任，这样，他就知道了“耻”的具体内容，也才能知道“知耻而后勇”的“勇”用于何处。

最后，知耻后必有行动。我们常说“知错要改”，知耻后也一定要有相应的行动，停留在心中的“知耻”是于事无补的。

相关链接

周处除三害

晋人周处年轻时，为人蛮横强悍，任侠使气，是当地一大祸害。当地的河中有条蛟龙，山上有只白额虎，龙和虎一起祸害百姓。当地百姓把龙、虎和周处并称为三大祸害，三害当中周处危害最大。有人劝说周处去杀死猛虎和蛟龙，实际上是希望三个祸害相互拼杀。周处立即杀死了老虎，又下河斩杀蛟龙。蛟龙在水里有时浮起有时沉没，漂游了几十里远，周处始终同蛟龙一起浮沉。经过三天三夜，当地的百姓们都认为周处已经死了，互相庆祝。结果周处竟然杀死了蛟龙，从水中出来了。他听说乡里人以为自己已死而对此庆贺的事情，才知道大家实际上也把自己当作一大祸害，因此有了悔改的心意。于是便到吴郡去找陆机和陆云两位有修养的名人。当时陆机不在，周处只见到了陆云，就把全部情况告诉了陆云，并说：“我想要改正错误，可是岁月已经荒废了，怕最终没有什么成就。”陆云说：“古人珍视道义，认为‘朝闻道夕死可矣’。而且人就怕不立志，只要能立志，又何必担忧好名声不能传扬呢？”周处听后改过自新，终于成为一名忠臣。

周处除三害的故事告诉我们：只有真正知耻，才会有所行动；而且，只要真正知耻，必然会有行动。

周处斩杀蛟龙

（三）无私

无私是中国传统道德中的重要内容，是儒家从天人合一的思想中总结出来的。孔子说："天无私覆，地无私载，日月无私照。"那么，人的境界和行为也应该这样，像天一样覆盖万物而无一丝厚此薄彼；像地一样承载万物而无一丝亲疏远近；像日月照耀万物一样而无一丝分配不均，达到"与天地合其德，与日月合其明"的境界。

道家认为，无私不仅仅是一种美德，还是一种成事的智慧。《道德经》用辩证法的思路指出："非以其无私邪，故能成其私。"意思是：只有你"无私"，自己才能有所得。

相关链接

春秋时期，晋国国君问他的大臣祁黄羊："南阳县缺个县令，依你的高见，谁最适合这个职位？"祁黄羊毫不迟疑地回答："叫解狐去吧，我相信他一定能够胜任。"

国君惊讶地说道："奇怪，我听说解狐是你的仇人，你怎么推荐仇人？"

祁黄羊回答："您只问我什么人能够胜任，并没有问我他是不是我的仇人啊！"

国君听了，就派解狐去南阳，正如祁黄羊所说的，解狐把南阳治理得很好。

过了些日子，国君又问祁黄羊："现在缺一个掌管军事的官，你认为谁能胜任？"

祁黄羊回答："我认为祁午能胜任。"

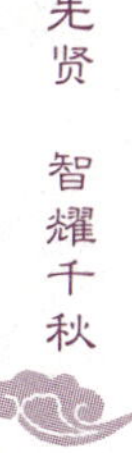

国君更惊讶了："祁午是你儿子，你推荐自己的儿子，就不怕别人说你徇私？"

祁黄羊回答："您只问我谁可以胜任，没有问祁午是不是我儿子啊！"

国君相信祁黄羊，派祁午去做掌管军事的官。还是如祁黄羊所说的，祁午对这个职务胜任有余，百姓也拍手称赞。

祁黄羊也因此得到了国君的器重，受到最高礼遇。

孔子赞赏祁黄羊说："他真是君子！他推荐人的标准，完全是适才而用，不会因为他是自己的仇人而不推荐，也不会因为是自己的亲人而不推荐，祁黄羊这样的人才称得上是'大公无私'啊！他能位极人臣，也是他应得的啊！"

无私这一传统美德，经过千百年的发展，早已融入了中国人的心灵深处，成为中国传统文化的一部分，也成为中华民族的精神。我们今天应该更进一步发扬这种精神，身体力行，做一个大公无私的君子。

【微课扫一扫】

如何理解中华传统美德

领悟孝的内涵

测一测

一、单项选择题

1. 孔子是儒家思想的创始人，其思想体系的核心是（　　）。

A. 克己复礼　　B. 宽刑薄赋

C. 仁　　D. 民贵君轻

2. 孔子"有教无类"思想的进步性，主要是（　　）。

A. 扩大教育对象的范围　　B. 通过教育选拔治国良才

C. 弘扬优秀民族文化　　D. 协调社会人际关系

3. "百家争鸣"局面出现的根本原因是（　　）。

A. 学术下移　　B. 诸侯重用"士"

C. 社会变革　　D. 诸侯争霸

4. 孔子“仁”的思想在先秦时期的进步意义主要是（　　）。

A. 满足新兴地主阶级的政治需要　　B. 抑制统治者的暴政

C. 成为各国变法的理论依据　　D. 奠定“非攻”主张

5. 今天我党大力倡导“以德治国”，对此，我们可以继承发扬儒家学说中的（　　）。

A.“和为贵”和“仁”的思想　　B.“农本”思想

C.“有教无类”思想　　D.“民为贵，君为轻”思想

6. 主张“兼爱”“非攻”的先秦诸子是（　　）。

A. 孟子　　B. 墨子

C. 庄子　　D. 荀子

7.“严刑峻法”是（　　）家的主要思想。

A. 道　　B. 法

C. 儒　　D. 阴阳

8.“修身齐家治国平天下”出自（　　）。

A.《中庸》　　B.《论语》

C.《孟子》　　D.《大学》

9. 治国平天下的根本是（　　）。

A. 修身　　B. 齐家

C. 治国　　D. 平天下

10. 孔子认为待人处世的最根本原则是（　　）。

A. 不卑不亢　　B. 忠孝两全

C. 推己及人　　D. 重义轻利

11.“诚，五常之本，百行之源也”中的“五常”指（　　）。

A. 仁、义、礼、智、信　　B. 仁、义、礼、智、孝

C. 仁、义、礼、智、勇　　D. 仁、义、礼、智、善

二、判断题

1.“以人为本”就是一切以人为主，人主宰世间万事万物。（　　）

2. 二十四节气歌和“不违农时”的说法，体现了“天人合一”的思想。（　　）

3.“穷则独善其身，达则兼济天下。”这是儒家关于个人与社会、出仕与归隐态度的经典概括，反映了儒家“从容进退”的文化心态。（　　）

4. 中国首颗量子通信卫星“墨子号”，以中国科学家先贤墨子来命名，用他的名字命名以纪念他在早期物理光学方面的成就。（　　）

5. 爱国精神是中华民族五千年历史发展中沉淀的核心价值观。（　　）

实践体验与知识拓展

1. 主题故事会：结合经典案例涉及人物所体现的精神品质，说说我们身边的道德模范，分享他们感人的先进事迹。

2. 搜集“中华好家训”，讲述身边的“中华好家风”故事；结合你印象最深的美德故事，讲述“中华好故事”。

3. 新时代需要从中华优秀传统文化中汲取养分，学完本模块后谈一谈你的思考。

模块三

礼仪之邦　华夏风范

学习目标

1. 了解中国传统礼仪的形成与演变、习俗及现代价值。

2. 感受中国传统礼仪源远流长，内容博大精深。

3. 增强对中国传统礼仪的认识和了解，继承和发扬优秀的文明礼仪，激发对中国礼仪之邦的认同感和使命感。

人文精神荟萃

礼仪习俗活动　道德伦理教育　传统美德教育　遵礼守法　自律意识　规矩意识

情景导入

“千里送鹅毛”的故事发生在唐朝。当时，云南一少数民族的首领为表示对唐王朝的臣服，派特使缅伯高向太宗进贡天鹅。

路过沔阳河时，好心的缅伯高把天鹅从笼子里放出来，想给它洗个澡。不料，天鹅展翅飞向高空。缅伯高忙伸手去捉，只扯得几根鹅毛。缅伯高急得顿足捶胸，号啕大哭。随从们劝他说：“已经飞走了，哭也没有用，还是想想补救的方法吧。”缅伯高一想，也只能如此了。

到了长安，缅伯高拜见唐太宗，并献上礼物。唐太宗见是一个精致的绸缎小包，便令人打开，一看是几根鹅毛和一首小诗。诗曰：“天鹅贡唐朝，山高路途遥。沔阳河失宝，倒地哭号啕。上复圣天子，可饶缅伯高。礼轻情意重，千里送鹅毛。”唐太宗莫名其妙，缅伯高随即讲出事情原委。唐太宗连声说：“难能可贵！难能可贵！千里送鹅毛，礼轻情意重！”

这个故事体现着送礼之人诚信的可贵美德。今天，人们用“千里送鹅毛”比喻送出的礼物单薄，但情意却异常深厚。

中国素有“礼仪之邦”之称。“礼”字在古汉语中与“履”字相通，意思是鞋子。鞋子既不能太大，也不能太小。“礼”也是如此，既不能无礼，也不能表现得太过。“礼”在社会中无时不在，出行有礼，坐卧有礼，宴饮有礼，婚丧有礼，寿诞有礼，等等。这里的“礼”包含了礼制的精神原则与礼仪行为两大部分，二者关系密切。

项目一　中国传统礼仪的形成与演变

中国古代的“礼”和“仪”是两个不同的概念，“礼”是制度、规则和一种社会意识观念；“仪”是“礼”的具体表现形式，它是依“礼”的规定和内容形成的一套系统而完整的程序。而将“礼”和“仪”连用则始于《诗经·小雅·楚茨》：“为豆孔庶，为宾为客。献酬交错，礼仪卒度。”所以，从本质上说，中国古代的“礼仪”更偏重于政治体制上的道德教化。

一、中国古代礼仪的起源

礼仪起源于原始社会，它是伴随着原始宗教的产生而产生的。有了原始宗教，就有了原始宗教的祭祀活动形式，在祭祀活动的历史发展中，逐渐地完善了相应的规范、制度，宗教礼仪应运而生。这就形成了人类社会最初的礼仪。

人类最初的“礼仪”，主要是对神秘不可知的自然界表示敬畏和祈求。而当人们发现对自然的祈求并不能带来福音时，又把这种敬畏逐渐扩展到人类自身。

由崇拜自然物转而扩展到人类自身，有两种模式：一种是转到那些在人类与自然界斗争中创造奇迹、对人类作出了贡献的先贤先哲那里。例如，中国古代，人们崇拜伏羲氏和神农氏，是因为他们教会人们种植农作物；崇敬大禹，是因为他为人民治水；崇敬尧、舜，是因为他们率领人们与自然斗争，并且形成了人类最初的“社会秩序”。因此，在当时人们心目中，他们成了超然于人类之上的“神”，而受到人们的广泛崇敬。另一种是由对龙的崇敬扩展到对君王的崇敬。龙是由于古人对自然界的恐惧和崇拜而想象出来的一种图腾。这种图腾崇拜，从进入奴隶社会开始，就被统治阶级所利用。统治者借助龙这种图腾来维护自己的统治，总把皇帝称作真龙天子，编造出种种相应的神话故事，于是形成了对统治者、对皇帝的崇拜和敬畏，一系列符合当时人们需要的礼仪规范也应运而生。

在原始社会中、晚期（约旧石器时期）出现了早期礼仪的萌芽。例如，生活在距今约 1.8 万年前的北京周口店山顶洞人就已经知道打扮自己。他们用穿孔的兽齿、石珠作为装饰品，挂在脖子上。他们在去世的族人身旁撒放赤铁矿粉末，是迄今为止在中国发现的最早的葬仪。

公元前 1 万年左右，人类进入新石器时期，不仅能制作精细的磨光石器，而且开始从事农耕和畜牧。在其后数千年岁月里，原始礼仪渐具雏形。例如，在今西安附近的半坡遗址中，发现了生活距今约 5 000 年的半坡村人的公共墓地。墓地中坑位排列有序，死者的身份有所区别，有带殉葬品的仰身葬，还有无殉葬品的俯身葬等。此外，仰韶文化时期的其他遗址及有关资料表明，当时人们已经注意尊卑有序、男女有别。而长辈坐上席，晚辈坐下席；男子坐左边，女子坐右边等礼仪日趋明确。

二、中国古代礼仪的演变

礼仪文明作为中国传统文化的一个重要组成部分，其发展大致可以分为形成时期，发展、变革时期，强化时期。礼仪的形成和发展，经历了一个从无到有、从低级到高级、从零散到完整的渐进过程。

（一）古代礼仪的形成时期

礼仪的形成在夏、商、周时期。中国历史开始从原始社会末期向早期奴隶社会过渡。在此期间，尊神活动逐渐升温。人们敬畏“天神”，于是祭祀“天神”。“礼”的繁体字“禮”，左边代表神，右边是向神进贡的祭物。因此，汉代学者许慎提出：“礼，履也，所以事神致福也。”（《说文解字》）

以殷墟为中心展开活动的殷人，公元前 14 世纪末至前 11 世纪活跃在华夏大地。他们建造了中国第一个古都——殷都（现河南安阳）。

推翻殷商王朝并取而代之的周朝，对礼仪建树颇多。朝廷设置礼官，专门掌管天下礼仪。特别是周武王的弟弟、辅佐周成王的周公，对周代礼制的确立起了重要作用。他制作礼乐，将人们的行为举止等统统纳入一个尊卑有序的模式之中。礼仪的特征，已从单纯祭祀天地、鬼神、祖先的形式，跨入了全面制约人们行为的领域。全面介绍周朝制度的《周礼》，是中国流传至今的第一部礼仪专著。《周礼》初名《周官》，学者一般认为是战国时人所作，全书共六篇，包括《天官冢宰》《地官司徒》《春官宗伯》《夏官司马》《秋官司寇》《冬官考工记》，主要记载古代的设官分职及各官的职权，并详细地叙述了各种典章制度，使自夏以来的传统之礼得到了极高程度的理论提升，为中国成为“礼仪之邦”奠定了坚实的基础。在汉以后两千多年的历史中，《周礼》一直是国家制定礼仪制度的经典著作，被称为“礼经”。

（二）古代礼仪的发展、变革时期

西周末期，王室衰微，诸侯纷起争霸。公元前 770 年，周平王东迁洛邑，史称“东周”。承继西周的东周王朝已无力全面恪守传统礼制，出现了所谓

“礼崩乐坏”的局面。

春秋战国时期是我国的奴隶社会向封建社会转型的时期。在此期间，相继涌现出孔子、孟子、荀子等思想巨人，发展和革新了礼仪理论。这一时期，学术界形成了百家争鸣的局面，以孔子、孟子、荀子为代表的诸子百家对礼教给予了研究和发展，对礼仪的起源、本质和功能进行了系统阐述，第一次在理论上全面而深刻地论述了社会等级秩序划分。

孔子是中国古代大思想家、大教育家，他删《诗》《书》，定《礼》《乐》，赞《周易》，修《春秋》，为历史文化的整理和保存作出了重要贡献。他编订的《仪礼》，又名《士礼》，或称《礼》，是根据当时社会上流传的一些古礼汇辑编订而成的，分《士冠礼》《士昏礼》等17篇，详尽地叙述了上古贵族生活的各种主要礼节仪式。孔子认为，“不学礼，无以立”（《论语・季氏》），“质胜文则野，文胜质则史，文质彬彬，然后君子”（《论语・雍也》）。他要求人们用道德规范约束自己的行为，要做到“非礼勿视，非礼勿听，非礼勿言，非礼勿动”（《论语・颜渊》）。他倡导的“仁者爱人”，强调人与人之间要有同情心，要互相关心，彼此尊重。总之，孔子较系统地阐述了礼及礼仪的本质与功能，把礼仪理论提高到一个新的高度。

孟子是战国时期儒家主要代表人物。在政治思想上，孟子把孔子的“仁”学思想加以发展，提出了“王道”“仁政”的学说和民贵君轻说，主张“以德服人”；在道德修养方面，他主张“舍生而取义”（《孟子・告子上》），讲究“修身”和培养“浩然之气”等。孟子提出，“丈夫生而愿为之有室，女子生而愿为之有家。父母之心，人皆有之。不待父母之命、媒妁之言，钻穴隙相窥，逾墙相从，则父母国人皆践之”（《孟子・滕文公下》）。

荀子是战国末期的大思想家。《荀子・礼论》云：“礼起于何也？曰：人生而有欲，欲而不得，则不能无求；求而无度量分界，则不能不争；争则乱，乱则穷。先王恶其乱也，故制礼义以分之，以养人之欲，给人之求，使欲必不穷于物，物必不屈于欲，两者相持而长，是礼之所起也。”他主张“隆礼”“重法”，提倡礼法并重。他认为，“礼者，贵贱有等，长幼有差，贫富轻重皆有称者也”（《荀子・富国》）。荀子指出，“礼之于正国家也，如权衡之于轻重也，如绳墨之于曲直也。故人无礼不生，事无礼不成，国家无礼不宁”（《荀子・大略》）。荀子还提出，不仅要有礼治，还要有法治。只有尊崇礼，法制完备，国家才能安宁。荀子重视客观环境对人性的影响，倡导学而至善。

（三）古代礼仪的强化时期

在我国长达2 000多年的封建社会里，尽管在不同的朝代礼仪文化具有不同的社会政治、经济、文化特征，但都有一个共同点，就是一直为统治阶级所利用，是维护封建社会等级秩序的工具。这一时期礼仪的重要特点是尊君抑臣、尊夫抑妇、尊父抑子、尊神抑人。在漫长的历史演变过程中，它逐渐成为妨碍人类个性自由发展、阻挠人类平等交往、窒息思想自由的精神枷锁。纵观封建社会的礼仪，内容大致有涉及国家政治的礼制和家庭伦理两类。这一时期的礼仪构成中华传统礼仪的主体。

公元前221年，秦王嬴政统一中国，建立起中国历史上第一个中央集权的封建王朝。西汉董仲舒把封建专制制度的理论系统化，提出"唯天子受命于天，天下受命于天子"的"天人感应"之说。(《汉书·董仲舒传》)他把儒家礼仪具体概括为"三纲五常"，"三纲"即"君为臣纲，父为子纲，夫为妻纲"，"五常"即仁、义、礼、智、信。汉武帝刘彻采纳董仲舒"罢黜百家，独尊儒术"的建议，使儒家礼教成为定制。

汉代时，孔门后学编撰的《礼记》问世。《礼记》，一般指西汉戴圣所编的《小戴礼记》，今传本共49篇，是一部先秦至秦汉的礼学文献汇编；此外尚有戴圣之叔戴德所编的《大戴礼记》。《礼记》堪称集上古礼仪之大成，上承奴隶社会、下启封建社会的礼仪汇集，是封建时代礼仪的主要源泉。

东汉末年，郑玄注《周礼》《仪礼》《礼记》，并著《三礼目录》，始"通为《三礼》焉"(《后汉书·儒林列传》)，"三礼"之名由此而兴。后来，历代学者从学术、思想和政治的角度对三礼进行了多方面、多角度的研究和阐释，即为"三礼之学"，简称礼学。礼学对中国后世的政治制度、社会思想、文化传统、伦理观念等都有很大影响。

宋代时，出现了以儒家思想为基础，兼容道学、佛学思想的理学，程颢、程颐二兄弟和朱熹为其主要代表。二程认为，"父子君臣，天下之定理，无所逃于天地之间"(《二程遗书》卷五)，"礼即是理也"(《二程遗书》卷二十五)。朱熹进一步指出，"仁莫大于父子，义莫大于君臣，是谓三纲之要，五常之本。人伦天理之至，无所逃于天地之间"(《朱子文集》)。朱熹的论述使二程"天理"说更加严密。

家庭礼仪研究硕果累累，是宋代礼仪发展的另一个特点。在大量家庭礼仪著作中，以撰《资治通鉴》而名垂青史的北宋史学家司马光的《涑水家仪》和以《四书集注》名扬天下的南宋理学家朱熹的《朱子家礼》最著名。

明代时，交友之礼更加完善，而忠、孝、节、义等礼仪日趋繁多。

清代时，礼制日趋复杂化，甚至显得虚浮、烦琐。例如清代的品官相见礼，当品级低者向品级高者行拜礼时，动辄一跪三叩，重则三跪九叩。清代后期，清王朝政权腐败，民不聊生。而伴随着西学东渐，一些西方礼仪传入中国，形成了独特的"大杂烩"式的礼仪。自此，古代礼仪开始走向衰落。

项目二　中国传统礼仪习俗

一、中国古代的五礼

中国古代的五礼包括吉礼、凶礼、军礼、宾礼和嘉礼。五礼各有其用，以吉礼祀邦国之鬼神祇，以凶礼哀邦国之忧，以军礼同邦国，以宾礼亲邦国，以嘉礼亲万民。这五礼作为我国古代礼仪制度的主要内容历代相袭。

（一）吉礼

吉礼指古代祭祀天、地和祖先的礼仪。吉礼居五礼之冠，足见古人对祭祀的重视。古人祭祀的目的在祈求吉祥。

1. 祭天

古代帝王称“天子”，自称受命于天，与天有特殊的关系，所以，普天之下，只有天子可以祭天，祭天是一国之中最重大的典礼。在古代中国的阴阳学说中，天为阳，东南西北四方中南方为阳，所以祭天的场所要在国都的南郊；天是圆形的，祭天之坛的形制必须与之相应，所以天坛是圆形的，称为圆丘；一年四季，阴阳轮回，冬至是阴尽阳生之日，所以，祭天的日子必须是在冬至日。

祭祀天时，先要积聚木柴，再在木柴上放置牺牲或者玉帛，然后点火焚烧，让香气飘上天，寓意上天享用了。

2. 祭地

古代皇帝除了祭天外还要祭地。祭地属于大祀，在国都的北郊建方丘进行，时间一般在每年夏至。

祭五岳、四渎、四镇也属大祀。五岳指东岳泰山、南岳衡山、西岳华山、北岳恒山、中岳嵩山。四渎指长江、黄河、淮河、济水四条大河。四镇指扬州的会稽山、青州的沂山、幽州的医无闾、冀州的霍山。五岳、四渎、四镇分散在各地，相隔遥远，故在四郊设坛“望祭”。诸侯只能祭自己封地之内的名山大川，故有“祭不越望”之说。

3. 祭祖

祭祖主要是对先王、先祖的祭祀。按周制，天子七庙，诸侯五庙，大夫三庙，士一庙。天子祭祖有两种规格：一种叫肆献祼，比较隆重；另一种是馈食，比较简略。祭祀的形式有禘祫和时祭，禘祫是合祭，时祭是四时的祭祀，《诗经·小雅·天保》说："禴祠烝尝，于公先王。"禴、祠、烝、尝分别是春、夏、秋、冬四时的祭名。

（二）凶礼

凶礼是指用于吊慰家国忧患方面的礼仪，带有生者对死者的顾恋悲哀之情。它的主要内容是：以丧礼哀死亡，以荒礼哀凶札，以吊礼哀祸灾，以禬礼哀围败，以恤礼哀寇乱。

按周制，凶礼大致可分为殓、殡、葬、服丧等阶段。给死者沐浴后，便进行"殓"的仪式，先进行小殓，即给死者穿哀衣；大殓是指将尸体放入棺材。入殓之后，便是"殡"，即停棺待葬。殡结束后，便要举行"葬礼"，即将棺材埋入地下，所以又称入葬、下葬、埋葬。之后，要为死者服丧，即在一定时期内戴孝，表示对死者的怀念。

（1）丧礼。在礼仪中，丧礼最早产生。当与自己有血缘关系或者特殊的社会关系的人死亡之后，要用丧礼来表达哀悼之情，包括服丧、致送助丧的财物等。按周制，天子驾崩，无论是同姓诸侯还是异姓诸侯，都要派使者到首都去会葬和助丧。诸侯国有丧事，友邦也要派人吊唁和助丧。

（2）荒礼。荒是指发生自然灾害，如年谷不熟，疫病流行，民众受到饥馑，国家处境危难，邻国要施以援手。此外，国君与群臣都采取减膳、停止娱乐等措施，以示与民众分忧，《礼记·曲礼》说不杀牲畜、不演奏乐曲、饭食要俭省等。这些体现人道和情感的举措，都是用礼的形式规定下来的。

（3）吊礼。邻国遭遇水火之灾，友邦要派使者前往吊唁慰问，而且给予必要的帮助，称为"吊礼"。吊礼表达的是休戚与共之道。据《左传》记载，有一年宋国发生了水灾，鲁庄公马上派人去慰问。《礼记》记载说，有一次孔子家的马厩失火，乡人闻讯赶来询问情况，表示关切，孔子则一一拜谢，此也为吊礼。

（4）禬礼。禬是聚合财物的意思。邻国发生祸难，民众遭受重大物质损失，此时友邦应该聚集财物，以相救助，使之尽快恢复正常生活。

（5）恤礼。恤是忧的意思。邻国发生了内乱、政变、恶斗或是受到外来侵略，虽然财产损失不大，但人心不安，此时友邦应该派使者前往慰问，以示分忧。

（三）军礼

军礼是指有关军事方面的礼仪，包括校阅、用兵、田猎等活动时的礼仪。《周礼》中的军礼包括大师之礼、大均之礼、大田之礼、大役之礼、大封之礼五种。军旗是军礼的重要内容，军旗在古代战争中还起着发布号令的作用，它往往成为军队的核心，代表着军队。除军旗外，鼓、金（金属制打击乐器，后多指锣）也作为军礼的组成部分，指挥行军作战。各种军礼几乎都离不开鼓、金。

（1）大师之礼，用众也。就是天子亲自率领军队出征的时候举行的礼仪，天子御驾亲征，表示必胜的决心，激发将士的义勇之志。

（2）大均之礼，恤众也。上古兵农合一，出则为兵，入则为民，应征的士兵必须自备车马、盔甲等。意在平摊军赋，使民众负担均衡。唐宋以后废。

（3）大田之礼，简众也。古代诸侯都亲自参加四时田猎，分别称为春蒐、夏苗、秋狝、冬狩。定期狩猎，意在弯弓骑射，练习战阵，检阅军马。

“四时田猎”是军礼的又一项重要内容，也称田猎、狩猎、围猎，即打猎。自周朝开始，凡国内不发生战争、动乱、王位继立及严重的自然灾害等大事，帝王每年都要在四季进行田猎活动，届时也将动用军队参加，因此田猎实际上也起着训练和检阅军队的作用，列入军礼范畴。这种结合打猎活动而进行的军事训练，可使军队常备不懈，因而为历代所沿袭。军队平时训练的典礼称为“行军田役”，在鼓、金有节奏的敲击声中，兵士进行此基本功的训练，诸如前进、后退、疏散、集中等。平时训练一般不在郊野，而在专门的练兵场——校场上进行。

（4）大役之礼，任众也。营造宫邑、堤防等需要征调民力，要求根据民力的强弱分派任务。

（5）大封之礼，合众也。诸侯征战，当某个诸侯的领土在失而复得之后要举行仪式，确认原有的疆界，聚集失散的居民，这个仪式叫做大封之礼。古代疆界都要封土植树。

（四）宾礼

宾礼是天子、诸侯接待宾客的礼仪，指诸侯朝见天子，以及各诸侯国之间相互交往时的礼节，包括朝、聘、盟、会、遇、觐、问、视、誓、同、锡命等一系列的礼仪制度。朝，是诸侯按规定的时间拜见天子的礼节。聘，是国与国之间遣使访问的礼节。盟，是指诸侯之间以语言为信约，即用口述的方式，提出某种作为自己或大家共同遵守的原则。会、同，通常合在一起，即为“会同”，泛指古代诸侯朝见天子，也指诸侯会合。遇，指诸侯或官吏在非规定的时间、地点突然相遇的礼节，通常较简单。锡命，又作赐命，赐，是古代上对下的给予，赐命则专指帝王赐予臣僚爵位、服饰、车仗等的赏命。

（五）嘉礼

嘉礼是和合人际关系，沟通、联络感情的礼仪。嘉礼的内容最为庞杂，涉及日常生活、王位承袭、宴请宾朋等多种内容。它的主要内容有饮食之礼、婚冠之礼、宾射之礼、飨燕之礼、脤膰之礼、贺庆之礼、巡守之礼、即位改元礼。以婚礼、冠礼、飨礼、宴礼、养者礼、射礼最为重要。婚礼，即男女结合为夫妻时的礼仪。冠礼，是古代男子年满20岁时所行的一种典礼，即加冠以示成年（女子15岁时行笄礼以示成年）。飨礼，是设酒食款待宾客的一种礼仪。宴礼，古代君臣宴饮之礼。飨与宴内容上有差异，但都同属宴饮之礼，后代经常合称飨宴。养老礼，是对年老而又德高望重者按时赠以酒食时所行的一种礼节。射礼，是古代贵族男子进行射箭时的礼仪，古人在进行一些重大的活动时，常以射箭作为活动中的一项内容，以此体现习武、尚武的风尚。

嘉礼还包括正旦朝贺礼、冬至朝贺礼、圣节朝贺礼、皇后受贺礼、皇太子受贺礼、尊太上皇礼、学校礼、职官礼、会盟礼等。

综上所述，五礼的内容相当广泛，从反映人与天、地、鬼神关系的祭祀之礼，到体现人际关系的家族、亲友、君臣上下之间的交际之礼，从表现人生历程的冠、婚、丧、葬之礼，到人与人之间在喜庆、灾祸、丧葬时表示的庆祝、抚恤凭吊之礼，可以说是无所不包，这充分反映了古代中华民族的尚礼精神。

以五礼为主要内容的礼仪制度，自西周正式形成后，历朝历代在相袭沿用的同时，又不断进行改革和完善，从而使五礼所涉及的范围不断扩大，内容日渐增多，两宋时期五礼已达100多种，所涉及的内容几乎包括一切社会活动及人们的日常生活。由此可见，礼仪与社会和个人的联系极为密切，潜移默化地规范着人们的行为方式和思维方式。

二、中国传统婚礼

婚姻即嫁娶之事，是男女双方结合的一种社会现象。在我国古代，“婚姻”二字的产生，应是在父权制度完全确立以后的事。

一夫一妻制的婚姻形成以后，随之产生了媒人和婚礼。这是因为当时的社会和家庭都认为婚姻是“上以事宗庙，而下以继后世”（《礼记·昏义》）的大事，必须经过“父母之命、媒妁之言”，才能组成合乎上述宗旨的婚姻。

媒人的最早产生，大约在周代。《诗经·卫风·氓》载：“匪我愆期，子无良媒。"《诗经·齐风·南山》又载:"析薪如之何?匪斧不克;取妻如之何?匪媒不得。"可见,最迟在周代,已经要靠媒人从中牵线,男女方可完婚。据《周礼·地官》载,周代已设有专门负责男女婚姻的官员"媒氏",其职责是"掌万民之判,凡男女自成名以上,皆书年月日名焉"。"判"同"半",意为男女各半,相配成婚。

婚礼属于中国传统五礼中的嘉礼,历来备受重视。自后齐以来,不管天子庶民,婚礼"一曰纳采,二曰问名,三曰纳吉,四曰纳征,五曰请期,六曰亲迎",这就是古代婚礼所分的六个阶段,俗称"六礼"。

(1)纳采。纳采是议婚的第一阶段,男方请媒提亲后,女方同意议婚,男方备礼去女家求婚,礼物是雁。因为男属阳,女属阴,大雁南迁北返顺乎阴阳,象征男女和顺;同时还因雁雌雄固定、有类夫妻,雁失配偶,不再择偶,象征爱情忠贞。后世因雁不易捕得,改用鸡、鸭、鹅代替。

(2)问名。问名是求婚后,男方托媒人送信给女方,求问对方的名字及出生年月,女方复信具告。这是准备合婚的仪式。

(3)纳吉。纳吉是把问名后占卜合婚的好消息再通知女方的仪礼。问名之后要将男女双方的生辰八字进行卜卦,卜得吉利即可相配。按古俗,要用雁作为婚事已定的信物,后发展到用首饰、彩绸、礼饼、礼香烛甚至羊、猪等,故又称送定或定聘。卜得凶兆,双方解除婚约。古人迷信,这一礼至关重要。

(4)纳征。男方给女方正式下聘礼的仪式叫纳征,这是成婚阶段的仪礼。这项成婚礼又俗称完聘或大聘、过大礼等。历代礼物不同,但不外乎金银布帛茶。女方接受聘礼,这一门婚事就定了。后来,这项仪式还采取了回礼的做法,即将聘礼中食品的一部分或全部退还,或受聘后将女家赠男方的衣帽鞋袜作为回礼。聘礼的多少及物品名称多取吉祥如意的含义,数目取双忌单。

(5)请期。请期是送完聘礼后,选一吉日,男方备礼到女家商定行婚礼之日的仪式。请期往往和纳征结合起来,随过大礼同时决定婚期。

(6)亲迎。"亲迎"是成亲那天,新郎奉父母之命亲自到女家迎娶的仪式。迎娶一般用花轿,分双顶或单顶。扶新娘上轿的"送亲嫂",陪新郎至女家接人的"迎亲客",都各有要求。回到男家以后就要举行结婚仪式,要一拜天地,二拜高堂,然后夫妻对拜,最后饮合卺酒(或交杯酒),后来又发展成合髻的仪式,即夫妻并坐,将二人一缕头发束在一起,"结发夫妻"一词由此而来。这项仪礼往往被看作婚礼的主要程序,而前五项则当成议婚、订婚等过渡性礼仪。这些形式中有一部分出于社交关系的需要,如女家的"添妆",到男家时的"闹洞房"等,都是确立社会关系的仪礼。

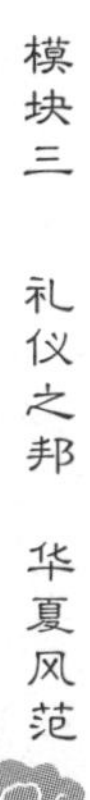

三、中国传统丧葬习俗

在中国传统礼仪文化中，丧葬也是一个重要的礼节，丧葬仪式往往是比较隆重的，称为“葬礼”，属我国五礼中的凶礼之一。

（一）丧葬制度

远古时期，人类处于蒙昧状态，并不懂得人死后要建造坟墓来安葬。《孟子·滕文公上》载：“上世尝有不葬其亲者。其亲死，则举而委之于壑。他日过之，狐狸食之，蝇蚋姑嘬之。”

大约在旧石器时代中期，人类开始对死者进行有意的埋葬，这一方面固然是出于对死去的亲人的眷恋，另一方面也同灵魂观念和原始宗教的产生有关，由此衍生出祭祀与丧葬制度。

人类最初的丧葬方式很简单，即“死陵者葬陵，死泽者葬泽”（《淮南子·要略篇》）。随着母系氏族制度的形成和发展，公共墓地开始出现，同一氏族的死者集中葬在一个墓地。如果氏族迁移，墓地也要迁移，于是有所谓二次葬，或者叫“复葬”。父系氏族制度确立后，一夫一妻制的婚姻形成，由母系氏族的集体合葬演变为夫妻和家庭合葬。

（二）丧葬礼仪

古代丧葬过程主要有告丧、奔丧、追悼仪式及居丧守孝、清明扫墓等几个环节。

（1）告丧仪式。告丧仪式早在周代的时候就已经形成了。告丧即用发信号的方式把家中有人逝世的消息告诉亲友和村人，即使亲友家已经知道消息，也应告丧。古代中原文化认为，父母死后，子女要迅速通知有关亲属和乡里邻居。唐宋以后，流行以放鞭炮的方法向乡邻报丧致哀。

（2）奔丧仪式。在外的儿女接到父母的丧讯后，应首先以哭来回报使者，然后详问父母死因，问毕又哭，哭毕即应上路奔丧；奔丧路上，应该吃素；早上见星而行，晚上见星始止；临到家乡时，应“望乡而哭”。若是奔国君丧，则“望都而哭”。因病残、临产、坐月子等不能奔丧的子女，则应寄物以吊。

（3）追悼仪式。入葬之前举行的追悼仪式，古代多由族长等主持，一般都要介绍死者一生的功绩，并祈求死者保佑子孙后代发达兴旺。

（4）居丧守孝。在埋葬死亡亲属后，还有居丧守孝之俗。居丧期间，不能唱歌跳舞，不能娶妻纳妾，不行房事。孝子应在父母墓旁搭棚而居，在棚内要求做到“言而不语”“对而不答”“不与人座”；前三日不饮食，前七天内只能吃粥，七天后才能吃蔬菜水果，过“二七”十四天后才能吃肉。一般认为，居丧三年之内都不宜饮酒。三年期满，要举行一次隆重祭祀，然后方能起灵除孝。

（5）清明扫墓。扫墓又称“挂青”“上坟”“挂纸”，实际上是古代祭祀制度的遗存。扫墓时，较富有的人家往往抬着一席丰盛的酒菜到墓地，恭敬地陈列在祖墓前，一面焚化纸锭，一面叩头行礼，然后或在墓地吃掉酒菜，或抬回家再吃；家境稍次的人家，则端一两碗酒菜到墓地，并焚化纸锭；贫苦的人家则只焚化纸锭，或掘几把泥土，捧堆在坟顶上，再折几支嫩绿新枝插在坟上。

（三）丧葬形式

丧葬的实质是通过不同的方式处理逝者的尸体。下面简略介绍几种古代丧葬形式。

（1）上葬。在中国古代，土葬是较土要的丧葬方式，认为入土为安是死者的最好归宿。不过，等级身份的不同，其丧葬的方式就有很大的差异。平民的葬礼一般称“薄葬”；贵族的葬礼可称为“厚葬”，即死者生前使用的器物、喜欢吃的食物以及衣物都要随葬。封建帝王公卿的墓穴结构大多复杂，内部设置众多的墓室，一方面模仿生前的宫室住处，另一方面也是为了放置他们的随葬品，这就是中国大片土地下面埋藏了无数珍宝的原因。众多历史博物馆内收藏的历代文物出自古墓中的比例不小，充分地说明了“土葬”的历史风俗。

（2）火葬。“火葬”是以火焚尸的丧葬方式，据《墨子》《荀子》等书的记载，早在先秦时代就有火葬的方式，当时实行火葬的先民是生活在西北地区的民族，如氐族，后来融合于汉族。

（3）石棺葬。土葬一般都用木棺，而我国古代东北的松花江流域、四川西部的岷江和金沙江流域以及云南境内的一些民族，用石板或石块构筑成长方形的棺材，置于地面，即为死者的墓地。这一葬法起于商周，盛行于战国到两汉，延续到明代。人们用“石棺葬”，据说起源于人们对石的崇拜，在中国古代封建帝王将相和皇亲国戚的陵墓中出现的石椁、石门等都包含了一定的石崇拜因素。

（4）悬棺葬。发现于福建省武夷山、江西省贵溪市和四川省兴文县、珙县的“悬棺葬”是我国古代的又一种丧葬方式。它是崖葬的一种，即把形似小船的棺木高高悬于崖壁的木桩上或洞穴里。这种悬棺离地面有的几十米，有的上百米。

（5）陶器葬。陶器葬又称为“直葬”或“冲天葬”。即在人死后，用六尺高的坛罐，将死者放入站直，埋在土里，垒成坟堆。

项目三　中国传统文明礼仪的现代价值

中国几千年来创造了灿烂的文化，形成了完整的礼仪规范，中国被世人称为“文明古国，礼仪之邦”当之无愧。礼仪文明作为中国传统文化的一个重要组成部分，对中国社会历史发展产生了深远的影响。当今社会，国学教育已成为中华民族走向世界的重要工具，越来越多的人重新审视中国传统的文明礼仪，重视中国传统文明礼仪的继承和发扬。尊老敬贤、仪尚适宜、礼貌待人、容仪有整等是中国传统文明礼仪中最具积极性和普遍性的礼仪规范。这些文明的礼仪规范对于当今社会个人素质的提高，人际关系的协调，和谐文明社会风气的塑造，社会主义精神文明的建设，都具有一定的现代价值。

一、尊老敬贤

中华民族是一个勤劳勇敢的民族，自古以来就尊老敬贤。尊老敬贤是一种精神状态，也是一种社会风尚，能陶冶人的情操，帮助人树立正确的和谐观念。在构建和谐社会的今天，尊老敬贤不仅是民族优良传统，更是一种社会美德。古往今来，那些尊老敬贤、爱老养老的贤人君子，为世人所传颂，成为道德的楷模。

尊老是中国传统文化中的一大特色，即孝敬父母、尊敬老人和长辈，是一种美德，也是一个文明人的象征。第一，中国原始社会到封建社会的人际政治伦理关系是以氏族、家庭的血缘关系为纽带的，所以在家遵从祖上、在外尊敬长辈早已成为人们生活的一种习惯。第二，中国古代社会“儒家”思想的主导地位，使“礼治”和“仁政”为历代封建统治者所推崇，敬贤成为一种历史的必然要求。《孟子 · 告子下》说：“养老尊贤，俊杰在位，则有庆。”“庆”就是赏赐。古代的敬老，并不是只停留在思想观念和说教上，也并不仅止于普通百姓的生活之中。从君主、士族到整个官绅阶层，都在身体力行，并且形成一套敬老的规矩和养老的礼制。《礼记 · 祭义》说：“古之道，五十不为甸徒，颁禽隆诸长者。”就是说，五十岁以上的老人不必亲自打猎，但在分配猎物时要得到优厚的一份。对于同长者说话时的声量，也作了明确的要求。如《养蒙便读 · 言语》说：“侍于亲长，声容易肃，勿因琐事，大声呼叱。”《弟子规》又说：“尊长前，声要低。低不闻，却非宜。”总之，上至君王贵族，下达庶人百姓，都要遵循一定的规矩，用各种方式表达对老者、长者的孝敬之意，因为这是衡量一个人有修养的重要标志。任何形态的社会，都需要尊敬老人。不仅因为老人阅历深、见闻广、经验多、劳动时间长、对社会贡献大，理应受到尊敬，同时也是因为他们在体力和精神上较差，需要青年人的体贴、照顾和帮助。不管是古代还是现代，这种传统礼仪，对于形成温情脉脉的人际关系以及有序和谐的伦理关系，都起着重要作用。

由于中国古代社会推崇礼治和仁政，敬贤已成为一种历史的要求。敬贤就是崇敬品德高尚的人、有才能的贤达之人，也就是敬贤纳士。敬贤是一个人的品德，也是一种美德。在我国古代，开明而又有远见的统治者都很重视人才，他们敬贤纳士的例子举不胜举。周文王访贤时，在渭河边亲自寻找姜子牙。刘备仰慕诸葛亮的才能，要请他帮助自己打天下，便不厌其烦地亲自到诸葛亮居住的草房请他出山。三顾茅庐，诸葛亮才答应。从此，诸葛亮的雄才大略得以充分发挥，为刘备的事业“鞠躬尽瘁，死而后已”。纵观中国古代历史，历来有作为的君主，大多非常重视尊贤用贤，将其视为国家安危的决定因素，敬贤者因此也成就了一番伟业。平时不敬贤，到了紧急关头，贤才就不会为国分忧。不是贤才不为国家着想，而是国家缓贤忘士，如此“而能以其国存者，未曾有也”（《墨子・亲士》）。今天我们提倡发扬古代“敬贤之礼”，须赋予现代新人才观的内容，就是要尊重知识，尊重人才。

当今社会，各种竞争越来越激烈。种种竞争，归根到底是人才的竞争。大至国家民族，小到公司企业，要在激烈的竞争中保持优势地位，都必须拥有强大的人才队伍。只有从思想观念到具体行动上尊重、爱护人才，使全社会形成一个尊重知识、尊重人才的良好环境，形成足够强大的人才队伍，才能立于不败之地。

尊老敬贤是社会主义精神文明建设的重要组成部分，它对于提高公民的道德水准，促进社会新风气的形成，具有积极的作用。今天，必须发扬尊老敬贤的优良传统，更好地促进社会和谐。

二、仪尚适宜

中华民族素来注重通过适合的形式，表达人们内心丰富的情感。在中华民族的传统美德中，“尚”是尊崇、注重的表征，仪尚适宜就是要人们通过比较适合的形式，来表达内心丰富的情感，这种情感是理智感、美感和道德感有机结合的产物，在表现形式上，激情、应激和心境的有机结合始终决定着情感的强与弱，决定着情感的两极性。“仪尚”的实质就在于有效地表现其自身与事物发展的适合度。“仪尚适宜”是一个人甚至一个民族最起码的道德水准。当遇到重大节日和发生重要事件时，人们就有许多约定俗成的仪

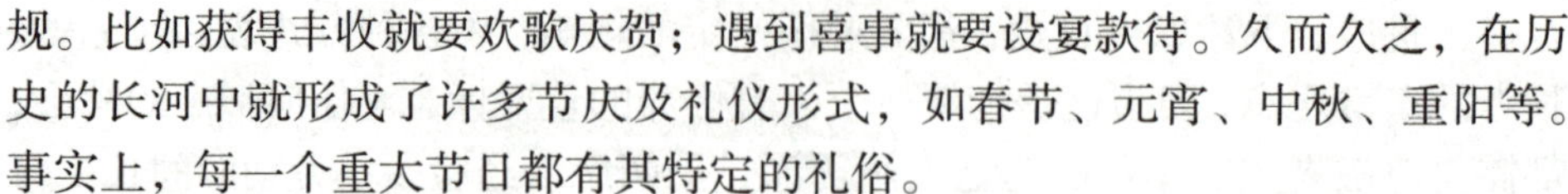

规。比如获得丰收就要欢歌庆贺；遇到喜事就要设宴款待。久而久之，在历史的长河中就形成了许多节庆及礼仪形式，如春节、元宵、中秋、重阳等。事实上，每一个重大节日都有其特定的礼俗。

纵观中国古代史，婚、丧和节庆等活动都是社会生活中的大事，透视其过程可见每一种活动的礼仪都规定得格外详尽而周密，从服饰、器皿到规格、程序和举止的方位，都有具体的规定。这些规定的可贵之处就在于“适宜”上。宋代《二程集》说：“奢自文生，文过则为奢，不足则为俭。”即仪式的规模在于得当，适当的文饰是必要的，但文饰过当就会造成奢侈浪费，偏离礼规的要求；而过于吝啬、妨碍到仪式的实行也是不得体的。这句经典论述，对我们今天举行的各种仪式具有极其重要的借鉴与指导作用。把握好各种仪式的规模，坚持适度的原则，有机地将历史形成的必要的仪规同信息化时代的现代文明相结合，使我们的仪礼活动既隆重，又不至于华而不实，使每一种活动都能体现出中华民族几千年的传统美德。

三、礼貌待人

礼貌待人是中华民族发展过程中人与人、群体与群体、民族与民族、国家与国家和谐相处的精神支柱，是中华民族重要的道德规范之一，在中华民族辉煌灿烂的历史长河中铸就了一座巍峨的道德大厦，反映了中华民族的精神面貌。遵循礼规、礼貌待人是中华民族几千年来文明史的真实写照，透视其辉煌灿烂的发展过程，每一则典故都给人们以启迪与反思，充分说明了中华民族在世界文明中所承担的重要地位与角色。

（一）与人为善

中华民族历来非常重视遵循礼规、礼貌待人。其中许多耐人寻味的经验之谈，无论过去和现在，都给人以启迪。中华民族的发展史最突出的一个字就是“善”，“善”是我们推动社会发展的动力之所在。与人相处，为善当先。而这个“善”，应是出自内心的诚意，是诚于中而形于外，而不是巧言令色和徒具形式的繁文缛节。《礼记・曲礼上》说：“夫礼者，自卑而尊人。”如果表面上恭敬热情，而内心虚伪，或是仅仅内心尊敬，而毫无表情，都是不够的。只有表里一致，才能从根本上消除人与人之间的隔阂、摩擦，进而互敬互爱，友好相处。尊重他人，就要平等待人，不分贵贱等级，一视同仁。如果只对上层人士献其礼敬，以财势取人，以利益交人，其实是小人所为。《论语・子罕》载：孔子看见穿丧服、戴礼帽穿礼服的人和盲人，相见时，即使这些人比自己年轻，孔子也必定站起来。行过别人面前时，一定快步走过，以示敬意。古人敬人的方法，也有值得借鉴的地方。首先要尊重他人的意愿，体谅别人的需要和禁忌，不能强人所难。不苛求别人做不能做的事，不强求别人接受不喜欢的东西。古人说：“不责人所不及，不强人所不能，不苦人所不好”，“己所不欲，勿施于人”，就是这个意思。

在与人的交往中，幽默与善意的玩笑往往给人带来轻松愉快，但决不可戏弄取乐。如果拿别人姓名作为笑料，或给人起不雅的绰号，都是十分不敬的。

（二）礼尚往来

中华民族是一个崇尚“礼尚往来”的民族。礼尚往来，是礼貌待人的一条重要准则。《礼记·曲礼上》说：“礼尚往来。往而不来，非礼也；来而不往，亦非礼也。”这就是说礼节上应该有来有往，换句话说，就是接受别人的好意，必须报以同样的礼敬。这样，人际交往才能平等友好地在一种良性循环中持续下去。对于受恩者来说，应该滴水之恩，涌泉相报。在古人眼中，没有比忘恩负义更伤仁德的。孔子说，“以德报德，则民有所劝”，“以怨报德，则刑戮之民也”。（《礼记·表记》）可见，“以德报德”，有恩必报，是待人接物的基本道德修养。当然，往来之礼，也该适度，过度和不及都是不合适的。送礼的本意，在于表达敬意或谢意，所谓礼轻意重，并非越多越好。正如《庄子·山木》篇所说：“君子之交淡若水，小人之交甘若醴；君子淡以亲，小人甘以绝。彼无故以合者，则无故以离。”

在中华民族几千年的历史长河中，形成了许多礼貌的称呼，如称老师“恩师”，称对方的父亲“令尊”，称晚辈“贤侄”等。尊重别人，做到与人说话的态度诚恳和气，举止大方得体，在生活中讲文明礼貌，它比一切的学识都重要。礼貌待人体现了一个人对别人的尊重和友善，是中华民族宝贵的精神财富。

四、容仪有整

一个人的仪表、仪态，是其修养、文明程度的表现。古人认为，举止庄重，进退有礼，执事谨敬，文质彬彬，不仅能够保持个人的尊严，还有助于进德修业。古代思想家曾经拿禽兽的皮毛与人的仪表仪态相比拟，禽兽没有了皮毛，就不能为禽兽；人失去仪礼，也就不成为人了。

“仪”是指外表、举止和态度，是一个人的容貌风度，而一个人的仪表、仪态是其修养、文明程度的表现。在古代，容仪是指在朝廷、祭祀、军旅、丧纪中应有的四种容仪。汉代贾谊《新书·容经》说：“容有四起：朝廷之容，师师然翼翼然整以敬；祭祀之容，遂遂然粥粥然敬以婉；军旅之容，湢然肃然固以猛；丧纪之容，怮然慑然若不还。”古人认为，举止庄重，进退有礼，执事谨敬，文质彬彬，不仅能够保持个人的尊严，还有助于进德修业。古人对仪表仪态的要求比较烦琐，其中最重要的有如下三个方面。

（一）衣着容貌

《弟子规》说："冠必正，纽必结，袜与履，俱紧切。"这些传统规范，至今仍然具有很强的规范影响力。事实上，帽正纽结、鞋袜紧切是现代仪表的基本要求。在社会交往中，一个人如果衣冠不整、鞋袜不正，就会使人产生一定的反感。个人的衣着打扮，必须适合自己的职业、年龄、生理特征、所处的环境和交往对象的生活习俗，做到得体大方。浓妆艳抹，矫揉造作，只会适得其反，产生消极的影响。

（二）行为举止

《论语·学而》说："君子不重则不威，学则不固。"显然，古人要求在礼节上，举止不可轻浮，不可亵渎，应该庄重、谨慎而又从容，这是因为，只有庄重才有威严。否则，即使学习了，也不能巩固。具体说来，要求做到"站如松，坐如钟，行如风，卧如弓"，就是站要正，坐要稳，行动利索，侧身而睡。在公众场合做到"非礼勿视，非礼勿听，非礼勿言，非礼勿动"（《论语·颜渊》），处处合乎礼仪规范。

（三）言语辞令

语言是人们思想、情操和文化修养的一面镜子。《周易·乾文》说："修辞立其诚，所以居业也。"这里古人将诚恳地修饰言辞看成是立业的根基。《论语》中说："可与言而不与之言，失人；不可与言而与之言，失言。知者不失人，亦不失言。"在交往中，一定要取信于人，不要巧言令色；一定要说话谨慎，当说则说，当默则默。巧言令色的人，是不可能取信于人的。

综上所述，尊老敬贤、仪尚适宜、礼貌待人、容仪有整是华夏传统礼仪的精华。这些传统文明礼仪是一种无声的语言，既反映了一个人的道德修养，也传递出一个人的生活态度。毫无疑问，传统文明礼仪对我国社会历史发展具有积极的影响。

如果每一个人都教养有素、礼貌待人、处事有节，我们的生活就会多一些愉悦，而国家、社会会多一些有序与和谐。从这一点来讲，礼仪对社会起着政治、法律所起不到的作用。在今天的社会主义精神文明建设中，我们应立足于吸收民族文化中的精华，使传统文明礼仪古为今用，这对建立一套新的现代文明礼仪具有极其重要的借鉴和启示意义，也是我们今天构建和谐社会的重要基础。

【微课扫一扫】

中国古代礼仪的形成和分类

中国传统人生仪礼

中国传统人生仪礼文化特征

测一测

一、填空题

1. 儒家礼仪“三纲五常”中的“五常”即________、义、________、智、________。

2. 古代婚礼六礼是指“________”“________”“纳吉”“纳征”“请期”“亲迎”六种礼节。

3. ________，是古代男子年满20岁时的所行的一种典礼，以示成年。

4. 中国传统礼仪中主张“________，________，________，________”，即站要正，坐要稳，行动利索，侧身而睡。

二、单项选择题

1.“非礼勿视，非礼勿听，非礼勿言，非礼勿动”，这句话是（　　）说的。

A. 荀子　　B. 孟子　　C. 孔子　　D. 老子

2.（　　）是我国流传至今的第一部礼仪专著。

A.《论语》　　B.《道德经》

C.《礼记》　　D.《周礼》

3.“良言一句三冬暖，恶语伤人六月寒。”出自下列哪本书？（　　）

A.《增广贤文》　　B.《论语》

C.《孟子》　　D.《礼记》

4. 古人的婚礼在什么时间举行？（　　）

A. 早上　　B. 中午

C. 傍晚

5. 四书包括：《论语》《大学》《孟子》（　　）。

A.《礼记》　　B.《中庸》

C.《周易》　　D.《春秋》

三、多项选择题

1. 被称为“三礼之学”的是（　　）。

A.《仪礼》　　B.《周礼》

C.《礼记》　　D.《论语》

2. 以下属于凶礼的是（　　）。

A. 丧礼　　B. 荒礼

C. 吊礼　　D. 禬礼

E. 恤礼

实践体验与知识拓展

1. 我知道的中国传统礼仪。

主题：深度发掘传统风俗礼仪，践行“以礼相待、礼尚往来”。

内容：通过网络查找，询问亲友，收集各地节庆时或红白喜事时的风俗和礼仪文化。

要求：分组讨论，将与风俗礼仪文化相关的图片、文字、视频制作成PPT，也可以把相关的物件带入课堂，在课堂上讲述你所了解的传统风俗礼仪。

2. 观看电影《大鱼海棠》，了解其中的中国元素及其含义。

模块四

言志明道　感世咏怀

学习目标

1. 了解中国古代诗词、散文、小说的发展脉络、文化特征和现代意义，传承中国优秀古代文学。

2. 学会赏析文学作品，提升自身的精神境界、人文素养。

3. 以人类文学精华培德铸魂，树立正确的三观，形成健康向上的人格品质。

人文精神荟萃

家国情怀　民族精神　见贤思齐　文以载道　品格塑造　人文情怀

情景导入

《2023 中国诗词大会》共十期，每期一个主题，分别是欢喜、寻味、燃、寒暑、先生、本来、心动、天下、十年、远方。在包罗万象的中华诗词中，总能找到最适合我们心情和感触的注脚。让我们一同重温丰富灿烂的中国古代文学，弘扬中华优秀传统文化，从中汲取智慧，涵养情操，滋润心灵，积蓄力量。

项目一　中国古代文学的发展脉络

一、中国古代诗词

中国是诗的国度。在中国古代文学绵延三千多年的历史进程中，诗歌以其独特的艺术魅力为人们所喜爱。

（一）先秦诗歌

先秦诗歌作为中国诗歌史的源头，不可不提的便是上古歌谣、《诗经》和《楚辞》。上古歌谣因为年代久远，存世之作并不多，且篇幅较为短小，如《候人歌》，短短四字"候人兮猗"，表达了歌者无限的思念之情。《弹歌》用"断竹、续竹、飞土、逐宍"生动再现了原始先民狩猎的情景。如今为人们所熟知的"山有木兮木有枝，心悦君兮君不知"则出自上古歌谣《越人歌》。

《诗经》作为我国第一部诗歌总集，它收录了西周初年至春秋中叶大约五百年间的诗歌作品，共305篇，故又称为"诗三百"。其作品产生自黄河和汉水流域，形象再现了当时的社会生活图景，奠定了诗歌写实主义的基调。《诗经》从内容上分为"风""雅""颂"三个部分，"风"为地方乐歌，有着各诸侯国的地方音乐特色；"雅"为宫廷正音，分为"大雅"和"小雅"，其中"小雅"多为下层官吏的怨刺之作；"颂"为颂扬祖先功德的宗庙祭祀之歌，分为"周颂""鲁颂""商颂"。

"风"作为《诗经》中的精华，内容丰富，贴近社会现实生活，有着浓郁的生活气息。如《周南·芣苢》描写了采摘芣苢的劳动过程，节奏轻快。《豳风·七月》则描述了劳动者一年四季不停歇的劳作，语调凄切，揭露出下层人民生活的凄苦。《魏风·硕鼠》将剥削者比作肥大的老鼠，反映了他们的贪得无厌，表达了劳动者的愤懑和对美好生活的向往。《豳风·东山》是战争题材的作品，以一名归家士兵的视角，描写了复杂的内心情绪，感情真挚。《邶风·静女》通过男子的口吻，表达了对温柔娴静恋人的爱慕之情，歌咏了纯美的爱情。

《诗经》中为后世称道的还有赋、比、兴三种表现手法。赋为平铺直叙，对后世的汉赋影响很大。比是"以彼物比此物"，简单来说就是类比手段和比喻手法。兴则是"先言他物以引起所咏之辞"，能够激发读者联想，增强意蕴，往往在一首诗的篇头出现。

在中原地区诗歌逐步发展的同时，长江流域的文化也在兴起。彼时，楚地文化与中原文化交流融合，产生了具有强烈个人意识的楚文化，其代表作为《楚辞》。“楚辞”最早见于司马迁的《史记》，泛指楚地的诗歌，后成为专指以屈原诗歌为代表的新诗体。“书楚语，作楚声，纪楚地，名楚物。”西汉末年，刘向辑录屈原、宋玉和模仿屈、宋作品的诗歌，将其命名为《楚辞》。

楚辞作为一种独具浪漫气息的新诗体，跳出了《诗经》四言诗的结构形式，长短句交错，易于表达情感。同时，常有语气词“兮”字出现在句中或句尾。内容上，由于楚地巫教盛行，“楚辞”中出现了许多神鬼形象，具有浓厚的神话色彩。屈原作为楚辞的代表作家，是我国文学史上伟大的爱国主义诗人，其存世之作有二十余篇，代表作为《离骚》。《离骚》是我国古典诗歌中最长的政治抒情诗，诗中运用香草美人的意象来表达自己忠君爱国的思想，此外，全篇大量运用神话传说，充满了自由驰骋的丰富想象。《离骚》全诗主题深刻，贯穿着“诗人心灵世界的悲剧性冲突”这条主线，这条主线上展现出两大方面的矛盾：一是诗人美好的政治理想和污浊现实环境的对立；二是诗人远游自疏观念与眷恋故土之情的冲突。该诗塑造了一个高大悲壮又深深眷恋国家的主人公形象，仿佛是屈原的自我写照。

此外，《九章》中的《橘颂》篇，托物言志，表面上歌颂橘树，“后皇嘉树，橘徕服兮。受命不迁，生南国兮”，实则表现了屈原矢志不渝的爱国情怀。《橘颂》成为后世咏物诗的佳作。

（二）两汉诗歌

西汉早期的诗歌中，首推刘邦的《大风歌》和项羽的《垓下歌》，这两位家喻户晓的英雄人物，在诗歌中都表达了自身的豪情，但前者透出荣归故乡之快意，后者则是生命结束前的悲壮挽歌。

汉武帝时期，乐府的设置在一定程度上推动了诗歌的发展，尤其是五言诗的发展，五言诗到东汉已经有相当水平，《古诗十九首》被称为“五言之冠冕”。一般认为《古诗十九首》产生于东汉末年，在动荡混乱的社会背景下，人生无常、生离死别成为吟唱的主要内容。

郭茂倩编纂的《乐府诗集》对乐府诗歌进行了分类，大致为郊庙歌辞、鼓吹曲辞、相和曲辞、杂曲歌辞等，汉乐府诗歌“感于哀乐，缘事而发”，具有极强的生命力和浓厚的社会气息，如《战城南》《孤儿行》《东门行》《上邪》《长歌行》《白头吟》《思悲翁》等作品能够反映社会问题和百姓疾苦，表达下层人民的喜怒哀乐。

《诗经》《楚辞》开创了中国诗歌抒情的先河，汉乐府在继承的同时，也有所创新，发展了叙事诗，如《陌上桑》以叙事为主体，抒情意味较淡。《孔雀东南飞》和《木兰诗》被称作“乐府双璧”。其中，《孔雀东南飞》以完整的故事情节描写焦仲卿与刘兰芝的爱情悲剧，通过对焦仲卿与刘兰芝和谐生活被毁灭的描绘，揭露了封建礼教的残酷和封建社会的黑暗。

（三）魏晋南北朝诗歌

魏晋南北朝约四百年间，经历了频繁的战乱和政权更迭，中原地区发展缓慢，江南地区开发迅速。但分裂中的局部统一和短暂安宁，使得这一时期各民族文化得到了一定程度的融合，此时，思想活跃，艺术也初步繁荣，整个社会包括皇帝在内对文学重视度高。在上述历史背景下，文学特别是诗歌的发展速度极快。文学团体，如建安文人集团、“竹林七贤”、“二十四友”等，为文学发展营造了良好的氛围。

建安时期，以三曹（曹操、曹丕、曹植）父子和“建安七子”为主体的建安文人集团，兴起了文人诗的创作高潮。他们吸取汉乐府的精华，创作出大量忧时伤势、慨叹人生无常、渴望建功立业的诗歌，形成了慷慨悲凉的诗风，也就是后世赞誉的“建安风骨”。

建安之后的正始文学，以“竹林七贤”中的阮籍为这一时期的代表人物，阮籍的《咏怀诗》将 82 首五言诗汇集在一起，编成一部庞大的组诗，内含深刻哲理、真切情感，塑造了一个悲愤的诗人形象，也展现出一代知识分子在乱世中抗争、苦闷、痛苦、迷茫的内心世界，具有深刻的思想内涵和价值意蕴。

东晋的著名诗人是陶渊明，他的主要作品为《饮酒》《杂诗》《归园田居》，他的诗歌自然平淡，表现出对淳朴田园生活的热爱。在陶渊明的田园诗中，随处可见其对污浊现实的厌烦和对返璞归真的恬静生活的向往。之后的刘宋时期，兴起了山水诗的新潮，代表诗人为谢灵运、鲍照，其中谢灵运的“池塘生春草，园柳变鸣禽”“野旷沙岸净，天高秋月明”等佳句，给人以身临其境的感觉。

刘宋之后的齐朝，出现了中国文学史上不可忽视的永明新体诗，概括来说，对诗歌声律提出要求，即“四声八病”说。它使诗人具有了掌握和运用声律的自觉意识，沈约、谢朓等人纷纷创作了相当数量的格律新体诗。这一不容忽视的变化，对唐诗的繁荣兴盛有着重要的意义。

南北朝民歌也有可喜的作品问世。南朝民歌清丽婉转，代表作为抒情长诗《西洲曲》，以少女的视角表达了相思之情，情感纯粹美好。北朝民歌豪迈雄放质朴，代表作有《敕勒歌》。

（四）唐诗宋词

1. 唐诗

初唐时期在宋之问、沈佺期等人的努力下，完成了中国诗歌的格律化。唐诗改革中首开时代之风的是“初唐四杰”——王勃、杨炯、卢照邻、骆宾王。他们才情冲天，年少成名，有一种睥睨古今的气魄。他们拓宽了诗歌的题材，使得诗歌走出亭台楼阁，走向广阔的江河山川、边塞大漠，诗歌风气焕然一新。王勃《送杜少府之任蜀州》中“海内存知己，天涯若比邻”一扫离别诗的伤感，显得慷慨昂扬。杨炯的《从军行》笔力雄劲，对仗工整，“宁为百夫长，胜作一书生”直接抒发保边卫国的壮志豪情。初唐诗坛除了“四杰”外，还有陈子昂、贺知章、刘希夷和张若虚，其中张若虚以一首《春江花月夜》，享有“孤篇盖全唐”的盛誉。

盛唐时期，涌现出一大批伟大的诗人和诗歌作品，是我国诗歌的黄金时代。该时期的唐诗大致可分为山水田园、边塞两大诗派和李白、杜甫两座“高峰”。山水田园诗派的代表诗人为孟浩然、王维，他们用清新秀丽的笔墨描绘出山水的优美和田园生活的静谧。孟浩然的代表作有《春晓》《宿建德江》《过故人庄》等。王维创作的诗歌意境深远，呈现出“诗中有画，画中有诗”的艺术境界，代表作有《鸟鸣涧》《山居秋暝》《相思》等。边塞诗派的代表人物为高适、岑参、王昌龄、王之涣等，边塞诗主要描写边疆风光、战争，塑造了具有建功立业豪情的艺术形象。高适的代表作有《燕歌行》《塞下曲》《别董大》等。岑参的《白雪歌送武判官归京》描写雪中送别的情景，其中的诗句“忽如一夜春风来，千树万树梨花开”充满了奇幻瑰丽的想象。此外，他的代表作还有《轮台歌奉送封大夫出师西征》《逢入京使》等，都表现出盛唐知识分子渴望建功立业、昂扬积极的人生态度。王昌龄以《出塞》更是被冠为“七绝圣手”。王之涣的《登鹳雀楼》《凉州词二首》均有佳句传世。

李白的诗歌充满了浪漫主义色彩，雄奇奔放，代表作有《蜀道难》《将进酒》《梦游天姥吟留别》《宣州谢朓楼饯别校书叔云》。他的诗既有继承，又有创新，往往抒发感慨、寄托深远，具有强烈的个体意识。此外，李白的绝句也为人称赞，《黄鹤楼送孟浩然之广陵》《早发白帝城》《望庐山瀑布》《望天门山》《赠汪伦》《闻王昌龄左迁龙标遥有此寄》等被世人口口相传。李白发出了时代最强音，是盛唐气象的最佳代言人。杜甫是盛唐忠实的记录者，他以真实的笔触记述了“安史之乱”前后唐朝社会的变化，因此他的诗又被称为“诗史”。杜甫心系天下苍生，忧国忧民，即使生活穷困潦倒，仍发出“安得广厦千万间，大庇天下寒士俱欢颜”的呐喊，代表作有《茅屋为秋风所破歌》《春夜喜雨》《登高》《春望》《兵车行》《丽人行》等。

经过安史之乱的中唐，已无盛唐昂扬奋发的恢宏气象。白居易与元稹倡导“歌诗合为事而作”的新乐府运动，主张诗歌反映社会现实、针砭时弊。白居易创作的讽喻诗较多，如《长恨歌》《琵琶行》《卖炭翁》《秦中吟》等。这一时期，李贺的诗想象奇谲、用词瑰丽，代表作有《雁门太守行》《李凭箜篌引》等。

晚唐诗坛笼罩着哀伤凄凉的气氛，象征着一个伟大时代的落幕。当时成就最高的便是“小李杜”，即李商隐和杜牧。李商隐的诗构思新奇，寓意深刻，极富美学价值和象征意义。他的作品也出现了许多为后世口口相传的诗句，如“此情可待成追忆，只是当时已惘然”“春蚕到死丝方尽，蜡炬成灰泪始干”“夕阳无限好，只是近黄昏”等。

2. 宋词宋诗

词这一体式，在唐代已出现，经过花间词派诗人和南唐后主李煜等人的发展，至宋代，达到鼎盛时期，成为中国诗歌史上的又一高峰。宋初，有晏殊、晏几道，但其作品仍有五代词风沿袭。范仲淹以一曲《渔家傲·秋思》，将秋天荒凉的边塞风光引入词中，表现了边关将士壮志难酬的情怀。欧阳修的词意蕴深刻，抒发自我的人生感受，如“泪眼问花花不语，乱红飞过秋千去”。柳永则用通俗化、口语化的语言，易于理解的方式抒发情感，有《雨霖铃》《蝶恋花》《望海潮》《八声甘州》等作品广为流传。其后，宋词分为两大流派，“豪放派”和“婉约派”。前者的代表人物有苏轼、辛弃疾，后者则有李清照、秦观、周邦彦等。

苏轼初写词，词风清新。在杭州为官时，他写钱塘江潮的奇观、写出城探春等切身体验。后在密州任职时，他的一首《江城子·密州出猎》“会挽雕弓如满月，西北望，射天狼”透出豪放的词风。此后，他的仕途坎坷，度日艰难，但依然热爱生活，所以能潇洒旷达地看待一切，表达了“一蓑烟雨任平生”“此心安处是吾乡”等泰然处之的人生态度。代表作有《水调歌头·明月几时有》《念奴娇·赤壁怀古》等。

辛弃疾是南宋杰出的爱国词人，他一生以收复失地为志，但羸弱的南宋却没能让其施展抱负。壮志难酬的他将自己的一腔爱国热情寄托于词中，写出了《破阵子》“了却君王天下事，赢得生前身后名，可怜白发生”这样的名句。他的代表作还有《永遇乐·京口北固亭怀古》《丑奴儿·书博山道中壁》《青玉案·元夕》等。

李清照的词以南渡为界，分为前期和后期。前期写热爱自然、对丈夫的思念之情。后期写丧夫之痛、故国之思和漂泊流离之艰辛，情感真挚、描写细腻，代表作有《如梦令·昨夜雨疏风骤》《如梦令·常记溪亭日暮》《声声慢·寻寻觅觅》等。她主张词与诗的区别，要保持词体的特性。秦观的词以

长调抒写柔情，代表作有《鹊桥仙·纤云弄巧》等。

宋诗不及宋词成就高，但依然有一些优秀的诗人，如以黄庭坚为首的“江西诗派”。南宋时，有杨万里、范成大、陆游这些诗人。陆游的存世之作颇多，有九千多首。他一生期待国家的统一，离世前的绝笔“死去元知万事空，但悲不见九州同。王师北定中原日，家祭无忘告乃翁。”表达出对抗金大业未就的无穷遗恨。宋末的文天祥即使被俘，也仍坚守气节，留下了《正气歌》和《过零丁洋》这两首有着强烈爱国精神的诗作。

（五）元明清诗歌

到了元代，散曲杂剧兴起；明清小说转盛，诗词创作已无大的景象。明代虽然有前后“七子”提倡写作拟古诗，但是都难以超越唐宋。清代由于封建社会桎梏增强，出现的优秀诗歌作品并不多。龚自珍的《己亥杂诗》“落红不是无情物，化作春泥更护花”可从衰败中看出新生。

二、中国古代散文

中国古代的散文，一向被看作“经国大业，不朽盛事”。文人借助文章可以雄视千古，可以垂名百代，可以表达自己的功业道德和治国理想，因此历代文人都很重视散文创作。但中国的散文概念比较宽泛，除了纯文学的散文以外，还有生动的政论、传记、史论等。那些文采飞扬的字里行间，蕴含着丰富的中国文化的精髓，是我们取之不尽、用之不竭的源泉。

（一）先秦散文

中国散文以先秦散文为起点，其渊源可以上溯到殷商和西周。先秦的散文分为两种：历史散文和哲理散文。

历史散文主要集中于《尚书》《国语》《左传》《战国策》等。《尚书》的内容主要是殷商和西周初年的王室文告、命令、王公大臣的谈话等，是我国最早的一部历史文献汇编。就内容而言，我国上古时期历史的基本框架就是由《尚书》建立起来的，包括了尧舜禹的禅让和大禹治水、汤伐桀、武王伐纣等内容。《尚书》可以看作中国传统文化中民本主义的源流。《国语》记载周、鲁、齐、晋、郑、楚、吴、越八国历史事实，以晋国为最详。有的事件已有情节描写，语言也比《尚书》要浅近质朴。《左传》是中国第一部叙事详尽的编年体史书，也是该时期历史散文中文学成就最高的一部。相传《左传》为鲁国史官左丘明所作。在内容上，《左传》以《春秋》为纲，记载了春秋时代250多年各国的政治、军事和外交活动，反映了当时的社会现实。《左传》对晋楚鄢陵之战、秦晋殽之战等战争场面的描述，对重耳、郑伯等人物的刻画在文学上有很高的造诣。《战国策》主要记述战国时代谋士们的言行，分西周、东周、秦、齐、楚、赵、魏、韩、燕、宋、卫、中山十二策。书中塑造了不少性格鲜明的人物形象，如慷慨慕义的鲁仲连、沉毅勇决的荆轲、引锥刺股的苏秦、深谋远虑的冯谖等，表现了独特的艺术成就。

哲理散文也叫先秦诸子散文，产生于百家争鸣的氛围中，以说理、论辩为特征。《老子》（又称《道德经》）语言凝练，哲理深邃，包括大量朴素的辩证法观点，如认为一切事物均具有正反两面，“反者道之动”，并能由对立而转化，此外，书中也有大量的民本思想：“天之道，损有余而补不足；人之道则不然，损不足以奉有余”。其学说对中国哲学发展具有深刻影响。《论语》言词简约而意旨丰厚，说理论事富于哲理和抒情意味，许多句子成为后世格言和成语，如“三人行必有我师”“欲速则不达”“温故而知新”“学而不厌”“诲人不倦”等。《墨子》文风质朴，论证有力，既有演绎，又有归纳，实开辩论文之先河。《孟子》是从语录体过渡到长篇论文的桥梁。孟子善于雄辩，词锋犀利，观点鲜明，很有气势，讲解道理多用比喻和寓言，与《论语》的深沉舒缓风格迥异。尽人皆知的“缘木求鱼”“五十步笑百步”“揠苗助长”等极有意趣。《庄子》文章体制已脱离语录体形式，文字的汪洋恣肆，意象的雄浑飞越，想象的奇特丰富，情致的滋润旷达，给人以超凡脱俗与崇高美妙的感受，在中国的文学史上独树一帜。《荀子》已是成熟的议论文，《韩非子》则逻辑周密，说理透辟。二者都有脍炙人口的名篇，如《劝学》《五蠹》等。此外，《晏子春秋》《吕氏春秋》等也都具有一定的文学价值。

（二）汉魏六朝散文

汉魏六朝散文在先秦散文基础上继续发展，其成果主要体现在政论和史传两方面。贾谊和晁错是西汉初年最重要的散文作家。贾谊的《过秦论》见解深刻，文笔奔放，分析了秦王朝覆灭的历史教训；晁错的《论贵粟疏》立论精辟，思路明畅，提倡重农抑商，安定人民生活。汉代最著名的散文作家当数司马迁，他本着“究天人之际，通古今之变，成一家之言”的著书理念，写出中国历史上第一部纪传体通史《史记》。该书共130篇，记载了上自上古传说中的黄帝时代，下至汉武帝元狩年间共三千多年的历史，分本纪、世家、列传、表和书五个部分，为“二十四史”之首。司马迁塑造了众多性格鲜明、流传甚广的人物形象，如勇猛豪放的项羽、机智爱国的蔺相如、礼贤下士的信陵君等。另外，司马迁所用语言非常精练、简洁。鲁迅称赞《史记》为“史家之绝唱，无韵之《离骚》”。东汉班固的《汉书》，写西汉一代的历史，叙事周密，语言精练，其中也有许多名篇，如《苏武传》等，但在总体上无法与《史记》相提并论。一般来说，西汉的散文比东汉朴实，气势也较东汉雄厚。

魏晋南北朝因玄学流行，文学思潮发生了重大变化，文学创作成为人们

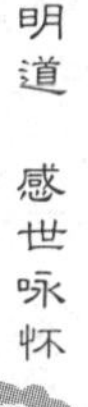

的自觉活动，散文开始从哲学和史学中独立出来，艺术特质更为明显，抒情色彩也更为浓厚。曹操首开一代新风，他的《让县自明本志令》和《求贤令》，一抒胸臆，慷慨雄浑；其子曹丕的《与吴质书》则写得清丽绰约，十分动情；其他如曹植、王粲、孔融等，都文如其人。诸葛亮的前后《出师表》论述与抒情水乳交融，情辞恳切，语言质朴，其情感人肺腑。阮籍崇老庄而恶世俗，他的《大人先生传》散韵相间、挥洒自如，以惊世骇俗的写法表达自己的理想。嵇康性格刚直，疾恶如仇，他的《与山巨源绝交书》嬉笑怒骂，痛快淋漓，说古道今，气势如虹，表现了他正直的人格。而李密的《陈情表》则感情浓郁，凄恻动人，被历代奉为范文。西晋以后，骈体文发展成为一种正宗的文学体裁，写散文的作家已不多见，突出的两位是王羲之和陶渊明。前者的《兰亭集序》写得情融山水，文辞亮丽；后者的《桃花源记》《归去来兮辞》《五柳先生传》则淡泊自然，情感真挚，给人以丰富的艺术美感。

（三）唐代散文

骈体文的流行造成了创作中的形式主义。这种风气严重阻碍了散文的发展，也扼杀了儒家思想的生命。到了中唐，以大散文家韩愈、柳宗元为首，掀起了以复古为口号的“古文运动”。这次古文运动的目的是恢复儒家道统，改变文体、文风。该运动所提出的基本口号是“文以载道”，强调文章必须有思想性，必须表达和宣扬儒家的道统，反对空洞无物，反对因袭模仿，反对矫揉造作。韩愈本人身体力行，创作了许多优秀散文，如《师说》《与孟东野书》《送李愿归盘谷序》《柳子厚墓志铭》《祭十二郎文》等，都写得情文并茂，光彩动人，为历代所师法。柳宗元也以他对劳动人民的同情心，从某些侧面揭露当时社会的黑暗，如《捕蛇者说》《种树郭橐驼传》《童区寄传》等；而他的山水游记如“永州八记”则清新明丽，意境幽峭，寓意深沉，在描写自然景物的同时，寄托了许多感慨。韩柳二人的创作理论和实践，无可争辩地确立了他们在中国文学史上的崇高地位。苏轼盛赞韩愈“文起八代之衰”，应是毫不过分的。

（四）宋代散文

韩柳之后，古文运动一度衰微。宋代欧阳修举起第二次“古文运动”的旗帜，并以他的道德文章彪炳当世，成为宋代文坛的领袖。继而王安石、苏洵、苏轼、苏辙、曾巩，都以他们的绝妙散文名垂古今。他们和唐代的韩愈、柳宗元被后世称为“唐宋八大家”。特别是苏氏父子三人，才高文奇，抒情、议论异于常人，史称“三苏”。其中尤数苏轼成就最高，是堪与司马迁、韩愈、欧阳修相提并论的散文大家。他的政论，说理精辟；他的小品，妙趣横生；而《石钟山记》《超然台记》《凌虚台记》《放鹤亭记》等名篇散文融叙事、写景、抒情于一体，充分展示了作者的创作个性。其他如范仲淹的《岳阳楼记》，文中的“先天下之忧而忧，后天下之乐而乐”，成为我们为人治世的千古格言；周敦颐的《爱莲说》托物言志，“出淤泥而不染，濯清涟而不妖”，也成为我们道德品格的追求。南宋的散文，大都以爱国主义为基调，表达了一种光明磊落的情怀。胡铨、陆游、辛弃疾、陈亮、文天祥，都有文辞慷慨、感情激越、感人肺腑的作品。

（五）明代散文

元代散文比较寂寥。明代初年始有清新之作出现，其代表作家是刘基、宋濂。前者的散文集《郁离子》有文笔犀利、寓意深刻的寓言和小品；后者则擅长传记性散文，他的《秦士录》《送东阳马生序》都写得相当出色。明中叶以后，文坛上出现了以李梦阳、何景明为首的“前七子”和以李攀龙、王世贞为首的“后七子”，他们反对形式主义的“台阁体”，主张“文必秦汉，诗必盛唐”，对革新文风起了一定的积极作用，但他们盲目崇古也带来消极影响。因而便有推崇唐宋古文的“唐宋派”产生，主要作家是唐顺之、茅坤和归有光等，尤以归氏的成就最高。他的《项脊轩志》等，物中写情，凄楚动人。明后期又有袁宗道、袁宏道、袁中道兄弟三人，主张散文“独抒性灵”，不拘客套，因三兄弟是湖北公安人，因而被称为“公安派”。他们的散文文笔秀逸，不事雕琢，给人以很深的印象，如袁宏道的《虎丘记》《满井游记》等。还有钟惺、谭元春等湖北竟陵作家，主张散文表现“幽情单绪”，使文章的题材更窄，被称为“竟陵派”。明末的散文家张岱，以清新活泼、题材广泛的小品文著称，其散文集《陶庵梦忆》和《西湖梦寻》中的许多文章风格清丽，手法细腻。而张溥则以其慷慨悲壮的《五人墓碑记》感动了数百年来的读者。

（六）清代散文

清代的散文大体可分为三个阶段：清初的优秀散文大都反映抗清斗争，如夏完淳的《狱中上母书》、邵长蘅的《阎典史传》等。清中叶，产生了以方苞、刘大櫆、姚鼐为代表的“桐城派”和以恽敬为首的“阳湖派”，两派都提倡唐宋古文，讲究“义法”，但以前者的影响为大。方苞的《狱中杂记》和姚鼐的《登泰山记》，都令后世的读者难忘。鸦片战争以后，中国文坛受到资产阶级改良主义思想的影响，散文的内容和形式都发生了崭新的变化，其强烈的战斗性和较高的艺术性给读者以新的感染。如龚自珍的《病梅馆记》，表达了作者改变病态局面的决心；梁启超的《少年中国说》、康有为的《强学会序》都纵论天下大事，张扬改良派思想。此外，章炳麟的《邹容传》讴歌青年革命家的壮烈事迹，也写得气势磅礴、激励人心。

三、中国古代小说

（一）魏晋南北朝时期小说

中国的古典小说发源于先秦的神话传说，后来又吸收了史传文学和寓言散文的一些内容，至汉代出现了将历史故事与民间传说结合在一起的作品，如西汉刘向的《说苑》《新序》和无名氏的《燕丹子》等。魏晋以后出现了所谓的“六朝小说”，大致可分为两类：一类“志人”，主要记载士族阶层的逸闻轶事，其代表作为刘义庆的《世说新语》；一类“志怪”，主要记述神话故事和民间传说，多神仙鬼怪，代表作为干宝的《搜神记》。

（二）唐代小说

唐代继承六朝小说的传统，发展了小说的文学特色，作品人物、故事情节都趋于丰富多彩，形成所谓的“唐人传奇”，其内容多描写爱情故事和豪侠故事，也有六朝志怪的痕迹。唐人传奇作品极多，其艺术性也很高，较为著名的有牛僧孺的《玄怪录》、李复言的《续玄怪录》、薛用弱的《集异记》和裴铏的《传奇》等。《李娃传》《莺莺传》《霍小玉传》《柳毅传》《离魂记》《枕中记》《南柯太守传》等许多名篇，都成为后世戏曲创作的蓝本，并且影响了后来的小说创作。

（三）宋元时期小说

宋元以来由于市民阶层的兴起，产生了与市民艺术趣味密切相关的白话小说——“话本”。其内容主要有“小说”和“讲史”两类。小说一类主要包括传奇、公案、灵怪等，其中描写婚姻爱情和狱断公案的小说尤其生动感人，给后来的短篇小说创作以深刻影响；讲史一类则主要是将历史演绎为小说形式，对中国古典小说影响巨大，是中国长篇小说的开端。其代表作有《大宋宣和遗事》、《大唐三藏取经诗话》和《全相平话五种》（即《武王伐纣平话》《七国春秋平话》《秦并六国平话》《前汉书平话》《三国志平话》）。

（四）明清时期小说

明清两代是中国古典小说兴盛繁荣的时代，特别是白话小说创作广泛流行，并且达到了很高的艺术水平。这时，《三国演义》《水浒传》《西游记》出现在文坛上，放射出亘古未有的光辉。《三国演义》的作者为罗贯中，他依据元代讲史话本《三国志平话》，将其进行加工整理，写成了《三国演义》，生动、逼真地描写了魏、蜀、吴三大政治集团的激烈斗争，是一幅全景式的历史图卷。书中故事情节变化万端，人物形象栩栩如生，成为后来历史小说的范本。《水浒传》的作者为施耐庵，他以《大宋宣和遗事》为蓝本，吸收了元杂剧中“水浒戏”的许多情节，经再创作而成《水浒传》。该书描写了北宋末年以宋江为首的梁山农民起义的故事，反映了宋代阶级压迫的社会现实，揭示了封建社会“官逼民反”的道理，塑造了李逵、武松、林冲、鲁智深等众多英雄人物形象。但宋江等人的“招安”结局，也反映了作者思想的局限性。《西游记》的作者为吴承恩。该书是作者在民间流行的唐僧西天取经的故事和宋元话本《大唐三藏取经诗话》的基础上，经再创作而成的，是一部规模宏伟、结构完整、情节曲折、想象丰富、语言生动诙谐的艺术巨著。全书借助幻想的形式，歌颂了孙悟空不畏强暴、降妖伏魔的顽强精神，肯定了孙悟空等护法取经、维护既定统治秩序的观念。

明代后期，出现了白话短篇小说繁荣的局面，代表作有由冯梦龙编纂的“三言”（《喻世明言》《警世通言》《醒世恒言》）和凌濛初创作的“二拍”（《初刻拍案惊奇》和《二刻拍案惊奇》）。“三言”属于宋、元、明三代短篇小说的选集，“二拍”则是凌濛初个人的创作。这些作品突出反映社会矛盾，其中大量描写市民爱情生活，对妇女命运的描述尤其生动。如“三言”中的《杜十娘怒沉百宝箱》《卖油郎独占花魁》《玉堂春落难逢夫》《沈小霞相会出师表》等，都是中国文学史上闪光的篇章。“三言”“二拍”还着重描写了商人生活，反映了明代中叶以后资本主义萌芽对社会影响的加深。清代盛期，中国古典小说创作也转向极盛，各种长短篇小说争相辉映，其中蒲松龄的《聊斋志异》、吴敬梓的《儒林外史》和曹雪芹的《红楼梦》，是古典小说创作的高峰。蒲松龄的《聊斋志异》继承六朝志怪小说和唐人传奇的传统，以浪漫主义手法，借狐鬼花妖之形，写嬉笑怒骂之情，通过各种狐鬼精灵的动人故事，表现青年男女追求婚恋自由的愿望，揭露封建统治的黑暗和罪恶，抨击科举制度的腐朽和弊端，对后来的文言创作产生了巨大的影响。吴敬梓的《儒林外史》是一部讽刺小说，以作者自己的经历和体验创作而成。它从多方面揭露和抨击了封建统治的黑暗、科举八股取士的罪恶，生动地描写了一群受科举毒害和被市侩熏染的儒林形象，并将这些虚伪人物的丑恶灵魂暴露无遗，再现了封建社会末期的社会现实。曹雪芹“十年增删，五易其稿”，创作了古典长篇小说《红楼梦》（又名《石头记》《金玉缘》）。该书共120回，前80回为曹雪芹所作，后40回为高鹗续写。全书以贾宝玉、林黛玉和薛宝钗的爱情婚姻为主线，通过一个封建大家庭的盛衰变迁，描述了家庭内外在政治、道德、文化、教育、财产诸方面错综复杂的矛盾冲突，展示了青年女子的悲惨结局和封建制度行将灭亡的历史命运，显示了作者对社会生活巨大的概括力和精确的表现力，从而使这部小说成为世界性的文学名著。无怪乎法国《通用百科全书》称其为“18世纪中国社会的一面镜子”，“世界文坛上的一座丰碑”。自问世以来，《红楼梦》已有数十种外文译本，对它的研究已

成为国际上的显学——“红学”，作者曹雪芹也成为世界性的文化名人。

清代中期以后，小说创作已走向衰落，好的作品寥若晨星。值得一提的有李汝珍的《镜花缘》，叙述了唐敖等游历海外的见闻；吴趼人的《二十年目睹之怪现状》，描绘了晚清社会官场、洋场、商场的种种丑态；刘鹗的《老残游记》，展示了晚清山东一带的生活现实，揭露了所谓“清官”的暴政；曾朴的《孽海花》，描写了三教九流的各种人物，谴责了当时社会的丑恶现象。

项目二　中国古代文学的文化特征

一、关注现实的理性精神

与西方文学相比，中国古代文学具有鲜明的人文色彩和理性精神。即使在上古神话中，中华民族的先民所崇拜的也不是希腊、罗马诸神那样的天上神灵，而是具有神奇力量并建立了丰功伟绩的人间英雄。例如在“女娲补天”“后羿射日”“大禹治水”这些著名的古代神话故事中，女娲、后羿和大禹以巨大的力量克服了自然界的种种灾难，使人民得以安居乐业。他们与希腊神话中那些高居天庭俯视人间，有时还任意惩罚人类的诸神是完全不同的。“夸父逐日”“精卫填海”等故事则反映了先民们征服时间、空间阻隔的愿望，体现了中华民族刚健有为、自强不息的精神。

古代的英雄崇拜其实是先民们对自身力量的崇拜，因为神话传说中的英雄都是先民们对自身集体力量的艺术加工。所以在古代神话中产生了有巢氏、燧人氏、神农氏等人物，他们分别发明了筑室居住、钻木取火及农业生产。而黄帝及其周围的传说人物更被看作中国古代各种生产技术及文化知识的发明者（如嫘祖发明蚕桑、仓颉造字等）。在经过后人加工的中国上古神话中，神话的因素与历史的因素以传说的方式奇妙地结合起来了。神话人物主要不是作为人类的异己力量出现，而是人类自身力量的凝聚和升华。神话人物的主要活动场所是人间，他们的主要事迹是除害安民、发明创造，实即人类早期生产活动的艺术夸张。因此，中国的上古神话或多或少具有信史化的倾向，许多神话人物一直被看作真实的历史人物在神话传说中的投影。可见人文色彩和理性精神正是中国上古神话所体现的中国文化特征。

在整个中国古代文学中，无论是抒情文学还是叙事文学，作家总是把目光对准人间，他们关注的是现实世界中的悲欢离合。例如在唐诗中，几乎所有的诗人都以满腔热情去拥抱人生，且不说讴歌边塞题材的高适、岑参和关心民间疾苦的白居易、元稹，即使是喜爱刻画鬼神世界的李贺，其实也以对黑暗现实的憎恶反衬着对美好人间的向往。又如明清的著名小说都以社会现实生活为主要题材，即使是神话小说《西游记》也不例外。孙悟空蔑视天庭的统治秩序，即使失败后仍保持着傲骨，对佛祖菩萨也敢嘲弄揶揄。《西游记》寄托了人民反抗社会邪恶势力的理想，因为那些妖魔全都贪婪凶狠，显然是人间邪恶势力的象征。

二、“文以载道”的教化传统

中国古代的文学家都是在以儒家思想为主的传统思想哺育下成长起来的，“治国平天下”的入世思想是大多数作家共同的人生目标，而“兼济天下”与“独善其身”互补的人生价值取向则是他们的共同心态。在这种背景下，以诗文为教化手段的文学功用观成为古代最重要的文学观念。早在春秋战国时期，儒家就积极提倡诗教，企图以文学作为推行教化的有力工具。其他诸子的观点虽然势若水火，但他们著书立说的目的也都是宣扬自己的政治理想和社会设计，同样体现了对现实政治的强烈关注。可以说，先秦诸子的“文”都是为其“道”服务的，“文”只是手段，“道”才是目的。这种传统后来被唐宋古文家表述为“文以载道”或“文以贯道”，不但成为历代散文的共同准则，而且成为整个古代文学的基本精神。

“文以载道”的思想对中国文学有正、负两面的深刻影响。首先，这种思想强调了文学的教化功能，为古代文学注入了政治热情、进取精神和社会使命感，使作家重视国家、人民的群体利益，即使在纯属个人抒情的作品中也时刻不忘积极有为的人生追求。例如在唐代诗人中，对儒家仁政理想的不懈追求，对国家人民命运的深切关注成为杜甫诗的核心内容。即使是浪迹五岳、神游九垓的李白，也在诗中强烈地表达了追求功名事业，要在外部事功的建树中实现人生价值的理想，而且明确地以孔子作《春秋》为自己的文学事业的典范。至于唐宋古文运动的巨大成就，更是在“文以载道”思想的直接指导下取得的创作实绩。其次，“文以载道”的思想也给中国古代文学带来了负面的影响，它使文学在一定程度上沦为政治的附庸，从而削弱了其主体意识和个性自由。这消极的影响不但体现在士大夫的诗文作品中，而且体现在小说戏曲等叙事文学中。例如元杂剧虽然高扬了针对黑暗势力的反抗精神，歌颂了反抗压迫、争取自由的民主思想，但它往往以道德判断作为审美判断的核心价值参数，而且这种道德判断中常混杂着封建伦理说教的糟粕，这就严重地损害了其思想意义。

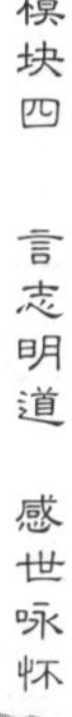

三、写意手法与中和之美

中国古代文学中发展得最为成熟的样式是以抒情为主要功能的诗歌，这个事实说明中国古代文学最重要的性质是抒情。抒情性质使中国古代文学在总体上具有诗的光辉，即使是叙事文学也不例外。例如《史记》就因洋溢着司马迁的悲愤情感而被鲁迅誉为“无韵之《离骚》”。而杂剧《西厢记》、小说《红楼梦》也因浓郁的抒情色彩而使人百读不厌。正是抒情性质使中国古代文学在写物手法上不重写实而重写意，如山水田园诗本来可以处理成叙事性或描述性的作品，但在唐代王维、孟浩然的诗中，却往往以抒情手段虚化了即目所见的景象，诗中的山水田园其实是他们宁静心境和淡泊志趣的外化。

抒情性质和写意手法使中国古代文学产生了以下文学特征。首先，中国古代文学是古代中国社会的生动图卷，更是古代中国人的心灵记录，这使它成为我们了解中华民族传统文化心理的最好窗口。其次，中国古代文学追求的艺术境界不是真实而是空灵，不是形似而是神似，那种为历代文学家所憧憬的变化莫测、知其妙而不知其所以妙的艺术化境界，正是在精练含蓄的艺术表现形态基础上才有可能达到的目标。

儒家倡导的“中庸”精神对中国古代文学有深刻的影响，孔子称赞《诗经》“乐而不淫，哀而不伤”（《论语·八佾》），这种观点后来发展成“温柔敦厚”的“诗教”说（《礼记·经解》），即主张在文学作品中有节制地宣泄情感，而不是把情感表达得过分强烈。在这种文学思想的指导下发展起来的中国古代文学，在整体上呈现出一种中和之美。一般来说，中国古代文学中很少有剑拔弩张地表达狂怒或狂喜的作品。多数古代诗人都自觉或不自觉地遵循着“诗教”的精神，以“怨而不怒”“婉而多讽”的方式来批判现实。诗人在书写内心情感时总是委婉曲折，含蓄深沉。情感宣泄的适度与表现方式的简约使中国古代文学在总体上具有含蓄深沉、意味隽永的艺术特征，这正是中华民族平和、宽容、偏重理性的文化性格特征在古代文学中的积淀。

项目三　中国古代文学的现代意义

一、爱国主义教育功能

在封建社会长达数千年的发展过程中，爱国主义一直是我国古代文学高扬的主题。爱国主义文学，也是我国古代文学中最感奋人心的一部分。由此产生的为数众多的爱国主义作家所留下的传诵千秋、激荡人心的佳作，构成了壮丽辉煌的爱国主义文学长廊，这一文学长廊犹如一座宝库，蕴藏着极为丰富的爱国主义教育宝藏。

第一，强烈的忧患意识。忧念国家，关心民众，从来都是爱国主义文学的重要内容，更何况中国作家与生俱来就有着强烈的社会责任感。屈原的《离骚》，是我国古代爱国主义文学的第一座高峰。“亦余心之所善兮，虽九死其犹未悔”“路漫漫其修远兮，吾将上下而求索”，他把祖国的前途和个人的命运紧密联系在一起，始终为国家的富强统一而斗争的坚贞不屈的民族气节和勇于求索的精神，通过优美的艺术形式，熔铸成崇高的品质和伟大的人格，激励了无数的仁人志士，也振奋着全民族。千百年来，每当中华民族面临生死存亡的危急关头，屈原就成为鼓舞人们进行斗争和效法的榜样。直到近代抗日战争，郭沫若的历史剧《屈原》还一度再现了屈原的爱国精神，强烈激发了中国人民的抗日热情。从屈原、杜甫直至陆游，古代作家作品中一脉相承的忧念国家、关心民众的忧患意识，使我国爱国主义诗歌光芒四射。

第二，崇高的献身精神。忠诚地报效国家、民族，甚至不惜牺牲生命，这是中国古代作家爱国主义精神的最集中体现，也是我国古代爱国主义文学最为闪光的部分。《汉书·苏武传》充分展现了苏武严拒各种威胁利诱，牧羊北海 19 年，坚持民族气节的爱国英雄的形象。文天祥“臣心一片磁针石，不指南方不肯休”，郑思肖“此地暂胡马，终身只宋民”，均表现出对国家民族的忠贞不贰。报效国家是古代爱国主义文学家的共同志向。唐代陈子昂就曾发出“感时思报国，拔剑起蒿莱”的豪迈慷慨之音；陆游更是“一身报国有万死”，82 岁高龄还“一闻战鼓意气生”；辛弃疾则写下著名的《美芹十论》《九议》等文章，积极向朝廷献计献策，上述爱国情怀，为历代英雄豪杰所激赏。

第三，不屈的抗争态度。抵抗侵略，反对投降，捍卫社稷河山的正义之战是爱国主义文学的常见题材。每当外敌入侵之时，主战还是主和就成为民族或国家内部斗争的焦点。纵观文学史，爱国文人多为坚定的主战派，他们以诗文歌咏抗战，反对屈膝投降，反对求和苟安，有的甚至为坚持民族气节不惜舍生取义、杀身成仁。南宋初期的李纲“退避固知非得计，威灵何以镇殊方？中原夷狄相衰盛，圣哲从来只自强”的诗句，表明了坚决抗战的态度。名将岳飞一曲《满江红》，直抒胸臆，抒写了收复失地、抗争到底的壮烈情怀。诗人陆游“六十年间万首诗”，念念不忘祖国统一，直至生命的最后一刻，还留下一首《示儿》，深情嘱咐“王师北定中原日，家祭无忘告乃翁”，爱国情怀感人至深。

第四，浓厚的眷恋情怀。对祖国山河、故土故国的无比热爱与眷恋，是

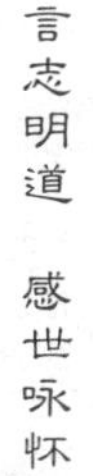

另一种内涵的爱国主义精神。美好的大自然总是文人歌颂描写的对象，这种歌颂描写一旦与爱国深情融合在一起，就会产生巨大的感染力量。“明月松间照，清泉石上流”的境界固然美好，但“三万里河东入海，五千仞岳上摩天”的宏伟图景，和“遗民泪尽胡尘里，南望王师又一年”的爱国情怀相联结，就更能使人荡气回肠。

洋溢在上述诗歌中的爱国精神影响极为深远。历史已经无可辩驳地证明，古代爱国主义文学在抵御外侮、培养人们的爱国情感方面起过重大作用。历史的车轮已驶入了21世纪，然而无论是从国情出发，还是从外部环境着眼，中华民族依然面临着迎接挑战、革故鼎新的艰巨任务，今天我们仍需要居安思危、团结奋发。弘扬古代爱国主义文学中的忧患意识、献身精神、抗争态度、眷恋情怀，对于鼓舞今天人们的斗志，无疑仍具有积极的现实意义和长远的战略价值。

二、民族凝聚功能

民族凝聚功能是一个民族在理想、目标和利益高度一致的基础上，经过长期的历史发展而形成的一种亲和力、团结力和向心力，它是以本民族成员对民族精神、民族心理、民族文化的认同为基础的。而优秀的文学作品作为中国文化的重要组成部分，所体现出来的爱国情怀、民族精神、传统美德、价值取向，得到了世世代代中华民族成员的认同。这一认同心理，对形成中华民族共同的民族心理和民族意识，发挥民族凝聚功能，起着十分重要的作用。在中华民族的发展历史上，对中国古代优秀文学作品的认同，主要表现在以下几个方面：

第一，对文学作品中所表现的强烈的爱国主义精神的认同。爱国主义是中华民族凝聚力的一个核心内容。如前所述，产生于不同时期的优秀的中国古代文学，对于中国人在不同历史条件下的爱国主义表现都有着生动而集中的反映。可以说，中华民族优秀的古代文学就是具有强烈爱国主义精神的文学，这正是它能够得到民族的普遍认同，成为民族凝聚力的重要原因之一。千百年来，正是爱国主义精神的激励，才使我们民族每当面对外敌入侵时，不同利益集团之间都能够以国家利益为重，捐弃前嫌、团结一致、不屈不挠地斗争到最后胜利；正是爱国主义精神的鞭策，才使我们民族在内乱出现之时，绝大多数人最终在新的认识基础上团结起来，为民族团结、国家统一而奋斗不息；也正因如此，中华民族这个文化实体才得以长期延续，不断壮大，自立于世界民族文化之林。

第二，对文学作品中所反映的自强不息的民族精神的认同。在中华民族的历史发展中，自强不息的奋斗精神备受尊崇，具有广泛影响。《易传》中提到，“天行健，君子以自强不息”，即君子要以自然界不断向前运行发展这一规律为榜样，刚强不屈，努力向上，坚忍不拔，决不懈怠，这正是中华民族刚健有为、自强不息的民族精神的集中体现。优秀的古代文学作品总是竭力讴歌具有这种民族精神的人物。

《史记·太史公自序》中的记载所反映的，正是愈遭受挫折，愈奋起抗争的精神状态。原文如下：

> 昔西伯拘羑里，演《周易》；孔子厄陈、蔡，作《春秋》；屈原放逐，著《离骚》；左丘失明，厥有《国语》；孙子膑脚，而论兵法；不韦迁蜀，世传《吕览》；韩非囚秦，《说难》《孤愤》《诗》三百篇，大抵贤圣发愤之所为作也。

千百年来，这一思想深入人心，为全社会所接受，甚至已成为指导人们行动的准则和信念，一直激励着中华民族奋发向上，不断前进，坚持与内部的恶劣势力和外来的侵略压迫作不屈不挠的斗争。近代以来，中国人民为了民族独立和自由解放而进行的艰苦卓绝的斗争，都是自强不息的优秀文化传统的具体表现。

第三，对文学作品中所体现的崇德重义与传统美德的认同。重视品德修养，讲求道义气节，是我们民族文化的又一优秀传统。而古代文学作品以其多姿多彩的艺术形象和深刻隽永的语言艺术所表现的这一传统美德，则极易在形成共同的民族心理中发挥重要作用。《左传》提倡“正德、利用、厚生”，认为这是人类必须重视并躬行践履的“三事”。所谓“正德”，即端正自己的品德，具体来说就是修养自身，这是“三事”之首。孔子宣称“三军可夺帅也，匹夫不可夺志也”，赞扬“不降其志，不辱其身”的仁人志士，坚持“不义而富且贵，于我如浮云”的义利观；孟子推崇“富贵不能淫，贫贱不能移，威武不能屈”的高尚气节；文天祥视死如归，“人生自古谁无死，留取丹心照汗青”；林则徐“苟利国家生死以，岂因祸福避趋之”。这些都是我们民族崇德重义文化传统的积极的文学表现，并由此形成了中国文化有别于世界其他文化的显著特色和特殊魅力。千百年来，它不但孕育出众多的正道直行之士，造就了一代又一代的志士仁人，而且作为民族文化的重要构成，作为深层结构的社会心理，它对于人们超越物质利益的羁绊，追求精神境界的提高，无疑起到了积极的作用。在商品经济日益发展的今天，崇德重义的文化传统，对我们抵制物欲主义思想，纯洁社会道德，培养诚信品格，净化社会空气，仍然有着不可忽视的积极意义。

第四，对文学作品所展示的整体为上的价值取向的认同。把天、地、人看作一个统一的整体，把个人、家庭和国家的利益同样也看作不可分割的整体，并强调三者之间的和谐，这样一种共同的心理态势也是古代优秀文学作品的传统。《大学》中“修身、齐家、治国、平天下”的儒家学说，《老子》

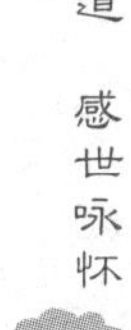

中“人法地，地法天，天法道，道法自然”的道家思想，《墨子》中“天下大同”的墨家理想，都是以整体为上的价值取向。这种价值取向，视全局利益高于局部利益，整体利益高于个体利益，显示了中华民族以小我成全大我，以牺牲个人利益和局部利益去维护整体和全局利益的独特品格，从而形成了中华民族以国家民族利益为上的思想风貌。这一思想风貌对于孕育人民群众的集体主义价值观，有着重要的思想意义。

以上诸方面内容的交融互补，以及在文化模式方面的有机整合，构成了我们民族凝聚功能的主体内容。正是这种凝聚力和向心力的长期稳定和持续发展，促进了多民族国家的统一，推动了民族文化的发展，使中华民族在相当长的一段历史时期，在世界上引领风骚。尤为重要的是，从中国文化的深层结构审视，民族凝聚力和向心力的形成和发展，对于中华民族共同的价值取向、理想人格、思维方式、社会心理等，起到了重大的文化整合作用。它增强了中华民族的文化共识，激发了中国人自尊、自信、自豪的情感，在客观上起到了促进民族进步、国家发展的历史作用。

三、审美教育功能

优秀的传统文学作品以其丰富的情感、优美的语言、多样的手法反映了中华民族的生活斗争，描摹了祖国的大好河山、风光景物、风俗民情。作品所具有的民族艺术特质，不仅使人们在审美鉴赏中获得了感情的净化与愉悦，增进了对祖国河山的审美情感，而且还将长久地影响着民族的审美心理结构。优秀的古代文学作品，具有我们喜闻乐见的民族形式、民族风格。这种独特的民族形式、民族风格，在历史发展中不断得到继承和革新，在满足和培养本民族的审美爱好、审美情趣方面发挥着极为重要的作用。汉语言本身所具有的独特魅力、独特风采，汉语言构词的华美多变，音律上的内在风韵，以及生动、隽永的俗语和谚语等，用以表达思想与民族感情，使作品有着很高的艺术性、广泛的社会性和深刻的哲理性。它们长久地被人们所珍爱，成为民族审美心理和审美情理的重要组成部分。

总之，从传统文学中我们可以看出，文学不仅是人学，还是人心之学，即表现社会中各种人的思想感情、内心世界的学问。它对我们认识世界，改造世界，了解历史，洞悉社会，感悟人生，热爱生活，提高道德操守，强化人文素质，乃至于启发思维，开阔思路，研究问题，开展工作，培养必要的管理、应变能力，都有很大帮助。尽管由于历史的局限，古代文学中不乏宣传封建腐朽的思想内容，但是，只要我们坚持古为今用的原则，以批判的眼光，取其精华、去其糟粕，有意识地感受启迪、获取帮助，那么它对提高个人修养和建设社会主义新文化都具有重要的现实意义。

【微课扫一扫】

中国古代诗歌成就

中国古代文学的文化特征

测一测

一、单项选择题

1. 汉代注重诗教，专门设立（　　）采集民歌、整理乐章。

A. 乐府　　B. 国子监

C. 书院　　D. 梨园

2. “初唐四杰”中不包括（　　）。

A. 王继　　B. 杨炯

C. 卢照邻　　D. 骆宾王

3. “关关雎鸠，在河之洲，窈窕淑女，君子好逑”，《诗经》中这段古诗的意象类型是（　　）。

A. 仿象　　B. 兴象

C. 喻象　　D. 抽象

4. （　　）为我国长篇叙事诗之最，描写了一场凄美的爱情悲剧。

A.《木兰辞》　　B.《孔雀东南飞》

C.《思美人》　　D.《陌上桑》

5. 先秦散文中，以擅长描写战争而著称的是（　　）。

A.《尚书》　　B.《老子》

C.《战国策》　　D.《左传》

二、填空题

1. 在我国神话传说中，______开天辟地，______炼石补天，______衔石填海，______发明八卦。

2. 被称为“孤篇盖全唐”的诗作是______，作者是______。

3. 中国诗歌从民间集体歌唱过渡到诗人独立创作的新阶段的标志是______。

4.《诗经》是我国历史上第一部诗歌总集，共收入自______至______500多年的诗歌305篇。

5. ______是明代后期万历年间的一个文学流派，主要人物有袁宗道、袁宏道、袁中道。

实践体验与知识拓展

1. 请以“中国古典诗词朗诵”为主题开展一次朗诵会，每个同学选择自己喜爱的一首古典诗词进行诗配乐朗诵展示。

2. 以小组为单位，每组3～5人，制作PPT，分享对自己产生影响的文学作品。

模块五

字里乾坤　墨彩世界

学习目标

1. 了解中国传统书法、绘画的发展脉络、基本特征、文化含义和基本精神，提高艺术鉴赏力；学会欣赏传统书画作品之美，提高对传统书画艺术深刻内涵的理解，丰富人文内涵。

2. 坚定文化自信，赓续中华文脉，增进文化认同，推动大学生积极投身社会主义文化强国建设。

3. 激发上进心和进取精神，培育形成执着专注、精益求精、一丝不苟、追求卓越的工匠精神；激发创新意识和创造力，培育形成兼收并蓄、开拓创新的时代精神。

人文精神荟萃

优秀书画作品的德育功能和美育功能

人文素养和艺术素养

工匠精神的内涵（敬业、精益、专注、创新）

情景导入

在 2022 年的央视春节晚会上，舞蹈诗剧《只此青绿》惊艳亮相，给观众留下了深刻的印象，也将人们的目光带到了舞蹈的灵感来源——宋朝王希孟的《千里江山图》。

《千里江山图》以桑蚕丝为画布，约 12 米长。在材料、色彩方面，作者用线稿打底，运用赭石、孔雀石和珍贵的石青上色；在构图方面，作者不仅把中国山水画里的“三远”理论（自山下而仰山巅，谓之高远；自山前而窥山后，谓之深远；自近山而望远山，谓之平远。）全部用上，还运用了大量的皴法，营造出一种极其协调的空间感和立体感，另外还用重彩大肆渲染光感，在浓烈的色彩里尽情展现大宋的盛世河山。

纵观中华上下五千年，像《千里江山图》这样的艺术瑰宝层出不穷，让我们一起走进中国传统书法绘画的缤纷世界，去遇见那些穿越历史的艺术珍品，去感受它们的魅力与美好。

《千里江山图》（局部）

项目一　中国传统书法艺术

一、书法概述

（一）书法的含义

书法艺术起源于实用的需求。先民在文字未创之前，就有在陶罐等日常器物上刻画记符的喜好。最初只是为了记事或纹饰器物。这些或写实或抽象的图形符纹，最终演变为成熟的文字。对器物的制作者和使用者而言，物件上的刻画绘描，除实用的目的外，希冀其美是毫无疑问的。所以，任何点画的形态，点画与点画之间的交叉照应，都需书刻者用心琢磨，久而久之，形成了中华民族对文字特有的美感意识。在这一历史进程中，书法逐渐成为中华民族重要的一种艺术样式。一方面，书法艺术点缀了我们的生活；另一方面，也正是丰富多彩的生活，时时刻刻在促进着书法艺术的发展。书法艺术既能适应社会的需求，又能赏心悦目，自然便有了兴盛繁荣的契机。

（二）书法的表现对象

书法的表现对象是汉字。汉字和其他文字一样，始于描摹自然物态，即都从“象形”发轫。大多数国家的文字逐渐走上了记录声音的道路，而中国

的汉字却一直沿着“表意”的道路发展下来。我国地域辽阔，关山阻隔，且古时交通不便，语音很难统一。为此，我们的祖先只能寻求一种超越语音的限制而又可供交流的文字，这就只能沿着“象形”道路发展。

随着社会的发展，书写工具的不断变化，产生了不同的书法表现形式。例如，用刀在龟甲、兽骨上刻甲骨文的时代，产生了甲骨文书法；用笔或刀在竹片上写字或刻字的时代，产生了汉简书法；用毛笔在宣纸上书写的年代，产生了现在通常所说的书法，这种书法一直延续至今天；用钢笔、圆珠笔等硬笔书写汉字的时代产生了硬笔书法。因此说，书法艺术的形成、发展，与我国历史上文化科学技术的进步密不可分。甲骨文、金文的出现与锲刀、熔铸技术的应用有着必然的联系，秦篆、汉隶的兴起也与笔、简、帛、纸的制造有着必然的联系。纸张发明以前，书写材料是竹简和缣帛，诞生了植物纤维纸之后，由于原料易得，物美价廉，纸的使用日益普遍，为书法艺术的创新提供了物质保障。而后，楷书、行草的蔚然成风又必然与墨、砚的制造，纸、笔的发展相联系，尤其毛笔的不断改良对提高书法艺术的表现力无疑产生了积极影响。特别是晋以后出现了软毫笔。制作工艺的改进、毛笔种类的丰富，使毛笔更能充分地发挥富有弹性、便于提按的特性，有力地促进了各种字体的完备和成熟，从而也成就了大批风貌独具、垂范后世的书法家。

（三）书体演变

书体演变一般指汉字书法字体的演变。中国书法历史悠久，从甲骨文、金文演变为大篆、小篆、隶书至楷书、行书、草书，汉字的演化由繁入简，由圆及方，逐渐形成符号性的表意文字，汉字书法一直散发着独特的艺术魅力。

	魚	鸟	羊
甲骨文			
金文			
小篆			
隶书	魚	鳥	羊
楷书	魚	鳥	羊
草书			

书体演变示例

1. 甲骨文

甲骨文，主要指中国商朝晚期用于占卜记事而在龟甲或兽骨上契刻的文字，是中国已知最早的成体系的文字形式，它上承原始刻绘符号，下启青铜铭文，是汉字发展的关键形态。

2. 金文

金文指铸刻在殷周青铜器上的铭文，也叫钟鼎文。商周是青铜器的时代，青铜器的礼器以鼎为代表，乐器以钟为代表，“钟鼎”是青铜器的代名词。金文可略分为四种，即殷金文、西周金文、东周金文和秦汉金文。

3. 篆文

篆文有大篆、小篆之分。大篆主要指商、周时代的甲骨文、钟鼎文和六国古文字等，仍存在古代象形文字的明显特点。小篆又称秦篆，是在秦始皇统一中国后（前 221 年），推行“书同文，车同轨”等政策时，由宰相李斯负责，在秦国原使用的大篆的基础上进行简化，取消其他六国的异体字而创制的统一文字的书写形式。直到西汉末年（约公元 8 年）篆文才逐渐被隶书所取代。

李斯的书法

4. 隶书

隶书，亦称汉隶。隶书起源于秦朝，由程邈整理而成，在东汉时期达到顶峰，是汉代书法艺术特有的成就，书法界有“汉隶唐楷”之称。隶书字体宽扁，横画长直画短，讲究“蚕头雁尾”“一波三折”，曲折处由连绵圆转变

为笔笔分断。汉隶在书法发展中占有极重要的地位，上承前朝篆书规则，下启魏晋南北朝及隋唐楷书风范，给以后的楷、行、草书奠定了基础。

5. 楷书

楷书，也叫正楷、真书，从隶书演变而来，始于东汉，盛于唐代，字形由扁改方，横平竖直，更趋简化。唐代楷书的主要代表人物有欧阳询、颜真卿、柳公权等。

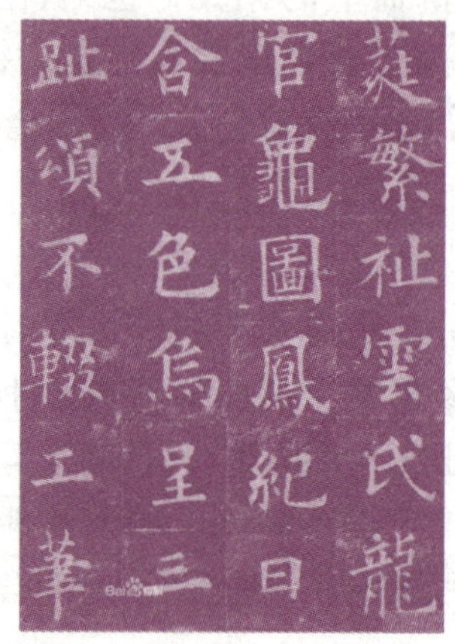

欧阳询的楷书

6. 行书

行书在楷书的基础上草写或简化发展而成，是一种介于楷书正规写法与草写之间的字体，一般认为行书始于汉末，盛行于东晋，兼具楷书的规矩和草书的流动，应用极为广泛。“行”是“行走”的意思，实质上它是楷书的草化或草书的楷化。楷法多于草法的叫“行楷”，草法多于楷法的叫“行草”。

王羲之的行书

7. 草书

草书，是为了书写简便在隶书基础上演变出来的一种书体。特点是结构简省、笔画连绵。形成于汉代，有章草、今草、狂草之分。

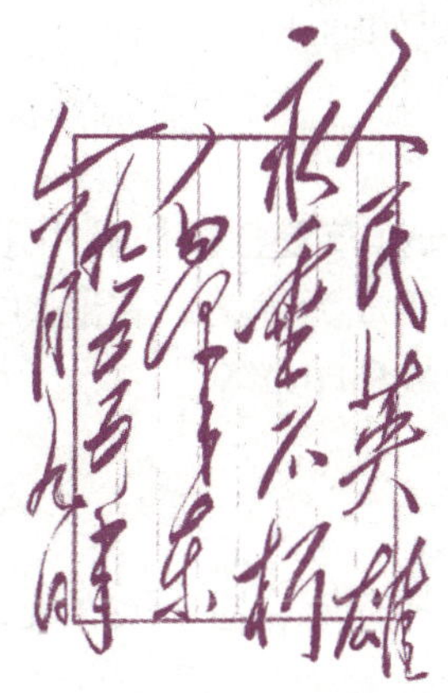

毛泽东同志的题字

二、中国书法的表现语言

（一）书法要素

书法要素包括笔法、字法、章法等。笔法是基础，字法是关键，章法是添彩。

1. 笔法

笔法指点、横、竖、撇、捺、提、钩、折等笔画运笔的方法。笔法讲究“永”字八法，以“永”字的八笔顺序为例，阐述正楷笔势的方法。（1）点为侧，侧锋峻落，铺毫行笔，势足收锋；（2）横为勒，逆锋落纸，缓去急回，不可顺锋平过；（3）直笔为努，不宜过直，太挺直则木僵无力，而须直中见曲势；（4）钩为趯，驻锋提笔，使力集于笔尖；（5）仰横为策，起笔同直划，得力在划末；（6）长撇为掠，起笔同直划，出锋稍肥，力要送到；（7）短撇为啄，落笔左出，快而峻利；（8）捺笔为磔，逆锋轻落，折锋铺毫缓行，收锋重在含蓄。

还有一种特殊的笔法叫作“飞白”。在书法创作中，笔画中间夹杂着丝丝点点的白痕，给人以飞动的感觉，所以称为“飞白”，也叫“飞白书”。“飞白”与浓墨、涨墨产生对比，可以显现苍劲浑朴的艺术效果，增加作品的情趣，丰富画面的视觉效果，体现书法的功力。

2. 字法

字法也称结体或间架结构，即单个字的笔画安排。字法是一种书写法则，指按照均衡、比例、和谐、虚实等造型规律来组织字的笔画的搭配、穿插、呼应、避就等，是书法构成的重要因素。

3. 章法

章法又称“布局”，即安排布置整幅作品中字与字、行与行之间的呼应、照顾等关系的方法，使整幅字成为优美、和谐的艺术，是书法艺术的重要组成部分。章法包括正文、题款和印章等。

（二）文房四宝

中国古代书画常用的工具有笔、墨、纸、砚，统称文房四宝。

1. 笔

毛笔的笔杆一般用竹管制成。笔头所用兽毫分为柔（软）、健（硬）两类，柔毫和健毫杂在一起称为兼毫。笔头中间的一簇长毫称为锋，即笔尖；四周包着稍短的毫称为副毫。好的毛笔具有尖、齐、圆、健四大优点。毛笔佳品，唐宋时期为安徽宣州所产的紫毫笔，明清时期为浙江湖州善琏镇所产的湖笔。

2. 墨

根据原料的不同，墨可以分为油烟墨、漆烟墨、松烟墨。通常油烟墨色有光泽，宜于作画；松烟墨黑而无光泽，宜于书写，作画不常用。南北朝时期易州的墨很有名。

3. 纸

汉代开始，纸成为书写的重要材料。唐代造纸业非常发达，安徽宣州的宣纸、江西临川的薄滑纸、扬州的六合笺、广州的竹笺等，都是上等品，但以安徽宣州的纸最有名，因此把书写字画的纸称为宣纸。宣纸又有生宣和熟宣之分。生宣吸水力强，用淡墨水写时，墨水容易渗入，宜于绘制写意画。生宣经上矾、涂色、洒金、印花、涂蜡、洒云母等工艺就成了熟宣，其特点是不洇水，宜于绘制工笔画及书法字帖。

4. 砚

砚在西汉时期已经出现。中国传统的四大名砚是广东肇庆的端砚、安徽歙县的歙砚、甘肃洮州的洮河砚、山西绛州的澄泥砚。

三、书法艺术欣赏技巧

书法家结合自身的艺术创造力，运用中国特有的笔、墨、纸、砚，以汉字为素材，进行艺术想象和艺术加工，把文字符号变成一个个生动多变、赋有美学价值的艺术形象，从而创造出一种独特的艺术形象——书法艺术形象。简单说，书法艺术之美就是人的创造力在书法创作、书法艺术形式中的一种表现。书法艺术将汉字的和谐对称美、形象意境美表现得淋漓尽致。

（一）书法的点画线条

1. 力量感

点画线条的力量感是线条美的要素之一。

2. 节奏感

节奏本指音乐中音符有规律的高低、强弱、长短的变化。书法中的节奏感指通过点画线条运动产生的节奏和通过章法结构的空间变化产生的节奏。

3. 立体感

立体感是中锋用笔的结果。

（二）书法的空间结构

1. 单字的结体

单字的结体要求整齐平正，长短合度，疏密均衡。

2. 整行的行气

书法作品中字与字上下（或前后）相连，形成“连缀”，要求上下承接，呼应连贯。

3. 整体的布局

书法作品中集点成字、连字成行、集行成章，构成了点画线条对空间的切割，并由此构成书法作品的整体布局。

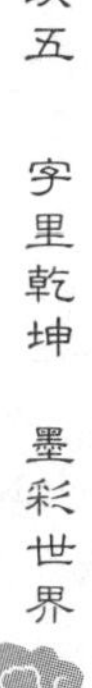

项目二　中国传统绘画艺术

一、中国绘画的起源

中国绘画的起源，最早可追溯到遥远的史前时代。原始人在长期的劳动实践中，不仅创造了能使自己生存、繁衍的物质条件，也造就了灵巧的双手和思维想象能力。考古学的成果表明，大约在一万年以前，生活在黄河流域、长江流域以至黑龙江、珠江流域的原始人都留下了他们创造的艺术品：在高大的岩壁和坚硬的兽骨上刻出的各种花纹，在陶器上描绘的各种纹样，在居室的地面和墙壁上画出的人物和动物的形状等。这些都是我国最早的绘画艺术作品。近年来，在我国境内发现了大量岩画遗存，如内蒙古阴山岩画、江苏连云港将军崖岩画、广西花山岩画、云南沧源岩画、青海刚察县岩画，还有福建、新疆、宁夏等地的岩画。据考古学家鉴定，这些岩画许多是新石器时代人们的创造。其中数量最多、分布最广、延续时间最长的首推内蒙古狼山地区岩画。最早的距今一万年左右。狼山位于内蒙古阴山山脉西段，山里峰高谷深，山外平川万顷，是古代游牧民族生息繁衍的地方，绵延 300 千米的崖壁上凿刻着成千上万幅岩画。这些岩画多是用硬石或石制工具敲凿或磨刻而成，轮廓沟深至 3 厘米，表现内容多与原始部族的狩猎生活有关。

内蒙古狼山地区岩画

原始先人们在坚硬的石壁上雕凿图画，目的不可能仅仅是为了欣赏，还有可能是记事或拜神。据有关学者考察，凿刻岩画的地点与石质都是经过认真挑选的，其题材与选择位置也有密切关系。如类人像及神灵图像，大多刻在深邃的山谷里；舞蹈图像多半刻在沟畔的立壁上；动物图像则多刻在山顶或接近山顶的岩石上。也许，这都与当时人们的生活情况有关系，山谷深邃适于祭祀；沟畔空旷，便于舞蹈；山顶峰巅则是野生动物出没之处。因地联想凿刻成画。这些情况，有助于我们对岩画内容的思考与理解。原始人相信，动物、植物、河流、山川都像人一样是有生命的。画出的这些拟人化的形象，具有一种神秘的力量，可以影响自然的进程。所以，为了生存，他们在工具极其简陋的条件下，仍然不懈地凿刻岩石，希望通过这样的行为获得谷物的丰收。从艺术上看，这些岩画古朴、稚拙、粗犷，很像儿童笔下的形象，既刻画其所见，又直抒其所想，颇具自然天真之美。

从 20 世纪 20 年代起，随着考古工作的不断深入，大量商周遗物被发掘，其中以青铜器物为最，在数量、制造工艺及造型纹饰诸方面，足以使世界震惊。所以史学界常将这个历史时期称为青铜时代。这似乎造成一个错觉：绘画艺术处于低谷。其实不然。我们从文献记载和实物考古中可以得出这样的结论：青铜时代的绘画载体已从坚硬的岩石、牢固的陶器转变为木质、丝织物或墙壁了。其功能也从单纯装饰器物逐渐向着状物、记事发展。因此许多学者认为，在中国，真正意义上的绘画形成于这个历史时期。遗憾的是，这些描绘在木头上的彩画、纤维织物上的帛画，以及宫室墙面上的壁画，由于年代的久远，大多腐烂、消失了。不过我们仍然能从史籍和墓葬品中窥见先秦绘画之风貌。

二、中国绘画的成就

中国的绘画最早可以追溯到新石器时代的彩陶和岩画，后来出现了青铜纹饰、壁画、帛画、画像石等。东汉时期，纸的发明为中国画创造了良好的载体。三国两晋南北朝时期，中国画开始迈入自觉的艺术门槛，出现了一批画家和绘画理论家，标志着中国画成为一门独特的艺术。从此，中国绘画名家辈出，名作迭现。中国画成绩斐然，题材广泛，其中最突出的是人物画、山水画和花鸟画。

（一）人物画

人物画以人物为主要描写对象，是中国画成熟最早的画种。文献记载，周朝时宫廷中已经有专职的画工绘画人物肖像，孔子就曾经参观过周代明堂悬挂的古代帝王之像。

三国两晋南北朝时期，佛像画随佛教进入中国，推动了人物画的迅速发展。当时的著名画家几乎全是人物画画家，他们的作品已经能够注重人物神情和性格特征。曹不兴、顾恺之、陆探微、张僧繇合称“六朝四大家”。

顾恺之，字长康，小字虎头。晋陵无锡（今江苏无锡）人，东晋著名画家。顾恺之博学多才，工于诗赋书画，擅长绘画，特别是人像、佛像、禽兽、山水等。顾恺之作画，意在传神，他的“迁想妙得”“以形写神”等论点，为中国传统绘画的发展奠定了基础。代表作品有《女史箴图》《洛神赋图》等。

《洛神赋图》（局部）

隋唐时期，人物画高度成熟，出现了阎立本的《步辇图》《历代帝王图》、吴道子的《地狱变相图》、张萱的《虢国夫人游春图》等稀世珍品。

阎立本，雍州万年（今陕西临潼）人，出身贵族，官至宰相。唐代画家，工于篆隶，擅长绘画、建筑。父子三人并以工艺、绘画闻名于世。

北宋时期，李公麟等画家突破了传统的佛道、帝王、圣贤、仕女题材，把笔触伸向渔民、樵夫等社会下层人物。张择端的《清明上河图》描写城市的社会生活，画面上有姿态各异的人物 500 余人。

张择端，字正道，琅琊东武（今山东诸城）人，曾任翰林待诏等职。北宋著名画家，擅长画楼观、屋宇、林木、人物，所作风俗画中市肆、桥梁、街道、城郭刻画细致，界画精确，栩栩如生。代表作品还有《金明池争标图》等。

金元时期，人物画趋于衰微。明清人物画虽然有所复兴，但是总体成就不如唐宋。

（二）山水画

山水最初是在人物画中作为背景出现的。东晋时，山水与人物画有所分离。隋唐时，山水画形成独立画种，出现了以石青、石绿为主要色彩的青绿山水和以墨色为主的水墨山水。青绿山水画家以隋朝的展子虔和唐朝的李思训、李昭道父子最为有名；水墨山水画家以唐朝的王维最为有名。王维的画水墨渲淡，笔意清润，画中有诗意，被称作“文人画”。

唐代以后，山水画蓬勃发展，名家辈出。著名的有五代的荆浩、关仝、董源、巨然；北宋的李成、范宽、米芾；南宋的刘松年、李唐、马远、夏圭（南宋画院四大家）；元代的黄公望、王蒙、吴镇、倪瓒（元四家）；明代的戴进、吴伟（浙派），沈周、文徵明、唐寅、仇英（吴门派），董其昌（华亭派）；清代的石涛（朱若极），八大山人（朱耷），王时敏、王鉴、王翚、王原祁（四王）等。所画作品各具一格，垂范后世。

山水画传统上按画法风格分为青绿山水、金碧山水、水墨山水、浅绛山水、小青绿山水、没骨山水等。

山水画以山川自然景观为主要描写对象，比人物画出现得晚，但是后来居上，成为中国画的主要形式。中国画家普遍喜爱山水画，因为画家能借山水挥洒性情，表现自己的内在情绪，起到陶冶心性的作用。中国画家作画时，并不把山水作为与自己分裂的客体描摹，而是努力将自我情感和自然精神融为一体，从中获得宇宙和人生的美的真谛。特别是水墨山水，因为能够借墨韵表达宇宙酣畅淋漓的生命态势，所以受到画家的青睐，成为中国画中最有特色的品类。

（三）花鸟画

花鸟画以花草、鸟兽、鱼虫等动植物为描绘对象，是中国画中出现得最晚的画种。花鸟画在中唐时期才出现，在宋代时趋于成熟，后来发展十分迅速，出现了不少名家名作。历朝著名的花鸟画家有唐代的薛稷、殷仲容、边鸾，五代的黄筌、徐熙，北宋的文同、苏轼，南宋的杨无咎，元代的温日观、柯九思、王冕，明代的陈淳、徐渭，清代的恽格、八大山人、石涛、金农、郑燮等。

中国花鸟画的技法可以分为工笔与写意两种。题材最为集中的有松、竹、梅，称作“岁寒三友”；梅、兰、竹、菊，称作“四君子”，它们形象高洁，有丰富的文化含义。

三、敦煌壁画

壁画是直接画在墙面上的画。敦煌壁画包括敦煌莫高窟、西千佛洞、安西榆林窟等共 552 个石窟的历代壁画，总面积达 5 万多平方米，规模巨大，内容丰富，技艺精湛，是敦煌艺术的主要组成部分，是中国乃至世界壁画史上的奇迹。

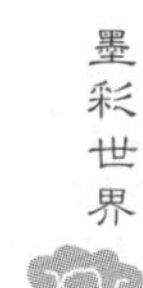

敦煌壁画

（一）敦煌壁画的独特风格

敦煌壁画的内容是描写神的形象、神的活动、神与神的关系、神与人的关系，寄托人们善良的愿望，安抚人们的心灵。因此，敦煌壁画的风格具有与世俗绘画不同的特征。

敦煌壁画中有神灵形象（佛、菩萨等）和凡人形象之分，这两类形象都来源于现实生活，但是具有不同的性质。从形象造型上说，凡人形象被赋予更加浓郁的生活气息和鲜明的时代特征，而神灵形象变化较少，想象和夸张成分较多。从衣冠服饰上说，凡人多为中原汉装，神灵多保持异国衣冠。从晕染手法上说，画凡人多采用中原晕染法，画神灵多采用西域凹凸法。所有这些都随着时代的不同而有所变化。敦煌壁画中有许多飞天，衣裙飘曳，彩带飞舞，凌空翱翔。敦煌飞天是中国艺术家天才的创作，是世界美术史上的奇迹。

（二）敦煌壁画对传统绘画的继承

任何艺术都源于现实生活，任何艺术都有它的民族传统，因而它们的形式多出于共同的艺术语言和表现技巧，具有共同的民族风格。

敦煌壁画继承了传统绘画的变形手法，巧妙地塑造了各种各样的人物、动物和植物形象。时代不同，审美观点不同，变形的程度和方法也不同。早期变形程度较大，有较多浪漫主义成分，形象的特征鲜明突出；隋唐以后，变形较少，立体感较强，写实性日益浓厚。

项目三　中国传统书画的文化特征

中国传统的书法与绘画有非常密切的联系。书法与绘画有共同的起源，最初的文字具有描画事物的意味，可能从图画发展而来；笔墨纸砚是书法与绘画的共同工具；书法与绘画都是线形艺术，书法是用线条表现，中国画也是以点线为主的艺术，与西洋画的板块表现手法不同；书法与绘画你中有我，我中有你，中国画常用文字题于画中，使文字成为构图的组成部分，书法中的草书龙飞凤舞，恰似一幅大写意的中国画。中国传统书法与绘画从理论到技法都是相通的，两者难以分家，因而历来有“书画同源”的说法。

一、尚意写神

中国书画以尚意写神为原则，作者常把书画对象作为自我思想情感的表现中介。中国书法线条丰富多彩，跌宕多姿，是书法家情感的自然抒写。中国绘画常以散点透视的方法，“以大观小”“以咫尺之幅，写千里之遥”，使客观景物按照作者心灵的感受加以显现，不求形似而求神似。

二、重视气韵

气韵生动是中国书画的重要理论，它的核心在于表现作品内在的生命感，使作品符合自然之景、宇宙之情，生动流畅。气韵是人对客观事物的一种感觉，对气韵的把握在于人格的修养。因此，中国的书画评论者常常拿人格与书画相比拟，有字如其人、画如其人的说法。

三、整体和谐

中国书画的构图布局强调整体和谐，各线条、景物之间的关系有主次、虚实、轻重之别。墨的浓淡枯湿、点画的长短曲直、运笔的行留迟速，都要根据主题思想来调度，使得虚实相生，互相衬托，产生无字无画处也成妙境的艺术美感。

四、天人合一

所谓“天人合一”，是中国古代哲学关于天人关系的一种学说，它不仅构建了中华传统文化的主体，更成为中国艺术的核心价值。“天人合一”思想既尊重大自然又符合人性，是在深刻参透自然的内在规律后，合理发挥人类的主观能动性。只有在充分了解大自然、尊重客观规律并且注入人类的创作热情之后创作出的作品，才能真正引起观赏者的共鸣，从而达到主客观的完美融合。

最经典的例子莫过于郑板桥的“胸有成竹”典故。在“眼中之竹”到“心中之竹”再到“手中之竹”的过程中，天人合一的思想便在不知不觉中得到体现。

汉字本身就是对自然物象的抽象概括，它通过文辞、用笔、结字、章法等，凝练了古人对生命律动的把握与表现，表达了中国人独特的审美自然观和情感意蕴，这正是中国传统哲学中的“天人”思想的体现。古人传述仓颉造字的情形：“颉首四目，通于神明，仰观奎星圆曲之势，俯察龟文鸟迹之象，博采众美，合面为字。”意指仓颉对世界有极广的观察力，从天上的星象造型到地上的鸟兽形状，大自然的各种物象都成为他造字的素材，后来汉字从象形发展到假借、形声，字形不断简洁抽象，但是依然与物象有着紧密的联系。

【微课扫一扫】

汉字传统构造方法

书法的含义及审美

书体的形成与发展

中国传统书法发展历史

测一测

一、单项选择题

1.（　　）是中国文字的开始，同时也是中国书法的奠基。

A. 甲骨文　　B. 金文

C. 篆书　　D. 楷书

2. 小篆是（　　）创造的。

A. 李斯　　B. 韩非

C. 荀子　　D. 赵高

3. 小篆是由（　　）演变而来的。

A. 甲骨文　　B. 隶书

C. 大篆　　D. 楷书

4. 下列选项不属于唐朝楷书四大家的是（　　）。

A. 柳公权　　B. 颜真卿

C. 欧阳询　　D. 欧阳修

5.《清明上河图》的作者是（　　）。

A. 顾闳中　　B. 荆浩

C. 吴道子　　D. 张择端

二、判断题

1. 甲骨文作为一种成熟的文字系统，奠定了书法美学的坚实基础。（　　）

2. 在唐朝建立之初，书法并没有得到重视，而是在中唐后才逐渐得到重视并被确立为国学之一。（　　）

3. 草书结体采取的种种化繁为简的方法是公认的约定俗成的准则，不能自己随意创造。（　　）

4. 书法的繁荣期是从元明之后开始的。（　　）

5. 因为中国书法与音乐一样，寓杂多于统一，讲究对称与呼应、节奏与韵律，因此中国书法也被称为无声之音。（　　）

6. 宣纸中，生宣宜用于写意绘画创作，熟宣宜用于工笔画或书法创作。（　　）

实践体验与知识拓展

1. **临摹：** 书法字帖。

   要求： 选择楷书、行书字体进行临摹体验。

   内容： 自己喜欢的诗词歌赋。

   主题： 自拟，需积极健康向上，弘扬主旋律。

2. 推荐观看中央电视台推出的文博探索类节目《国家宝藏》。

模块六

曲声悠扬　百年传唱

学习目标

1. 了解中国传统戏曲的形成与发展，提高对戏曲艺术的鉴赏力。

2. 学会欣赏戏曲之美，提升对戏曲的认知度和理解力，丰富传统知识。

3. 增强对民族文化的自信心和自豪感，增进对国家、民族的历史使命感和社会责任感。

人文精神荟萃

优秀文艺作品的德育功能与美育功能　本土特色文化的保护、宣传与传承

情景导入

黄文秀研究生毕业后，放弃大城市的工作机会，毅然回到家乡，在乐业县百坭村的脱贫攻坚第一线倾情投入、扎根泥土、奉献自我，用美好的青春诠释了共产党人的初心使命，用青春的脚步丈量扶贫工作之路。她把青春风华写在了时代，写在了壮乡，激励着当下更多的青年投身到乡村振兴第一线。

广西壮族自治区戏剧院创作演出的《黄文秀》以小见大，以“土”为戏，“土洋结合”，用黄文秀家乡的壮剧与轻松、生动的轻喜剧口吻来歌唱黄文秀，让舞台上树立的黄文秀形象更接地气、更生活化，更符合艺术创作的发展规律和群众的审美情趣，更能表现黄文秀扎根泥土的生活形象。剧中浓浓的艺术化的广西壮乡风情，也反过来映衬和凸显黄文秀的扶贫故事与情怀。这部壮剧加入了轻喜剧的表达与现代戏剧的舞台表现，显现出本剧的戏剧气派，调动了观众的审美兴致和艺术想象。

《黄文秀》中的曲调多来自黄文秀家乡的民间戏曲、曲艺和山歌，如正调、喜调、哭调、采花调、高腔、“呀哈嗨”腔、平板、散板、末伦、田阳山歌等，采用板、腔、调并用的戏曲音乐手法，表现本剧的主题思想和主旋律。多种壮剧曲调的运用，既表现了黄文秀的奉献精神，也折射出脱贫攻坚工作的艰辛，突出了新时代青春之歌的主旋律、大旋律。

壮剧《黄文秀》运用富于歌唱性的壮族戏剧样式来讴歌黄文秀的青春风

华，就是在为人民创作、为时代放歌，能较好地发挥舞台艺术作品写意与写实相结合的艺术特性和传播作用。这对感召和激励当代青年具有一定的时代价值和精神价值。

项目一　中国传统戏曲的历史发展

一、中国传统戏曲的萌芽

中国戏曲艺术的萌芽，最早可追溯到原始社会时期巫术活动中的歌舞表演。巫术活动中的歌舞表演主要是傩舞，这是后世傩戏、傀儡戏和木偶戏的最初来源和雏形。古代宫廷中“优”的表演是有文献记载的戏曲的最早来源。“优”是古代王公贵族养的演员，专门以诙谐、杂要、歌舞表演来取悦帝王公卿。其中，善歌舞表演的叫作“倡优”，善辞令调笑的叫作“俳优”，善演奏乐器的叫作“伶优”。他们身份特殊，可以通过滑稽表演来劝谏君王而不受惩罚。司马迁在《史记·滑稽列传》中记载了“优孟衣冠”的故事。情节大致是：春秋时期楚国名相孙叔敖与优孟交好，临终时孙叔敖叮嘱儿子遇到困难时可找优孟帮忙。后其子生活困顿，无奈找到优孟，优孟对楚庄王冷落已故忠臣的做法十分不满，于是仿照孙叔敖生前的行为举止练习了一段时间。一次趁着楚庄王宴请宾客之机，他穿着孙叔敖的衣服扮作孙叔敖的样子为庄王做寿。庄王大惊，以为是孙叔敖重生了，想让优孟来做楚相。优孟却说，当年孙叔敖当楚相时，兢兢业业、克已奉公，助庄王成就霸业，然死后其子却一贫如洗，实在不值得。楚庄王听后大惭，于是召见孙叔敖之子，给他赏钱财赐封地。从这个故事可以看出，优孟在表演中扮演人物且具有歌舞表演的行为，实际上已经蕴含了戏曲的部分基本特征。

上述巫术祭祀中的傩舞、先秦时期“优伶”的歌舞表演虽然不能算作严格意义上的戏曲，但已经具备了戏曲表演的某些基本特点，且对后世戏曲的形成有着深远的影响。

秦汉以后，民间开始出现“百戏”，也被称为角抵戏。演出阵容可大可小，表演形式丰富多彩，其内容题材多源于神话传说，表演时与杂技等混杂在一起。据张衡《西京赋》记载，当时的“百戏”形式有走索、吞刀、吐火等，代表作有《鱼龙曼延》《总会仙倡》《东海黄公》等，在汉代画像砖、壁画、陶俑中，我们可以窥见当年演出的盛况。魏晋南北朝直至唐代的“参军

戏”和“歌舞戏”，相对于汉代“百戏”而言，更接近于后世的戏曲表演形式。“参军戏”产生于东晋时期，是一种有故事情节和表演人物的戏剧形式，其内容以滑稽、笑谑为主，一般由“参军”和“苍鹘”两个角色扮演，在唐宋得以流行。“歌舞戏”产生于南北朝时期，是一种有故事情节表演、载歌载舞兼有伴唱伴奏的戏剧形式，如王国维所说“以歌舞演故事”。代表剧目有《兰陵王》（“大面”戏）、《格兽复仇》（“钵头”）、《踏谣娘》（全能戏）等。《兰陵王》讲述北齐兰陵王常戴假面具上阵杀敌的故事;《格兽复仇》是胡人被猛虎吞噬，其子披发素衣上山寻虎为父报仇的故事;《踏谣娘》是一出讽刺喜剧，男扮女装，小丑扮相，演唱形式为一唱众和。

二、中国传统戏曲的形成与发展

中国戏曲真正形成的时间是在宋代，宋代的北曲和南曲是我国最早出现的戏曲声腔。从宋元至明代，我国戏曲艺术的形成与发展经历了南北曲兴起、昆山腔与弋阳腔争艳的时代。

（一）南北曲兴起的时代

北曲主要盛行于宋代的北方地区，又称为“宋杂剧”。它是在唐宋大曲、宋代唱赚、诸宫调等音乐的基础上，吸收了北方当时流行的民间曲调形成的曲牌联套的戏曲音乐形式。北曲在咬字行腔、声韵、表演技巧方面都有一定的讲究，演出结构一般分为艳段、正杂剧、散段三个部分，以表演诙谐打趣的故事情节。行当角色有付净、付末、孤和旦四类，其中付净是发呆装傻的角色，付末是以付净为对象进行打趣逗乐的角色，孤扮演官吏的角色，旦扮演女性的角色。从现存的北曲剧本来看，诙谐与讽刺题材是宋杂剧剧本的主要特色。北曲不仅在宫廷进行表演，也在民间的勾栏、瓦子等主要演出场所进行商业演出。此外，北曲与世俗民风、宗教信仰高度结合，常演出大型的剧目，据宋代孟元老《东京梦华录》记载，京城汴梁的北曲艺人连演七日《目连救母》，当时前往观剧者人潮涌动，北曲在宋代演出的盛况可见一斑。

北宋灭亡后，金人将北曲演出的底本改名为金院本。金院本与北曲一脉相承，只是名称不一样而已。

南曲又称为南戏，产生于北宋末年南宋初年的浙江永嘉地区（现在的温州）。南曲在南方民间歌舞音乐的基础上吸收了北曲和说唱音乐风格，同样形成了曲牌联套的戏曲音乐结构。其演唱与表演形式比北曲自由灵活，行当分生、旦、净、末、丑、外、贴七类。南曲的剧目多以男女婚姻爱情以及鞭挞负心汉为题材。早期著名的剧目有《张协状元》《赵贞女蔡二郎》等。至元末，南曲向“传奇”的方向发展，出现了“荆（《荆钗记》）、刘（《刘知远白兔记》)、拜(《拜月亭记》)、杀(《杀狗记》)”四大剧以及《琵琶记》等著名作品。

南北曲风格各异，北曲音乐雄浑健朗，南曲音乐清婉柔和，二者经过长达百年的历史积淀，终于迎来了我国戏曲发展的第一座高峰——元曲。

元曲包括杂剧、散曲，有时专指杂剧。元杂剧是在宋代北曲的基础上发展而成的戏曲形式，随着元朝统一全国，元杂剧逐渐向南流传，并成为影响广泛的全国性剧种。元代科举制的一度中断使知识分子对仕途彻底无望，因此，元代的文人阶层由彷徨苦闷转而参与戏曲创作。以关汉卿、马致远等人为代表，他们在戏曲领域尽情挥洒个人的才智与豪情。据元末钟嗣成的《录鬼簿》所载，元杂剧的作家约 79 位。而被称为“元曲四大家”的关汉卿、马致远、郑光祖、白朴，以及王实甫等人书写了众多元杂剧的不朽篇章。如关汉卿的《窦娥冤》《救风尘》《单刀会》，马致远的《汉宫秋》，郑光祖的《倩女离魂》，白朴的《墙头马上》等，再加上王实甫的《西厢记》，共同造就了元杂剧的辉煌历史。

元杂剧大多沿用北曲的表演程式，一般每出戏共四折，音乐为曲牌联套的结构，一折由若干个宫调相同的曲牌音乐组成，不同折之间的音乐采用不同的宫调。行当角色分为正旦、正末、净、丑四种，演出形式由“曲”(歌唱)、“宾白”(念白)、“科”(动作表演)构成。由一人主唱，一般由正旦主唱的叫“旦本”，正末演唱的叫“末本”。元杂剧的音乐带有鲜明的北曲音乐风格特征，采用七声音阶，音调起伏较大，风格刚健明朗。一般用鼓、板、笛等乐器伴奏。

(二)昆山腔与弋阳腔争艳的时代

明初，盛行一时的北曲开始走下坡路。由于北曲(杂剧)的剧本文学创作越来越脱离时代和广大民众的精神需求，思想进步的好作品稀少，而且艺术表演手段、戏曲唱腔音乐逐渐僵化，越来越不适应民众的审美需求，喜欢北曲的观众日渐稀少。而南曲在我国南方地区的发展充分结合了当地的语言因素与民间音乐形式，表演不拘一格，善于吸收并创造出当地民众喜欢的音乐曲调与戏曲表演形式。于是在元末明初“传奇”的基础上，衍生出四大声腔——余姚腔、海盐腔、弋阳腔和昆山腔。

明代“四大声腔”实际上是以地域名称来命名的，它们是南曲(传奇)流传到不同地区而产生的地方性声腔。其中，余姚腔与海盐腔都流传于浙江地区。不同的是，海盐腔流行于士大夫与官绅阶层，采用当地“官话”演唱，用鼓、板、锣等打击乐器演奏，风格秀丽委婉；而余姚腔则在当地底层民众中流传，为士大夫所不齿。弋阳腔流传于江西弋阳，它的演唱即兴成分较多，保留了原来南曲中的即兴创作传统。在流传过程中很快能与当地土腔老调相

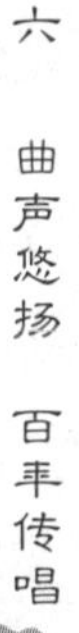

结合，采用地道的方言演唱。只用锣鼓等无旋律的乐器伴奏，演唱时一领众和，有人声帮腔。现代学者公认，弋阳腔是我国各地高腔剧种的始祖。昆山腔流传于江苏昆山一带，是四大声腔中出现时间最晚，然而发展速度最快的声腔。其最初仅仅是昆山土戏，后来经魏良辅等一批文人乐工的创造性改革，发展出以“水磨腔”为代表的昆山腔演唱体系，音乐风格委婉细腻、轻柔舒缓。在演唱方法与咬字行腔方面都有严格要求，伴奏乐器有弦索、箫管、鼓板等。代表作有梁辰鱼的《浣纱记》、汤显祖的《牡丹亭》等。清代则有洪昇的《长生殿》、孔尚任的《桃花扇》等昆曲经典之作。

明代“四大声腔”发展到后来，只有昆山腔与弋阳腔不断发展壮大，成为影响后世戏曲剧种的主要声腔。原因在于昆山腔不断吸收海盐腔、原昆山腔乃至北曲的众多优点，创立了流传至今的“昆腔”艺术，在戏曲音乐体制上开启了曲牌联套体的典范形式。而弋阳腔，即后世的高腔，由于可以“错用乡语，改调歌之”，在广大乡村适应能力强，流传范围广。所以，昆腔、高腔至今仍然占据我国戏曲声腔系统中的主要位置。

三、中国传统戏曲的兴盛与辉煌

中国戏曲的进一步发展与繁荣，主要是明清时期至 20 世纪，先后经历了梆子腔、皮黄腔的兴起和清代的花雅部之争，京剧的形成与各地方戏曲剧种强势崛起，新中国戏曲艺术领域出现的“百花齐放、推陈出新”三个主要阶段。

（一）梆子腔、皮黄腔的兴起与花雅部之争

昆山腔与弋阳腔从明代兴起后，一直发展到清代中期。清初，北方的戏曲开始流行梆子腔，南方的戏曲流行皮黄腔，而且逐渐有取代昆山腔和弋阳腔之势。北方的梆子腔因演唱时以梆子击打节奏而得名，又名“乱弹”，主要流传于古代的“秦”地——陕西、甘肃一带，故称为秦腔。秦腔向东发展，不断融合山西、河北一带的地方音调语言特征，进一步形成了山西梆子与河北梆子。从明末清初至清代中叶，梆子腔逐渐成为影响全国的戏曲声腔形式。梆子腔对于戏曲音乐体制的最大贡献是将之前的曲牌联套体转向板式变化体音乐结构。相对于曲牌联套体而言，板式变化体音乐更易于戏曲艺人掌握，而且板式变化的收缩性比较灵活，音乐的戏剧性风格与张力进一步得到丰富。

皮黄腔是以“西皮”“二黄”为基础融合而成的戏曲声腔，有的地方戏曲也叫“南路”“北路”。与北方的梆子腔一样，皮黄腔也采用板式变化体音乐结构。调式色彩丰富多变，在正调之外还发展出反调，音乐个性鲜明，具

有较强的音乐表现力。南方地区的皮黄腔在许多戏曲剧种中得到大量运用，京剧就是其典型代表。

到这个时候，因梆子腔、皮黄腔的出现与兴起，我国的戏曲声腔音乐开始打破曲牌联套体一统江山的局面，逐渐进入板式变化体与曲牌联套体音乐结构争奇斗艳的繁荣时期。

清代的“花雅部之争”代表了文人士大夫与社会普通民众在戏曲审美喜好层面的雅俗之争。其中，“花”“雅”最初是指以弋阳腔为代表的“俗”部和以昆山腔为代表的“雅”部。清代乾隆时期的文献《扬州画舫录》曾明确指出雅部是指昆曲；花部其实就是昆曲之外的所有戏曲剧种，梆子腔、皮黄腔和从弋阳腔发展而来的高腔是花部的典型代表。“花雅部之争”的结果，是花部戏曲声腔以其顽强的艺术生命力和适应时代的戏曲审美需求，在清代嘉庆道光年间跻身于全国戏曲声腔之列。从此，我国戏曲艺术开始步入“四大声腔”——昆腔、高腔、梆子腔、皮黄腔为主导的时代。

（二）京剧与地方戏曲崛起的时代

清代初期，西皮与二黄声腔并没有合流，而是在各自所属的戏曲中演唱自己的唱腔音乐，清代乾隆年间，湖北的汉剧（即“楚调”）才将西皮二黄进行合流并取长补短，形成最初的皮黄腔。乾隆五十五年（1790 年）四大徽班进京，以徽剧与汉剧为基础，充分吸收融合昆曲、秦腔等声腔的优势，形成了京剧。京剧发展过程中，清代中后期先后出现了程长庚、张二奎、余三胜以及承上启下的京剧表演大师谭鑫培等，民国年间更是涌现了“四大名旦”——梅兰芳、程砚秋、荀慧生、尚小云等众多杰出的表演艺术大师。

板式丰富的戏曲音乐结构体制，让皮黄腔在我国南方戏曲剧种中得到广泛传播，川剧的胡琴腔、滇剧的襄阳腔、湘剧及祁剧的南北路均是受其影响的历史产物。

清末至 20 世纪上半叶的近百余年间，正当高腔、昆腔、梆子腔、皮黄腔“四大声腔”逐渐成为全国性的主要戏曲声腔之时，各个地方的小戏也逐渐出现并登上历史舞台。特别是来源于民间歌舞音乐的，以生、旦、丑为基础的表演的“两小戏”“三小戏”，衍生出南方各地的采茶戏、花鼓戏、花灯戏等；来源于民间说唱音乐的小戏则演变为浙江越剧、山东吕剧、河北评剧、上海沪剧等地方戏曲；有着梆子腔、皮黄腔等板式变化体声腔传统的河南豫剧、广东粤剧也逐渐成为在全国影响较大的地方戏曲剧种。

（三）戏曲艺术迎来新发展

1949 年，中华人民共和国成立，我国各项文艺事业也迎来了百花齐放的春天。戏曲艺术从此有了国家的扶持，也开始走出国门，获得了与世界各

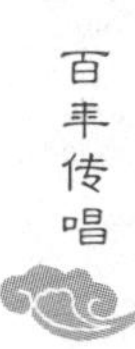

国戏剧艺术进行交流的机会。

此阶段，戏曲界的主要任务是改革传统戏和编演现代戏。其中，改革传统戏作为政府文化部门的工作重点，国家陆续出台了一系列政策和文件，建立了许多实验性的戏曲改革机构。1951 年中国戏曲研究院成立，京剧大师梅兰芳任院长，毛泽东主席亲自题词“百花齐放推陈出新”。1952 年 10 月至 11 月，“第一届全国戏曲观摩演出大会”在北京举行。此后，戏曲改革过程中又陆续产生了一批影响较大、群众反响较好的作品。这一时期新编剧目以河北评剧《刘巧儿》、安徽黄梅戏《天仙配》以及沪剧《罗汉钱》的艺术成就最高、影响最大。

1964 年，“全国京剧现代戏观摩演出大会”在北京隆重举行，先后演出了《红灯记》、《芦荡火种》（即后来的《沙家浜》）、《智取威虎山》等现代革命京剧，为京剧音乐的改革与创新提供了许多有益的经验。在保留京剧“原汁原味”的前提下，加进新的音乐素材与创腔手法，完成塑造人物、抒发情感、展现冲突的艺术任务，刘吉典、于会泳等在这些方面做出了大胆的探索。

项目二　传统戏曲：南腔北调，各有特色

一、昆曲

明代人称南戏为传奇。明以后，杂剧形渐衰落，传奇音乐独主剧坛，兼收杂剧音乐，改名昆曲。昆剧，是中国古老的戏曲声腔、剧种。在历史的演变过程中，昆剧曾经有“昆山腔”（简称“昆腔”）、“昆调”、“昆曲”、“南曲”、“南音”、“雅部”等各种不同的名称。一般而言，着重表达戏曲声腔时用昆山腔，表达乐曲尤其是脱离舞台的清唱时用昆曲，而特指表演艺术的戏曲剧种则称作昆剧。

昆剧的兴盛和它称霸剧坛的时间长达约 230 年（约 1570—1800 年），即从明代隆庆、万历之交开始，到清代嘉庆初年。这是昆剧艺术最辉煌和成就最为显著的阶段，出现“家家收拾起、户户不提防”的繁荣景象。剧作家的新作品不断出现，表演艺术日趋成熟，行当分工越来越细致。从演出形式看，由演出全本传奇，变为演出折子戏。折子戏的演出既删除了软散的场子，又选出剧中的一些精彩的段落加以充实、丰富，使之成为可以独立演出的短剧。

折子戏以其生动的内容、细致的表演、多样的艺术风格弥补了当时剧本的冗长、拖沓、雷同的缺陷，给昆曲演出带来生动活泼的局面。

昆曲剧目丰富，剧本文词典雅华美，文学性很高。单单看剧本，就是一种美的享受。许多唱词其实就是婉约凄美的诗词。昆曲成为明清两代拥有最多作家和作品的第一声腔剧种。昆曲拥有独特的声腔系统。它的发音吐字比较讲究四声，严守格律、板眼，唱腔圆润柔美、悠扬徐缓；它的曲调是中国古典文学中的曲牌体，每出戏曲都由成套曲牌构成。昆曲的表演更是舞蹈性很强，并与歌唱紧密结合，是一门集歌唱、舞蹈、道白、动作于一体的综合性很高的艺术形式。中国戏曲的文学、音乐、舞蹈、美术以及演出的身段、程式、伴奏乐队的编制等，都是在昆曲的发展中得到完善和成熟的。

二、京剧

京剧，曾称平剧，中国五大戏曲剧种之一，中国戏曲三鼎甲“榜首”，作为中国传统文化与美学精神的集大成者，京剧成为至今中国戏曲舞台上最具代表性、影响力的剧种，被誉为“国剧”“国粹”。分布地以北京为中心，遍及中国。京剧形成于北京，成熟于北京，因此定名为京剧。

京剧是我国的国粹，是流行于全国的重要剧种之一。迄今已有 200 多年的历史。清乾隆五十五年（1790 年），原来在南方演出的三庆、四喜、春台、和春四个徽调班社，陆续进京演出，同来自湖北的汉调艺人合作，相互影响，又接受了昆曲、秦腔的部分剧目、曲调和表演方法，并吸收了一些民间曲调，逐渐融合、演变，发展成为京剧。

京剧史上最早的流派产生于老生行当，即程长庚的徽派、张二奎的京派、余三胜的汉派，这三位艺术家被誉为“老生前三杰”。京剧的流派，是因表演风格不同而形成的不同艺术派别，是京剧艺术发展到成熟阶段的产物。在京剧发展的高峰时期曾涌现出众多著名演员，大都具有自己的风格特点，但仅此尚不能成为流派，还需有众多的艺术传人，方可称为流派。

清末，继“老生前三杰”之后京剧界出现被誉为“老生后三杰”的谭鑫培、孙菊仙、汪桂芬。其中谭鑫培博采众长，兼收并蓄，在唱腔、表演、声韵等方面突破陈规，大胆创新，影响深远，致使京剧老生行当有无腔不学谭的现象。

清末民初，艺术家王瑶卿则开拓了旦行的新路，在剧本、表演、唱腔、服饰、扮相等方面锐意革新，促进了旦角与生角并驾齐驱的发展。王瑶卿的学生很多，当时京剧界的优秀旦角包括四大名旦等，均出自他的门下，堪称京剧界的一代宗师。

20 世纪初、中期是京剧发展的鼎盛时期，这一时期，京剧界各行都涌

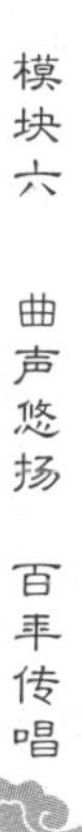

现出一大批高水平的演员。老生行当，继谭鑫培后，先后出现众多具有独特艺术风格的流派须生，如余叔岩、马连良、言菊朋、高庆奎、周信芳、杨宝森、奚啸伯和谭派传人谭富英。武生行出现了被称为武生泰斗的艺术家杨小楼、尚和玉、盖叫天等。

20世纪初、中期，旦行出现了四大名旦：梅兰芳、尚小云、程砚秋、荀慧生；四小名旦：李世芳、张君秋、毛世来、宋德珠。净行也出现了被誉为“花脸三杰”的金少山、郝寿臣、侯喜瑞和裘派花脸创始人裘盛戎。

早期京剧演出的主要场所是庙会和集市。演出时，演员面对神殿，看戏者背对着神灵。这一方面说明中国戏曲是由祭祀、娱神发展而来，另一方面也表明，随着时代的进步，戏曲已由娱神功能向娱人方向转化，这种露天演出的方式，造成了中国戏曲唱腔高亮、动作化妆都很夸张、服饰色彩鲜明等特点。

早期京剧在城市演出也都是露天舞台，北京的天桥就曾是露天舞台较为集中的地方。除此之外，都是在茶馆里演出，所以早期的京剧观众，其实是茶客，茶馆条件非常简陋，基本没有舞台，演员们在茶园的一侧演出，茶客们坐在另一侧喝茶、看戏。

直到清末，才陆续修建了一些专门用于戏曲演出的场地，俗称“戏园子”，但戏园大门的匾额上仍然写着“某某茶园”，仍然保留茶座，只收茶钱，不卖戏票。直到1908年，中国第一座新式舞台——上海的“新舞台”建成，彻底改变了戏园子的演出形式。此后各地新式舞台相继建成，茶园都慢慢改成戏院，京剧的剧场面貌和演出形式也随之发生变化。

还有一种演出形式叫“堂会”，大都在私人家里举办。这种演出方式是中国“宴乐”形式的延续，中国宫廷内部和贵族家庭，往往有在宴会上奏乐的习惯。堂会的观众都是被邀请而来的宾客，这时演出不能像广场上那样随意，这种封闭的、小型的厅堂演出形式，造成部分曲种向着细腻、雕琢的方向发展。

京剧表演的四种艺术手法：唱、念、做、打，也是京剧表演四项基本功。京剧脸谱中不同色彩代表不同性格的人物：红脸含有褒义，代表忠勇；黑脸为中性，代表猛智；蓝脸和绿脸也为中性，代表草莽英雄；黄脸和白脸含贬义，代表凶诈凶恶；金脸和银脸是神秘，代表神妖。

三、豫剧

豫剧，原名“河南梆子”，俗称“河南讴”“讴戏”“土梆戏”，是一个具有深厚群众基础的大剧种。清代末年，豫剧已流布了河南全省的腹心地域。新中国成立后更以罕见的速度发展壮大，遍及河南城乡各地，并流布台湾、新疆、甘肃、陕西、湖北、山西、山东、河北、四川、江苏等全国十几个省、自治区。至20世纪80年代中期，豫剧从演出团体、从业人数、观众数量等诸多方面跃居全国300多个地方剧种之首。豫剧的特点是生活化、平民化，质朴本色，雅俗共赏。

豫剧的传统剧目有1 000多个，其中很大一部分取材于历史小说和演义。如封神戏、三国戏、瓦岗戏、包公戏，以及以宋朝为背景的戏如杨家将和岳家将等题材，还有很大一部分描写爱情、婚姻、道德伦理的戏。新中国成立之后，出现了不少描写现实生活的现代戏和新编历史剧。比较有代表性的有《春秋配》《梵王宫》《三上轿》《黄鹤楼》《三拂袖》《涤耻血》《桃花庵》《对花枪》《天地配》《铡美案》《龙凤令》《玉虎坠》《十面埋伏》《南阳关》《金囍记》《贺后骂殿》《对绣鞋》《天国盛会》《秦雪梅》《三上关》《女贞花》《劈山救母》《香囊记》等。

2006年，豫剧经国务院批准，被列入第一批国家级非物质文化遗产名录。2019年11月，文化和旅游部办公厅组织开展了国家级非物质文化遗产代表性项目保护单位检查和调整工作，豫剧保护单位为河南省非物质文化遗产保护中心。

四、越剧

越剧流行于浙东地区，前身是浙江嵊县一带盛行的说唱艺术——落地唱书。于1906年诞生，时称“小歌班”。1942年10月，著名越剧表演艺术家袁雪芬对传统越剧进行了全面的改革，称为“新越剧”。

新越剧改变了以往“小歌班”明快、跳跃的主腔四工腔，变为哀婉舒缓的唱腔曲调，即尺调腔和弦下腔。后来这两种曲调成为越剧的主腔，并在此基础上，逐渐形成了各自的流派唱腔。

越剧借鉴了昆曲、京剧中的舞蹈身段和程式动作，同时也吸收了话剧、电影刻画人物性格、心理活动的表演方法，形成了自我独特的写意与写实结合的风格。

越剧有许多经典的剧目，如《梁山伯与祝英台》《祥林嫂》《西厢记》《红楼梦》等。新中国成立后，越剧还涌现了《五女拜寿》《汉宫怨》《胭脂》《春江月》《桐江雨》《花烛泪》等一批优秀剧目。

五、黄梅戏

黄梅戏是以安徽省安庆地区民间音乐为基调，用安庆方言演唱的地方戏曲艺术，是安徽省主要地方戏曲剧种之一，也是中国五大戏曲剧种之一，被誉为“中国最美乡村音乐”。黄梅戏曾用名小戏、采篮戏、采茶戏、花鼓戏、

二高腔、黄梅调和皖剧，也曾被称为“怀腔”或“府调”，1953 年安徽省黄梅戏剧团的成立，始定名为“黄梅戏”。2006 年国务院批准黄梅戏为第一批国家级非物质文化遗产，同时授予安庆市黄梅戏（地方戏曲）研究院为该项目的传承保护单位。

黄梅戏的声腔，取材于安庆周边乡村的茶歌、山歌、秧歌、渔歌等民歌，以及鼓书、琴书等民间说唱音乐和一些宗教音乐，并广泛汲取融汇青阳腔、高腔、徽调等音乐元素和联曲方法，形成了花腔和主调两大腔系。花腔属民歌曲牌体，保留至今的曲调仍有近两百支。主调是板腔体声腔体系，以平词为基础，包括八板、火工、二行、三行、彩腔、仙腔、阴司腔、对板、哭板等。曲调委婉优美，语言通俗风趣，情调丰富生动，赋有浓郁的地方特色。

黄梅戏的剧目，源自民歌和民间灯会歌舞，取材于民间趣闻，大约于清嘉庆、道光年间形成“两小戏”“三小戏”；后来又根据真人真事不断编创新剧、大戏，又从青阳腔、徽调等剧种移植大小剧目，逐步积累为既广收博采，又彰显地方风味和平民情趣的传统剧目库藏，世称“三十六大本，七十二小帷”。

黄梅戏自清光绪初年开始尝试从乡村往城市发展，1952 年，黄梅戏应邀赴上海演出一举唱响；1954 年参加华东戏曲会演一炮走红。随后，电影艺术片《天仙配》《女驸马》《牛郎织女》相继问世，黄梅戏人创造了数度辉煌。这个被誉为“散发着泥土芳香”的地方戏曲，如“山野吹来的风”流播全中国，享誉海内外。

六、其他有特色的传统戏曲剧种

（一）粤剧

粤剧，中国汉族地方戏曲，又称“广府大戏”“广东梆黄”“广东梆子”“广东大戏”，是广东省地方代表戏曲之一。发源于佛山，其源流可溯到明嘉靖年间。

由于广府人的先祖来自不同地域，因此粤剧的发展也受到弋阳腔、昆腔、汉剧、秦腔等多个剧种的滋润与影响，取各家之长，自成风格，既与传统的戏曲文化一脉相承，又具有浓郁的岭南文化特色。

最初，粤剧演唱用的是桂林话，后来逐渐演变成粤语，流行于两广和港澳地区。随着广府人徙居海外开枝散叶，粤剧也变成了世界上流传最广的地方剧种，可谓有华人的地方必有粤剧。

周恩来总理曾经说过“昆曲是江南的兰花，粤剧是南国的红豆”，把粤剧与中国最古老的昆剧相提并论，给予高度的评价和赞扬，从此，“南国红豆”

成为粤剧的美称。粤剧不但深受广东人喜爱，而且深受云、桂人民和港澳同胞以及海外华人的喜爱，是中国最先走向世界的剧种，可见其魅力四射。如今，粤剧剧目已有 11 000 多个，堪称世界之最。

粤剧唱腔以梆子、二黄的板腔体为主，曲牌体为辅。同时保留了南音、粤讴、木鱼、龙舟、板眼等广东民间腔调。伴奏器材分管弦乐和打击乐两种。管弦乐以高胡、二弦、扬琴等乐器为主，打击乐则有沙鼓、卜鱼、高边鼓、大钹等。

最初粤剧的角色行当为末、生、旦、净、丑、外、小、夫、贴、杂 10 大行，后来简化为“六柱制”，即文武生、小生、正印花旦、二帮花旦、丑生、武生。粤剧的表演粗犷、质朴。好的演员一般都具有耍筋斗、滑索、踩跻、运眼、甩发、髯口等绝活。

粤剧的传统剧目，早期有“江湖十八本”。清同治年间，又有《西河会》《双结缘》《雪重冤》等所谓“新江湖十八本”。清光绪中叶，则出现了偏于唱功的“粤剧文静戏”，如《仕林祭塔》《黛玉葬花》。新中国成立后，经过整理改编的剧目有《宝莲灯》《平贵别窑》《赵子龙催归》等。

（二）川剧

川剧，是中国戏曲宝库中的一颗光彩照人的明珠。它历史悠久，保存了不少优秀的传统剧目、丰富的乐曲和精湛的表演艺术。川剧是在巴蜀土壤、气候中产生和发展起来的，具有巴蜀人的语言特色和音乐风味。

川剧，是四川文化的一大特色。成都，是戏剧之乡。早在唐代就有“蜀戏冠天下”的说法。清代乾隆时在本地车灯戏基础上，吸收融汇苏、赣、皖、鄂、陕、甘各地声腔，形成含有高腔、胡琴、昆腔、灯戏、弹戏五种声腔的用四川话演唱的“川剧”。其中川剧高腔曲牌丰富，唱腔美妙动人，最具地方特色，是川剧的主要演唱形式。

川剧的表演特点是真实细腻，幽默风趣，乡土气息浓厚。川剧的一大特色是运用托举、开慧眼、变脸、钻火圈、藏刀等特技来刻画人物性格，展现舞台多彩而神秘的气氛。此外，川戏锣鼓在营造川剧音乐氛围中起着举足轻重的作用。川剧中最有名的技巧为变脸，它有拭、揉、抹、吹、画、戴、憋、扯等方法。

川剧的剧目众多，有 2 000 余种。代表剧目有“五袍”“四柱”“四大本头”之说。“五袍”即《青袍记》《绿袍记》《黄袍记》《白袍记》《红袍记》。“四柱”即《碰天柱》《水晶柱》《九龙柱》《五行柱》。“四大本头”是指《金印记》《琵琶记》《红梅记》《投笔记》高腔四大本。川剧为世人所喜爱并远涉重洋传遍世界，川剧名戏《白蛇传·金山寺》更是在国内外流传甚广。

项目三　丰富多彩的广西地方戏曲

一、桂剧

桂剧（俗称桂戏或桂班戏），广西地方传统戏剧，国家级非物质文化遗产之一。

桂剧大约发端于明代中叶。明末清初，昆山、弋阳和乱弹等声腔已流行于桂林一带，几种声腔相互融合形成声调优美、抑扬有致的桂剧。桂剧表演细腻贴切、生动活泼，借助面部表情和身段姿态传情，注重以细腻而富于生活气息的表演手法塑造人物。

清雍正年间（1723—1735年），桂林已有独秀班等昆班。清乾隆年间（1736—1795年），又有湖南祁阳班频繁到桂林演出。祁阳班在桂林演出期间受广西官话（桂林话）影响，逐渐改变语音。一部分祁剧艺人落户桂林后，开始用桂林话演唱祁阳戏，时人称为桂林班，后人即称之为桂剧。最早的桂剧班社，有清道光年间（1821—1850年）唱多种声腔的三合、三庆等名班，之后又有瑞华、老仁和、上升、卡斌、锦华等班。从光绪八年（1882年）开始，桂林各地相继出现宝华群英、翠华、兰斌小社等桂剧科班，自此桂剧与祁剧逐渐分野，但桂剧与祁剧艺人时有相互搭班演出，相互聘师传授技艺。由于戏路接近、语音相似，祁、桂艺人长期同台、同剧演出，使桂剧声腔、演技深受影响，发展日臻成熟。桂剧剧本的创作可追溯到光绪二十二年（1896年），唐景崧为“桂林春班”撰写《看棋亭杂剧》40出，成为桂剧第一批独有剧目。

第一个桂剧女科班福珍园创办于1912年，直至20世纪20年代女科班兴起，培养了一大批女演员，尤其是和园甲、乙两个女科班对桂剧发展影响较大。之后男女科班达30多所，为桂剧培养了不少人才。

光绪二十八年（1902年），桂林建立起第一个戏院——景福园，之后又相继建起和园、仪园戏院。从此，桂剧逐渐进入剧场作固定性的演出。这些戏院竞相去天津、上海等地聘请京剧演员来桂林演出，自此京剧不断流入，在剧目、表演、化妆、服饰、布景等方面，京剧艺术对桂剧的改革产生了很大影响。

1938年后，著名戏剧家欧阳予倩应聘来到桂林从事桂剧改革工作，建立了广西戏剧改进会；1939年成立桂剧实验剧团，由欧阳予倩任团长，建立导演制，吸收新唱腔，编演新剧目，采用布景，美化舞台，开办桂剧学校，使桂剧有了新的起色。20世纪30年代末40年代初，欧阳予倩为桂剧创作、改编和加工整理一大批新剧目，如《梁红玉》《打金枝》《断桥》等，这些曲目经他指导排练，参加1944年西南剧展展演，效果极佳，广获好评，桂剧从此进入中国十大戏曲剧种行列。2006年5月20日，桂剧经国务院批准，被列入第一批国家级非物质文化遗产名录。

二、壮剧

壮剧又叫“壮戏”，是壮族戏曲剧种的统称，流行于广西壮族自治区西部和云南省文山壮族苗族自治州的富宁、广南一带。壮剧是在壮族民间文学、歌舞、说唱艺术的基础上发展形成的，在发展过程中也曾受到汉族民间艺术和戏曲的影响。

旧时壮族自称“布托”，意即“土著者”“本地人”，把壮戏称为“昌托”，即“土戏”，以别于汉族剧种。壮剧还有四个俗称：板凳戏——一人或两人坐在板凳上演唱；门口戏——移板凳于门口处演唱；平地戏——在宽敞的平地上演唱；游院戏——游院串寨演唱。

壮族主要有七种传统戏剧：流行于靖西、德保的德靖木偶剧，流行于靖西、德保、那坡的马隘壮剧，流传于田林、凌云、乐业、百色等桂西一带的田林壮剧，流传于隆林的隆林壮剧，流传于文山富宁县的富宁壮剧和广南壮剧，流传于武鸣、河池、宜山、来宾、贵县等地的师公戏。由于地域环境、方言土语、音乐唱腔、表演风格及伴奏乐器的差异，壮剧产生了广西的北路壮剧、南路壮剧、壮族师公戏（又称壮师剧）以及云南的富宁壮剧、广南壮剧等分支。南路壮剧用南路壮话演出，主要分布在靖西、德保、那坡、天等、大新、田阳、田东等县；北路壮剧用北路壮话演出，主要分布于广西田林、西林、隆林、凌云、乐业以及云南富宁等县。据不完全统计，南路壮剧有传统剧目100多个，北路壮剧有传统剧目约200个。

三、彩调剧

彩调剧俗称调子、彩调、彩灯、哪嗬嗨等，属灯戏系统，源于广西桂林地区农村歌舞、说唱衍化而成的“对子调”。彩调剧约500种，从形式上看有独角戏、对子调、大调戏、三小戏、出头戏、对台戏等。彩调剧原是桂北地区汉族戏曲剧种之一，是广西各族人民喜闻乐见的地方戏曲。2006年5月20日，彩调经国务院批准，被列入第一批国家级非物质文化遗产名录。

彩调音乐：十分丰富，其唱腔属联曲体，分为腔、板、调三大类。唱腔旋律以七字上下句为多，四段一首的唱腔旋律次之。用十三韵脚和柳州话演唱，俗称“豆腐块”状音乐。据不完全统计，彩调唱腔曲牌共 289 个，其中唱腔 251 个（腔类 172 个，板类 10 个，调类 69 个），曲牌 29 个，锣鼓牌 8 个，皆着重为塑造人物性格服务。曲调可根据人物性格、行当、感情及剧情需要来体现特点。如表现行当的唱腔有小生腔、摇旦腔、丑角腔、旦角腔、娃仔腔、老生腔；体现人物身份的唱腔有相公腔、和尚腔、强盗腔、媒婆腔、瞎子腔、蠢子腔、算命腔、仙腔等；表现人物在劳动中的各种行动的有挑担腔、划船腔、梳妆腔、饮酒腔、敬酒腔等；表现人物各种思想感情的有五更叹郎、哭板、骂板、诉板、优腔、三板优腔、阴腔等。柳州彩调独具一格的唱腔有五大腔口，即四平腔、诉板、正十字、哭板、梁氏腔。这五大腔口在彩调戏的大型剧目演出中是少不了的。五大唱腔皆具有结构严谨、音型流畅、行腔平衡、字正腔圆、说唱结合的特点。

彩调剧的表演：是包括唱、念、做、舞四功五法在内的综合性艺术。其中最为突出的是做与舞的表演。由于彩调演出的是以“三小戏”为主的载歌载舞的 36 出江湖调，在表演中的手、眼、身、步法，基本贯串于彩调的“矮步”“扇花”之中，所以说，“矮步扇花”即是彩调最具特点的表演艺术。彩调的矮步扇花，在各个行当中都有不同的表现身段。

彩调的行当：有小生、小旦、小丑、摇旦、老旦、老生，没有净角和娃娃生，小孩角色由小生或小旦兼演。净角由老生兼演。这些行当的形成也是随着剧目的发展而逐渐完善的。而彩调的表演身段主要体现在小丑（含小生和小旦）身上，摇旦次之。有句行话叫做：“学好《对子调》，根基才牢靠。”说明《对子调》的表演身段在彩调剧的表演中所占的位置。《对子调》中的小生、小旦在表演中运用彩调身段的步法、扇花、转身、亮相，使彩调的表演风格更为鲜明。

四、桂南采茶戏

桂南采茶戏是广西壮族自治区博白县地方传统戏剧。

桂南采茶戏于清代中叶从江西赣南经粤北传入桂南，距今有 400 多年的历史。根据其衬词的特点，采茶戏也被称为“吁嘟呀”。桂南采茶戏广泛流传于广西东南部的玉林各县以及钦州、梧州和南宁等市的部分县区。

桂南采茶戏最初在明代时，其曲调比较简单，数量也不多，有 3 个曲牌，一是“十二月采茶”，二是“南昌小曲”，三是“四季莲花”。十二月采茶原是歌唱一年十二个月茶农活动的，经过发展成了开荒、点茶、采茶、炒茶等一整套曲牌歌舞。

桂南采茶戏的主要伴奏乐器为锣、鼓、钹、木鱼、唢呐、笛子、二胡，道具有彩带、钱鞭、花扇和手绢等。其演唱曲牌，一是茶腔，即原套采茶曲调；二是茶插，即以“南昌小曲”“四季莲花”为基础，吸取各地民间小曲而成。唱腔语言以客家话为主，地老话为辅，念白多为韵白。

2006 年 5 月 20 日，桂南采茶戏经国务院批准，被列入第一批国家级非物质文化遗产名录。

五、邕剧

邕剧是广西汉族地方戏曲之一。邕剧属皮黄声腔系统，声腔导源于湖南，旧时习称为广戏、老戏、本班戏、本地班、五六腔等，因活动中心在古邕州一带，且用邕州（南宁的古称）官话演唱而称为邕剧，是广西四大地方剧种之一。

邕剧的表演风格古朴、粗犷，其文戏表演细腻，注重人物内心感情的抒发。武打则粗犷激昂，表演夸张、泼辣，讲究硬桥实马，拳、刀、枪、叉、棍、牒各有套路，与其他剧种迥异，而许多身段、造型以至出手、投足等都来源于桂西南一带壮、汉两族人民共同喜爱的民间舞姿、武技和美术造型，在某些方面体现了壮族的雄浑粗犷的民族风格。

邕剧的行当有生、旦、净、丑四大类。其唱腔以皮黄声腔（南北路）为主，安庆调、七句半（罗罗腔）、补缸调及地方小调为辅。音乐伴奏以大锣、大钹、二弦、喉管为主。舞台语言用桂西南官话，并含有大量的白话、客家话、平话和壮话的民间习语、词汇、谚语、歇后语等。

2008 年 6 月 7 日，邕剧经国务院批准，被列入第二批国家级非物质文化遗产名录。

【微课扫一扫】

中国古代音乐发展概况

中国戏曲文化

电影《刘三姐》片段小视频

测一测

一、单项选择题

1. 京剧四个行当为：生、旦、（　　）、丑。

A. 花旦　　B. 净　　C. 武员　　D. 末

2. 曲艺艺术中的著名鼓种之一“京韵大鼓”，流行于我国的（　　）地区。

A. 北京　　B. 广东　　C. 山东　　D. 上海

3. 被称为中国“国粹”的是（　　）。

A. 昆曲　　B. 越剧　　C. 京剧　　D. 豫剧

4. 被称为“中国戏曲活化石”的剧种是（　　）。

A. 昆曲　　B. 越剧　　C. 京剧　　D. 豫剧

5. 我国历史上专门管理音乐文化的官方行署叫“乐府”，最早始于（　　）。

A. 春秋时代　　B. 战国时代

C. 秦代　　D. 汉代

6. 下列作品中哪一首出自样板戏选段？（　　）。

A.《乱云飞》　　B.《甘洒热血写春秋》

C.《你是这样的人》　　D.《送别》

7. 下列作品中（　　）不是现代京剧选段。

A.《贵妃醉酒》　　B.《雄心壮志冲云天》

C.《家住安源》　　D.《乱云飞》

8. 豫剧《花木兰》取自（　　）的故事。

A. 南朝　　B. 秦朝

C. 汉朝　　D. 北朝

9. 越剧前身是流行于（　　）一带的说唱形式“落地唱书”。

A. 浙江绍兴　　B. 浙江嵊县

C. 浙江嘉兴　　D. 浙江杭州

10.《霸王别姬》是京剧中的名段，“虞姬”这一角色在京剧中属于（　　）。

A. 花旦　　B. 青衣

C. 花衫　　D. 老生

二、填空题

1. 昆曲起源于元朝末年的江苏昆山地区，至今已有 600 多年的历史。由于曲高和寡，昆曲自清乾隆年间开始逐渐走向衰落。1956 年，浙江昆剧团改编演出的《十五贯》在全国范围内造成很大影响，被周恩来称为“一出戏救活了一个剧种”。近年来，著名作家 ______ 携青春版昆曲《牡丹亭》赴世界各地演出，所到之处再掀一股昆曲热潮。

2. 豫剧是 ______ 省的地方剧种。代表作品有《花木兰》《穆桂英挂帅》等 。

3. 京剧艺术在上海的发展，形成了海派京剧，海派京剧更符合都市人的欣赏口味，______ 是其中的代表人物。

4. 20 世纪 20 年代起，以梅兰芳为代表的旦角演员开始在京剧舞台上脱颖而出，并由此改变了京剧惯以“生行”为主的传统演出格局。梅兰芳、尚小云、程砚秋和 ______ 被誉为京剧“四大名旦”。

5. 中国首部电影是由京剧大师 ______ 出演的《定军山》。

实践体验与知识拓展

1. 观看电影《刘三姐》。

2. 学会并演唱一段戏曲音乐，感受传统戏曲文化的魅力。

模块七

止戈为武　健体养德

学习目标

1. 了解中华武术和少数民族传统体育的发展历程、基本特征、文化含义，体会其中蕴含的传统体育文化内涵。

2. 通过学习中华武术和少数民族传统体育的相关知识，提高体育锻炼意识，增强体质，促进全民健身，向体育强国目标迈进。

3. 增强文化自信，增进对国家、民族的历史使命感和社会责任感。

人文精神荟萃

意志品质锤炼　踔厉奋发　勇毅前行　德能并进　全面发展观　体育文化传承　体育强国

情景导入

《左传·宣公十二年》记载了这样一则故事：一次，楚国与晋国交战，晋国大败，楚国大夫潘党劝说楚庄王收集晋国军人的尸体，将其堆积成一座大“骷髅台”，以作为战争胜利的纪念物，这样不仅可以向后代宣扬自己的功绩，还可以借此炫耀楚国的武力，楚庄王却回答说：“非尔所知也。夫文，止戈为武。”意思是说，从文字组成上讲，“武”字是由“止”和“戈”两个字组合起来的。之后楚庄王又以武王战胜殷商后的所作所为，阐述了战争不是为了宣扬武力，而是为了禁止强暴、消灭战争、巩固功业，给百姓带来安定的生活的道理。他认为，止息兵戈才是真正的功绩。于是，楚国的军队就遵照楚庄王的命令，在黄河边祭祀了河神，修筑了一座祭祀祖先的宫室，之后楚国的将士很快就班师回国了。

这就是“止戈为武”的由来，这一思想也成为中华武术精神的灵魂，是中国武德的重要组成部分。中华传统武德讲究遵守社会公德、尊师重道，反对好勇斗狠和恃强凌弱。这是前人在修习武术的过程中，逐步形成的共同的武术道德，体现了中华传统文化中“以德为本”的思想，显现了儒家文化中以“仁”为核心的道德内涵。

项目一　中国传统体育项目

一、中华武术

（一）武术的概念

“武术”一词很早就出现了，但是和我们现在的武术的意思相差甚远。《昭明文选》记载南北朝颜延年的《皇太子释奠会作诗》中即有“偃闭武术，阐扬文令”的词句。《辞源》解释“武术”为“犹言军事”“后期多指强身、自卫等技术”。所以，武术被称为技术是后来的事了。可见，无论是“武”还是“武术”，在古代都是指与“文”相对的军事活动。

（二）武术的发展

《中国武术史》记载，武术的根源在于人的生存法则，“在原始社会的生存竞争当中，人类与野兽的争斗是技击发源的因素，而人与人之间的争斗则是武术萌生的直接联系”。在人类社会早期，资源匮乏，个人、群体、国家之间的争夺、杀戮在所难免，而且这种争夺、杀戮十分频繁。即使到了大一统的时代，社会的安定往往因生产力的低下而难以长久，导致国家内部以及周边的纷争难以停止。如何取得争斗及战争的胜利呢？在冷兵器时代，只能凭借身体本身和简易器械，武术包含的技击应运而生。

春秋战国时期，武术进入快速发展的时期。军事技击和剑术伴随着士族阶层崛起，并开始由军旅走向民间。江湖侠士都会自备刀剑利器，贵族阶级则以收罗门客为由广泛召集擅长武术的人才。

秦汉以后，兵械种类多样化。秦始皇陵出土的兵马俑中就有大批武士俑及其携带的各种兵械——弓、簇、剑、矛、戈、戟、吴钩等。当然，因为统一帝国的建立、中央权力的强化，统治阶层更注重军事技能的整理和总结，生产出专门的兵械，总结了武艺的训练方法，也对非官方的习武侠士加强了活动管理，以维护政权的统一秩序。

隋唐时期，中国武术的发展进入相对高潮的阶段。隋唐初年实行府兵制，主张“寓兵于农”“兵农合一”。当战事来临，中央政府征集府兵征战杀伐；征战结束以后，则“兵散于府，将归于朝”。府兵在农闲时习练武艺，有助于武术在民间的传播。贞观年间（627 年—649 年），唐太宗设置折冲府，负责府兵的武艺训练。唐代统治阶级的管理政策，使得相关武术理论著述得以问世。例如，王琚的《射经》，其内容包括步射、马射等多种射箭手法。

宋元之际，武术得到进一步发展，民间武术摆脱了军事武学的影响，独立发展。宋朝军队推行募兵制，即借助选募、武考等方式来选拔兵员。在军事训练中，采用统一的教法和定期考核的制度，这对武艺的推广和提升具有重要作用。

随着宋代商业的繁荣和城市文化的兴盛，以健身、娱乐为主要取向的武艺组织也开始出现。此外，这一时期兵器的种类大增、形制复杂，武艺朝着多样化的方向发展，“十八般武艺”的说法由此得来。

（三）武术的招式

中国武术招式种类繁多、流派林立，源于传统武术的拳种衍生出不同流派。拳种流派在中国传统文化中形成、发展，蕴含着中国传统文化的因子，具有时代性、多样性、复杂性、地域性和文化性的特点，导致人们对它的存在具有一定程度的认知差异。《中国武术大辞典》把拳种定为“流传有序，内容系统，别于其他的拳术，例如，太极拳、六合拳、形意拳、咏春拳。”“源流有序，拳理明晰，风格独特，自成体系”，这是武术挖掘整理组织对拳种的说明。拳术是武术中徒手套路形式的简称，以下是我们重点讲述流传得比较广泛的拳术。

1. 长拳

长拳动作灵活、快速有力、姿势舒展、节奏明显，是具有多种相关动作与技术的拳术。长拳按照武术竞赛内容规定编排，包含华拳、洪拳、炮拳等，是当前比较热门的拳术。长拳动作结构较为复杂，身体肌群和关节的活动幅度较大，可伸屈、回环、平衡、跳跃。长拳中，长短并蓄的有洪拳、罗汉拳、少林狗拳等，长中寓短的有通背拳、劈挂掌、绵拳等，短中寓长的有杨氏太极拳、八卦掌、纵鹤拳等。

2. 太极拳

太极拳是轻灵、柔和、缓慢的拳术，分陈式、杨式、吴式、武式、孙式五大流派。各流派均独具特色和风格。陈式太极拳刚快发劲，柔和平稳。杨式太极拳姿势舒展，中正圆活，轻灵沉稳。吴式太极拳紧凑灵活，端正严密，柔化细腻。武式太极拳身法严谨，开合明显。孙式太极拳架高步活，转换轻灵。太极拳的总特点是动作圆活，带有弧形，前后贯穿，运动绵绵不断。

3. 南拳

南拳是我国南方各省拳术的总称。例如，广东有李、莫、洪、刘、蔡五大家，福建有咏春、五祖两大流派，湖南有沈、岳、巫、薛四大家，湖北有水、火、洪、鱼、孔、风、字、熊八门拳，四川有僧、赵、化、字、会、杜、洪、岳八门拳。南拳有着各种不同的流派，各流派都有自己的风格特点。南拳总的特点是：拳势刚烈、步法稳固，多使拳法，腿法较少，且常常发声助气，以气助力，声、气、力结合。

4. 形意拳

形意拳的基本姿势以三体式为主，以劈、炮、崩、钻、横五拳为基本拳法，模仿龙、虎、猴、马等十二种动物的形态，综合武技组成的一种拳术。形意拳的特点是：动作简练、刚柔相济、上下一致、身正步稳、发力沉实、内外合一。

5. 八卦掌

八卦掌是以扣步走转，结合其他掌法变换的拳术。八卦掌的步法有趟泥步、鸡形步，掌法有推、穿、搬、拦、托、带、领、截等。八卦掌的特点是：绕圆走转，身灵步活，势势相连，随走随变。练习八卦掌能够锻炼腿部力量和灵活性，能够提高身体四肢的平衡和协调。

6. 象形拳

象形拳是指模仿多种动物的形态，运用武技的特点组成一种象形取意的拳术。例如，鹰爪拳、蛇拳、猴拳和鸭形拳等。象形拳的特点在于象形取意，似形又非形。象形拳以模仿动物的形态为主要表象，以动物的战斗特长来充实和发挥武技。练习象形拳不但可以培养人们的形象思维和想象能力，更能提高身体的灵活性和协调性。

（四）十八般武艺

古典小说评话中，武艺高强的人是“十八般武艺样样精通”。“十八般武艺”是指拥有“十八般兵器”的功夫和技能。目前，武术界对“十八般兵器”的理解为：刀、枪、剑、戟、斧、钺、钩、叉、鞭、锏、锤、抓、耙、棍、锁、棒、拐、流星锤。

1. 刀

古时士兵相接，用刀为多。刀的种类很多，有单刀、朴刀、短刀、腰刀、苗刀、双手刀、小双手刀、春秋大刀、金刚大刀、青龙大刀、南洋大刀、九环大刀等，其使用方法各有不同。

2. 枪

枪和矛是古代战场上使用最多的兵器。长矛因为使用不便，所以晋代开始逐渐用枪，枪头为青铜所制，体形略小，与后世的铁枪头类似。唐代善枪者甚多，《新五代史·王彦章传》载："彦章为人骁勇有力，能跣足履棘行百步，持一铁枪，骑而驰突，奋疾如飞，而佗人莫能举也，军中号王铁枪。"宋代以后，矛基本被枪所代替。

3. 剑

剑属于短兵器，有"百兵之君"的美称。古代的剑呈长形，前端尖，后端有短柄，两边利刃。春秋战国时期，剑作为步战的主要兵器，剑身加长。汉代后，铜剑被钢铁剑替代，基本定型，剑身有脊，前有剑尖，两侧有刃。

剑的茎端设环处称镖，另外还有剑函、剑穗等饰物。隋唐时期流行佩剑，但剑在战场上也是从唐代开始没落的，因为剑难刺穿铁甲，唐代却是盔甲发展的时代，较有名的有明光铠、鱼鳞甲等。后来，剑大都仅具装饰功能。

4. 戟

戟为古兵器之一，创于弓箭之后，形制与戈略同。古代戟分为马戟、步战戟、双戟等不同用法。周代时，戟已经广泛使用；到了晋、唐时期，戟降为仪仗之器；明清以后，同样形制的戟，在各种武术流派亦有不同的用法。到了 21 世纪，仍有练戟者。其练法与刀枪不同，以剁、刺、勾、片、探、磕等为主要招式。

5. 斧

斧的起源较早，原始社会时期人们用利石作器。黄帝时即有斧名，当时斧不但用作兵器，还用作刑具。最早的铜斧出现于商代，用于军事，有雕刻嵌镂，极为精美，也为贵族仪仗用。周代用斧风气减弱，双锋剑出现后，与刀并用，斧便更少使用，只作砍伐，或用于乐舞仪仗。斧相较于刀剑，其最大的缺点是笨重，因而不适用于争战，步兵用斧则配盾，或装备刀剑。

6. 钺

钺为斧之由来，以时代论则为同时，以形制论则正相仿。钺头比斧大三分之一，杆端比斧多一矛头，长约一尺六寸。春秋战国时期，钺使用得比较多，因其比较笨重，后来刀剑更广泛地被应用于战场，钺就“退伍”了。

7. 钩

钩，似剑而曲，由戈演变而成。春秋时期，钩与戈、戟并用，武术中所用的钩均有单、双之分。

8. 叉

端有两股的为牛角叉，端有三股的为三角叉。远古时代，叉为捕鱼狩猎的常用工具，后期演变为兵器。叉出现得比其他兵器晚些，宋元时期，叉用于战阵，有说始于南蛮，更有说始于猎户，如今已无从考证。

9. 鞭

鞭起源较早，春秋战国时期盛行。鞭有软、硬之分。硬鞭多为铜制或铁制，软鞭多为皮革编制。硬鞭用于马战，持鞭的将领多持双鞭。软鞭在晋代出现，属猛烈暗器，不易抵御。

10. 锏

锏为短兵器之一，方形，有四棱，连把约长四尺，因形似简得名。锏之由来，与剑同时，创自何人不复可考，唯以利于步战之故，后人多有习之。在短兵器中，鞭与锏的应用不及刀、剑广，故多配合其他兵器作战，常与长兵器为伍。唐初的战将秦琼就善使双锏。

11. 锤

锤始于明代，由枪发展而来。锤头形似马叉，中间似剑。上有利刃，尖锐如枪，横有弯刃，两锋有脊。锤的形状较多，主要有月牙锤、雁尾锤、夜战锤、雁嘴锤、凤翅锤、三节锤、四节锤、雁翅锤、金牛锤、燕子锤、五齿锤、雷震锤等。锤长且重，多为身高力大者使用。

12. 抓

抓也称挝，民间流传较广。头形似爪，缚以长绳。抓分长械、软械两种。长械有金龙抓，杆长两米，杆端抓形如人手。软械有双飞挝，是一种暗器，金属打造，似鹰爪，缚以长绳，用于击人马。

13. 耙

耙本为农具而非兵器，其来历悠久，与弓弩矛盾无分前后，原为农家用

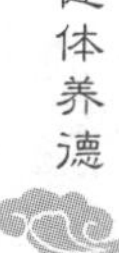

于翻米麦的工具，本为木质，后更改为铁质而成为兵器。

14. 棍

棍可分为木制和金属制。木制的棍有齐眉棍、两节棍、三节棍等。金属制的棍有铁头棍、浑铁棍、浑铜棍等。棍术的特点是勇猛、快速、多变。使棍的流派很多，明代就有少林棍、张家棍等著名棍术。

15. 钺

钺作为一种兵器，以青铜镀头、长柄构成。镀头尖峰直刃，穿透力强，是由扁茎短剑演化而来。钺现于春秋，战国时大量使用。斧、钺的杀伤力不如戈、矛，在实战中的地位降低，后来多用于仪仗、装饰，作为军权的象征。

16. 棒

棒一般长五尺，以坚韧蜡木制成。棒身两端粗细不一，一端粗盈，为把手处，越往上越细。棒的种类较多，《武经七书》中将棒分为钩棒、杆棒、大棒、杵棒、抓子棒、狼牙棒等六种。

17. 拐

拐俗称“拐子”，是由拐杖演变而成的武器。拐有铁制和木制，按其形可分长拐和短拐。长拐长四尺，拐柄呈圆柱形，柄端垂直，有突出的横拐，可双手持柄，也可单手持柄。短拐多为“丁”字形，长不足三尺。短拐可以双拐同时使用，也可以与刀剑配合使用。

18. 流星锤

流星锤是一种将金属锤头系于长绳一端或两端制成的软兵器，属于索系暗器。仅系一锤者，绳长约五尺，称“单流星”；系两个锤者，绳长为四尺半，称“双流星”。

二、武德

（一）未曾学艺先学礼

中国古人在“武”字的字形中，就给予了武术最基本的解释，即“止戈为武”。因此，武术从一开始就不是作为好勇斗狠或者战争掠夺的工具，而是作为强身健体、修身养性的方法。《左传》中说："春蒐、夏苗、秋狝、冬狩，皆于农隙以讲事也。"意思是说，农闲时人们才进行各种与武术有关的身体活动，而这一些活动大多是为了修身养性、强身健体的。历代武术家在切磋技艺时，也都坚持"戒急用忍""点到即止"，不会乱作杀伤。这是因为武术是在必要时作为自卫的手段，而非用于主动伤人。

我国武术的大多数门派都有相当严格的戒规，如永春白鹤拳所规定的"五戒、五顾、持四善、懔十戒"；少林拳法中的"五忌七伤"（五忌：一忌慌惰，二忌夸矜，三忌焦急，四忌躐等，五忌酒色；七伤：近色伤精，暴怒伤气，思虑伤神，善忧伤心，好饮伤血，懒惰伤筋，躁急伤骨）。显然，这些戒规的范围极为广泛，几乎涉及一个人生活的方方面面。因此，对于习武之人来说，要使自己的行为不违反这些戒规，就必须加强自身的修养。各大门派制定这些戒规的目的，也正在于此。

（二）未曾习武先修德

中国古代武术在传统文化的影响下也形成了一套十分复杂的礼节。武术礼仪逐渐成为武德的重要表现形式，是习武之人应该共同遵守的基本道德行为规范。

传统武术中的礼仪包括师徒之间的礼仪、同门师兄弟以及武林同道之间的礼仪等。师徒之间的礼仪是传统武术礼仪的核心，主要表现在师父选择徒弟时极为严格，因为"为武师，须教礼，德不贤，不可传""不信者不教，无礼者不教"。徒弟对待师长，则"宜敬谨从事，勿得有违抗傲慢之行为"。同门师兄弟之间以及武林同道之间的礼仪则较为众多，不论是以武会友，或是以武相争，总是先行礼再开拳，以表示对对手的尊重。除了徒手的抱拳礼外，还有持械礼、递械礼和接械礼等礼仪。其中，抱拳礼是当今国内外具有代表性的礼仪。

我国传统武术中的抱拳礼，是由作揖礼和少林拳的抱拳礼加以提炼、统一而形成的。具体的方法是以左手抱右手，自然抱合，松紧适度，拱手于胸前微微晃动。抱拳礼既是礼貌的象征，同时又包含着内在的精神气质。这里"左掌"寓意德、智、体、美"四育"齐备；左掌掩抱右拳，则是寓意以武会友，约束、节制武力，点到为止。左掌右拳拢屈，轻微晃动，则表示天下武林是一家，大家应团结奋进。

由此可见，中国传统武术中的抱拳礼，正是儒家仁爱、守礼、谦让、宽厚等以和为贵思想的体现，其蕴藏着克己复礼、崇文尚武、文武兼修的文化观和自强不息的民族气节。

（三）武德的宗旨

1. 尚武崇德、德艺双馨的武艺精神

“文有文德，武有武德。”中华民族一向崇德重礼，深受以道为本、以德立国、以礼树人的文化浸染，形成了习武者公认并遵循的文化传统。强身卫国、尊师重道、扶危济困、见义勇为的武德精神，受到历代百姓的推崇，烘托出了中国武术的博大精深。

历史上武术与军事密切关联，“武德”的词义，从广义上说，就是包括武术组织和武术个体的武德理论、实践，更包括军队的用武、从武。本书所探讨的武德，在广义范畴，主要指武术组织和武术个体的武德，是武术发展的过程中与武术文化相关联的道德现象、道德意识、道德活动、价值观念和道德品质。

源远流长的礼仪风尚，历史悠久的道德需求，是中华传统文化的重要组成部分。武术深植于中华民族的文化土壤之中，在以道为本、以德立国、以礼树人的文化熏染、浸润之下，自然而然地被纳入中华传统文化之中，形成多姿多彩的文化传统。在“尚武崇德”精神引领下，武德理论吸收道家、儒家、佛家的文化思想，又融涉医学、美学、兵法等内容，它们纵横交错、互为因果，构成水乳交融的文化体系。

2. 内外兼修、讲究和谐的人文精神

和谐，是中华武术的核心精神。以和谐为价值取向的观念，贯穿于武术文化与实践规范之中。武术文化的价值取向是和谐，实现武术文化多方面功能的方法是和谐，衡量诸多功能的价值尺度是和谐，武术文化追求的终极目标还是和谐。武术文化追求人的身心健康与和谐、人际和谐、天人和谐，从而构成中华武术文化发展的根基，成就中华武术文化的特殊美、传统美。

3. 刚柔相济、阴阳相生的包容精神

刚柔并济、阴阳相生、动静相宜，是武术技法的核心，是武术文化精神之所在。在极强的文化体系中，体现中国武术兼容并蓄的精神厚度和文化襟怀。这种特点体现在武术拳法上，就是都不是走纯刚或者至柔的路线，而是注重动静结合、阴阳转换等方面的技术，也体现了习武者的不卑不亢、有礼有节。

4. 自强不息、厚德载物的进取精神

“自强不息、厚德载物”出自《周易》中的“天行健，君子以自强不息；

地势坤，君子以厚德载物”，是中国武术文化基本精神的重要象征。

5. 行侠仗义、扶弱抑强的卫道精神

“侠”即打抱不平、锄强扶弱、见义勇为的人。为侠，最重要的是在道德行为和伦理精神上追求一种正义的表现。侠者，凭借自己的“武术”技击，行侠仗义、打抱不平，捍卫道义、守护公正，成为民间所追捧的人物。

6. 刚健有为、精忠报国的爱国精神

武术文化，自强不息，具有刚健的特征。武术文化强调生命不息、奋斗不止的思想，是这种刚健精神的集中概括和客观例证。武术刚健精神体现习武者不畏艰险、知难而上的品质，与保家卫民的爱国思想密切结合，形成一种刚健有为的爱国主义精神。维护国家利益是尚武精神中最重要的部分。

7. 强身健体、养生养德的行道精神

中华武术得以传承和发展的主要原因是出于军事上的需要，武术“强身为正义”可以理解为：为国家而战。春秋战国时期，军队交战的主要形式是步战，两军交战的胜负取决于每个战士之间武艺水平的较量。士兵体质的强弱与武艺水平的高低，会直接影响战争的胜负。因此，各个诸侯国十分重视对士兵的训练。

民间武术的发展，锻炼身体、强健体魄是基本的追求目标。清朝武术家尊我斋主人所著的《少林拳术秘诀》就提到了练习武术的目的：“习此技术者，以强健体魄为要旨，宜朝夕事，不可随意作辍。”金警钟的《少林七十二艺练法》载：“养生之士，先实其精，精满则气壮，气壮则神旺，神旺则身健，身健则少病。”

三、中华武术的价值

武术在中国历史的长河中延续了几千年，一直沿革到今天也没有被历史所淘汰，这就说明武术随着历史的进程不断创新和发展，不断地以新的内容和形式满足人们日益增长的需要。

（一）健身价值

练习武术可以通过人体的运动实现，练习者只需要进行适度的体能运动就能够促进身体健康。从近代武术的发展历程来看，武术所带来的健身价值在社会价值中占主导地位。

（二）技击价值

在古代，武术本是一种武技，也是一种技击术。进行武术锻炼的人，身体素质会有所提高。然而，随着身体素质的不断提高，练习者也提高了技击对抗的能力。还有更重要的一方面，是通过武术锻炼，练习者只要学会一些攻防技击技术，就可以提高格斗对抗的水平。

（三）观赏价值

从需要的角度考虑，武术除了可以满足人们自卫的需求外，还可以用来满足人们在社会生活中的其他需要。武术作为一种技击技术，除了进行实战和锻炼以外，在日常操练和对抗练习时还可以当作节目供人观看。进行操练和对抗练习的人是习者，也是演员，观看的人则是观众。习者的演武和看客的观赏在一定程度上共同构成了武术文化的演练过程。由于武术具有观赏价值，因此它也能在一定程度上满足人们在社会生活中的精神需要。

（四）教育价值

武术的教育价值，是指武术在学校教育中扮演的角色和重要地位。秦朝以前的学校教育便十分重视有关军事技能的教学内容，《周礼》中记载："保氏:掌谏王恶，而养国子以道，乃教之六艺:一曰五礼，二曰六乐，三曰五射，四日五御（驭），五日六书，六曰九数。"（《周礼·地官司徒·保氏》）其中，射、御（驭）都是与军事、攻防技术有关的教学内容。

后来，因为文武分途，统治阶层过分地重视教化和道德的作用，从而出现重文轻武的趋向，"偃闭武术，阐扬文令"，削弱了武技在学校中的教育地位和重要作用。中国历史上，自汉代以后，体育，包括武术在学校教育中未能占有重要的位置，这种情况一直持续到近代。陈独秀认为，中国封建社会旧教育的最大缺点在于偏重学生的文化教育而忽视学生身体的锻炼，以致感叹:"余每见吾国曾受教育之青年，手无缚鸡之力，心无一夫之雄，白面纤腰，妩媚若处子，畏寒怯热，柔弱若病夫。以如此心身薄弱之国民，将何以任重而致远乎？"

自新中国成立以来，武术在学校教育中受到极大的重视。特别是举国上下为振兴中华而努力奋斗的历史潮流中，武术作为一种民族传统体育运动，为提高民族自信心、增强民族凝聚力发挥了重要的作用。

（五）经济价值

从经济的角度来看，开展体育运动的目的是促进社会经济的发展。体育和经济的发展存在一种内在的联系，经济发展需要健康的劳力，体育发展能够为社会经济发展提供更多的健康的劳力；体育发展则需要有足够的物质和资金保障，经济发展能提供充足的物质，从资金上保证体育的发展需求。同时，体育运动也可以成为一种产业，体育产业的发展能够直接推动社会经济的发展。这便决定了体育在国民经济中的重要地位。

项目二　少数民族传统体育项目

我国是一个多民族国家，在长期的历史发展中，各少数民族也形成了独具特色的传统体育项目。

一、少数民族传统体育

（一）起源

1. 来源于日常生活和生产劳动

在原始社会，由于生产力水平低下，居住在山区、丛林中的每个氏族部落都是靠狩猎、捕鱼、采集等生产活动来维系自己的生存和繁衍，于是与生产技能相关的活动就产生了。部分少数民族传统体育活动就是在一定的自然环境和社会背景下逐渐萌芽的，它们既是生产技能的锻炼，又是人与人之间变相的生存竞争的形式之一。蒙古族的打布鲁，就是从古老的狩猎生产活动演变成为现今的投掷活动；满族的珍珠球就是模仿满族采珠人的劳动演变而来的；秋千的起源与原始人类架巢于树上、采集果实及悠荡藤蔓跨过沟涧有关。

2. 来源于军事战争

人口的增多需要越来越多的生产资料，一些民族便越来越广泛地利用军事战争来满足自身生存和发展的需要。骑马，射箭、摔跤及各种武术在军事活动中的运用极为广泛，是当时各民族成员必须具备的军事技能。军事需要促进了军事体育的产生。

3. 起源于民俗、风俗

民族风俗的产生、存在和发展，与各民族的生活有着多方面的联系。每个民族都有自己的风俗，民族风俗与少数民族传统体育融合在漫长的人类社会发展长河中，具有顽强的传承力，是历史的佐证。每年七、八月牲畜肥壮的季节举行的那达慕大会是蒙古族人民一年一度的盛大节日。蒙古族传统的摔跤、赛马、射箭三项技艺成为北方游牧民族娱乐和习武的手段；花炮节是广西、湖南、贵州等地壮族、侗族人民最热闹的传统节日之一。节日期间，人们聚集在河岸、山坡等地举行有"东方式橄榄球"之称的勇敢者的运动——抢花炮。

4. 来源于宗教

宗教是现实生活在人们头脑中的歪曲的反映，是人们对现实生活的幻想和想象。出于迷信，原始人类常用祭祀的形式以图感动自然力量。在祭祀活动中，人们常常用舞蹈、竞技、角力来进行祈祷，娱乐神祇，祈求庇护，于是原来用于娱人的歌、舞等，又用来娱神。这样兼有体育和艺术双重性质的舞蹈，就与宗教祭祀活动结下了不解之缘。因此，原始宗教活动对体育的发展与丰富有一定的影响。

（二）发展

少数民族传统体育从萌芽状态发展到如今的态势，经历了一个漫长的过程。这个过程大体上可以分为古代、近代和现代三个不同的时期。少数民族传统体育的发展不是孤立的，它与社会其他各种活动有着密切的关系，是随着社会的发展而发展的。

1. 古代少数民族传统体育

我国古代少数民族传统体育萌芽于原始社会，成型于奴隶社会，发展于封建社会。从内容来看，基本上还是沿着生产劳动、军事训练、休闲娱乐、宗教祭祀等这几个方面发展的。

（1）生产劳动。

奴隶社会、封建社会的逐渐形成，使得生产力得到大力发展，劳动工具的演进、生产劳动的情景促进了少数民族传统体育的发展。例如木材加工方面的发达促进了划舟竞渡；古老的蒙古族猎人狩猎的工具和防身武器布鲁逐渐形成比赛项目"打布鲁"，作为锻炼身体的手段保留下来；扁担是生产、生活工具，后来形成壮族的"打扁担"、苗族的"扁担劲"、傈僳族的"扭扁担"、瑶族的"拔扁担"等活动。

（2）军事训练。

进入阶级社会，为争夺地盘、猎物甚至领袖地位继承权，战争开始频繁，规模日益扩大。战争推动武器的发展和战斗技能的演进，对战斗人员事先进行身体和军事技术训练成为必要的一项工作，这些都成为传统体育发生、发展的动力。夏、商、西周时期，弓射、骑术等成为当时民族体育活动的重要内容。辽、金、元时期，以放牧狩猎为生的契丹、女真、蒙古等民族放牧、狩猎、作战离不开骑射，骑术、弓箭、狩猎、摔跤等项目发展较快。清朝时康熙、乾隆经常借“木兰行围”与蒙古各部举行联欢，开展摔跤、赛马活动。跳马、跳骆驼是古代满族与敌兵近战时飞身跃上敌骑擒拿敌人的一种军事技巧，后来演变为满族的传统体育活动。

（3）休闲娱乐。

物质生活和精神生活都是人类生存的必需，各少数民族大多生活在相对偏僻、闭塞的地区，与外界接触较少，人多处于缓慢发展的自然纯朴的生态环境之中。生产劳作之余，人们同样需要体力与精神的丰富和调节，以此满足他们生活的基本需求，各少数民族的许多带有自娱自乐性质的体育活动正是在这种身体和心理的需求下产生和发展的。例如满族及其先民长期生活在白山黑水之间，冰期长达半年以上，在他们长期与冰雪接触的过程中，为了适应大自然，发明了冰鞋、爬犁、拖床等冰上行走用具，还创造了各种滑冰技术。《新唐书·回鹘传下》记载：“拔野古，一曰拔野固，或为拔曳固，漫散碛北，地千里。……俗嗜猎射，少耕获，乘木逐鹿冰上。”这里的乘木就是指滑雪或滑冰运动。清朝时，军队仍旧保持了滑冰训练的传统，朝廷每年都要在太液池（今北京北海公园）进行一次大规模的滑冰检阅，称为“冰嬉”。后来随着冰嬉内容的增加和变化，逐步形成民族体育运动项目。满族冰嬉是我国古代冰上溜冰之戏的代表，是古代冬季冰上运动会。

丢花包是布依族青年男女十分喜爱的体育游戏活动。在清代，丢花包称“掷花球”。据《贵州通志·卷七》记载：“每岁孟春跳月，用彩布编为小球，谓之‘花球’，视所欢者掷之。”

每年春暖花开的农历三月初三，是壮族人民比歌赛舞的歌圩佳节。这一天，歌圩场上搭歌棚，歌棚外面抛绣球，喜庆非凡。宋人朱辅在《溪蛮丛笑》中，曾对壮族青年男女抛绣球的实况作了详细的描述和记载。起初抛绣球是男女青年恋爱交往的一种方式，随着历史的发展和变迁，现已成为群众娱乐性的体育活动。

（4）宗教祭祀。

宗教不仅是一种个体信仰，也是一种民族文化现象。例如，在壮族、苗族、傣族、白族、布依族、水族等民族民间流传的龙舟竞渡源自祭河祈年，原是一项富有宗教内涵的民众活动，只是到了唐、宋以后，它才日渐淡化宗

教色彩，逐渐发展成为竞技角力的体育运动项目。东汉、三国时期各民族进行的舞狮活动与佛教有关。纳西族的“东巴跳”，高山族的“竿球”，土家族的“摆手舞”，傈僳族的“上刀杆”，傣族的“堆沙”，藏族的“锅庄舞”，瑶族的“抛花包”，仫佬族的“舞草龙”等民族传统体育活动，均与民族宗教信仰有一定的关系。

2. 近代少数民族传统体育

鸦片战争以后，清朝军队中实施了与西方体育有一定联系的“洋操”。但在广大农村和少数民族地区中，仍以民族传统体育为主要活动内容。武艺训练、划龙舟、舞龙舞狮、骑马射箭、摔跤、荡秋千等仍然占有重要地位。从历史记载看，射弩曾经是少数民族维系本民族生存、发展的战斗技艺。19世纪初，英、德、法、美等国侵略者通过各种方式窃取我边境各族历史文物资料、窥视我国领土，地处中缅边境的傈僳族人民担负起了保卫祖国疆土、抗击侵略者的神圣职责，他们用弩箭狠狠打击了侵略者。现在射箭作为战争武器的作用已经消失，已演变成了娱乐性、竞技性的体育活动。

民国初年和北洋政府时期，伴随着中西文化之争，人们对民族传统体育的认识有了新的突破，体育领域展开了一场“土洋体育之争”，即主张“全盘西化论者”与主张“建设民族本位体育者”之间的争论，一批体育界人士宣传体育民族化，努力挖掘民族传统体育活动的体育意义，自觉地开始对我国传统体育活动的内容和形式进行整理、研究和改造，为传统体育的发展开辟了新的途径。但是，随着实践的深入和理论认识的深刻，西方体育逐渐成为中国体育的主体，无论是体育的内容、形式，还是体育的价值观念和意识，都深深地打上了西方的烙印，中国民族传统体育在社会生活尤其是在城市生活和教育中的影响力急剧下降。

国民党政府统治时期，各种民族传统体育活动都得到了一定程度的开展，特别是武术，官方将其正式定名为“国术”。官方武术机构——“中央国术馆”及其下属地方组织逐步建立起来，有组织的武术活动增多，并将武术作为一种运动项目列入规模较大的运动会中，使武术运动在我国得到了持续发展。

3. 现代少数民族传统体育

1949 年中华人民共和国的成立，标志着中国现代史的开始。中国少数民族传统体育也随之进入了一个新的发展时期。

（1）把少数民族传统体育纳入全民健身计划中，定期举办少数民族传统体育运动会和单项运动会，并形成制度。在《全民健身计划纲要》中，提出要积极发展民族传统体育，挖掘和整理民族传统体育宝贵遗产，从政策上肯定了民族体育在全民健身计划中的作用，也指明了其发展方向。从 1982 年开始，我国每 4 年举行一次全国少数民族传统体育运动会。2023 年 11 月，第十二届全国少数民族传统体育运动会在海南省举办。

（2）各级民委、国家体育总局和民族院校对少数民族传统体育的挖掘、整理、加工、提高做了大量工作。1984 年至今，各级民委、国家体育总局和民族院校在挖掘整理的基础上先后出版了《中国少数民族传统体育》《民族体育集锦》《中华民族游戏大全》《中华民族传统体育志》《民族传统体育教材》《少数民族传统体育通论》等图书。

（3）各级民委、国家体育总局对挖掘整理出来的优秀项目进行了改革、提高。1985 年以来，国家民委、国家体育总局不断地组织专家对竞赛规则进行了修订，对场地器材、比赛方法、规则与判罚、名次排定等都作了详细规定，使少数民族传统体育更加规范化、科学化、竞技化。

（4）各级民委、国家体育总局及学术组织多次举办学术研讨会，探讨少数民族传统体育的发展、改革与提高。1981 年以来，各级民委、国家体育总局、中国大学生体育协会等举办了各种学术研讨会，对少数民族传统体育的理论研究，无论是在广度上还是在深度上都得到了提高。

（5）成立各级民族体育协会，开展丰富多彩的少数民族传统体育活动。1992 年，国家民委、国家体育总局成立了全国性的少数民族体育专业的群众团体——中国少数民族体育协会。中国少数民族体育协会的业务活动以少数民族传统体育为主，兼顾少数民族体育的总体情况。该协会的具体工作包括：组织全国性或地域性的少数民族体育比赛，举办项目培训；支持地方的民族体育工作，促进少数民族民间传统体育项目的发掘、整理和提高，促进少数民族健身运动发展；开展民族体育调研和研讨活动，为政府提供信息和建议；开展民族体育的宣传、咨询和国内外交流等。1992 年 12 月，中国大学生体育协会民族传统体育分会成立。

（6）全国各高校大力推广少数民族传统体育教育，使少数民族传统体育逐渐得到了普及与开展。许多体育院校设立了民族传统体育这门新学科，这是我国培养民族传统体育专门人才的一项重要改革举措。北京体育大学、首都体育学院、中央民族大学、广西民族大学等院校把少数民族传统体育项目列入了公共课教学当中。

（7）为了使民族传统体育稳定发展，全国各省区民族、体育工作部门相继建设了一批省级少数民族传统体育基地，给予政策、资金支持。依托这些基地，各地开展了多种形式的民族传统体育活动，培养了一批本土的民族体育人才。少数民族传统体育基地已逐渐成为开展民族传统体育活动、普及民族传统体育项目、培养民族体育人才、传承民族体育文化的新的重要载体，这些民族传统体育基地的建设，极大地发挥了辐射和带动作用，有力地促进了少数民族传统体育事业的发展。

（7）随着少数民族传统体育的发展和国际友好往来，中华民族传统体育逐渐走向世界。有关部门和人员通过国际往来，不断加强各国对中国少数民族及少数民族传统体育的了解，增强友好感情，促进经济的发展，促使少数民族传统体育走向世界。

（三）分类

根据各级少数民族传统体育运动会的项目设置，以及少数民族传统体育项目的自身特点，少数民族传统体育项目可划分为竞技类、表演类、武术类、棋类、游戏类。

竞技类项目的主要特点是快、高、强、准，主要包括：蹴球、毽球、珍珠球、抢花炮、搏克、举鼎、投石、投壶、高脚竞速、射弩、打陀螺、赛马、龙舟竞速、秋千、板鞋竞速等；表演类项目的主要特点是直接展示少数民族的美，主要包括：侗族多耶舞和狮子舞、朝鲜族扇子舞、彝族的阿西跳月、维吾尔族的麦西莱甫、傣族孔雀舞等；武术类项目的主要特点是刚柔并济，具有攻防技击性，以套路运动为主，内外合一，形神兼备，主要包括：查拳、猴拳、汤瓶功、蛤蟆拳等；棋类项目的主要特点是脑力消耗较大，主要包括：蒙古棋、鹿棋、争王棋、老虎棋、华容道等；游戏类项目的主要特点是以娱乐身心为主，主要包括：滑草、泥巴架、抱石头等。

二、丰富多彩的少数民族传统体育项目

（一）特点

我国少数民族传统体育的特点，是指它与近、现代体育的对比而显现出来的特性。这些特性是在它的产生和发展过程中逐步形成的，是在特定的地理环境、社会生产方式、历史条件、文化水平以及宗教、民俗等因素的作用下形成的。

1. 传统性

我国少数民族传统体育自产生以来，始终与本民族的政治、经济、文化、习俗、信仰相联系，世代相传，具有明显的传统性。众多项目在历史发展的长河中，经过锤炼、优化而升华、继承和发展，形成内容、形式、时间、地点相对稳定的传统体育项目。如正月初一高山族举行竿球比赛、水族赛马、阿昌族荡秋千；初二黎族的射箭比赛；初五羌族的射击比武；正月十五毛南族的踩风车；等等。

2. 地域性

我国55个少数民族有人口少、分布广的特点，孕育出来的体育文化，常常带有很强的地域性。蒙古族过着“随草迁移”的游牧生活，精骑善射，形成了以骑射为特点的赛马、赛骆驼等传统体育项目。居住在青藏高原的藏族，爬山、骑马、射箭、放牧牦牛是牧民日常生活的重要组成部分，在此基础上逐渐形成了高原登山、赛马、射箭、赛牦牛等传统体育项目。此外，由于少数民族分布地域广，各民族的思想、经济、文化、习俗差别大，因而形成了内容丰富、风格不一、形式多样、各具本民族特色的体育运动项目。即使是同一运动项目，其所包含的内涵、技艺等均有较大的差异。据不完全统计，我国少数民族传统体育项目共有230多项，仅广西就有150多项。

3. 民俗性

我国各少数民族都有本民族的风俗习惯。研究表明，传统体育与民族风俗习惯紧密结合，互相渗透，形成了传统体育的民俗性特点。民俗促进了传统体育的深化和发展，传统体育丰富了民俗的内容。有的是传统体育融进传统节日、婚俗、庆典活动中；有的是节日、歌会、圩场、庆典活动包容了传统体育；有的是传统体育项目贯穿于各种民俗之中。如苗族的跳鼓可在“四月八”“六月六”“赶秋”等节日期间进行，还盛行于新郎迎娶新娘时。蒙古族的那达慕大会包括了摔跤、赛马、射箭、田径、球类、马术、射击、武术、棋类、拔河等多项体育比赛，使传统体育的民俗性体现得更充分。

4. 娱乐性

我国少数民族传统体育以强身健体为目的，表演性、娱乐性项目居多。这些活动大都安排在业余时间进行，欢庆丰收、欢度佳节、祝贺新婚、闲暇消遣，将体育寓于娱乐之中，扩大欢快的氛围。壮、黎、侗、苗、瑶、彝、布依等族人民都喜爱打铜鼓，打铜鼓时伴以歌、载以舞，边敲边舞，表演各种动作，开展比赛，风格纯朴，具有浓郁的民族特色和欢快气氛。维吾尔族的达瓦孜、哈尼族的爬树赛等，妙趣横生。

5. 文体交融

我国各少数民族能歌善舞，能骑善射，热爱文化，酷爱体育，形成了互相交融、互相促进、不断发展的传统文化和传统体育，形成了高度体育技巧性与高度艺术性统一的传统体育项目。这些项目既强身健体，又愉悦身心，达到健、力、美的和谐统一。如黎族的跳竹竿，跳竿者时跪、时蹲、

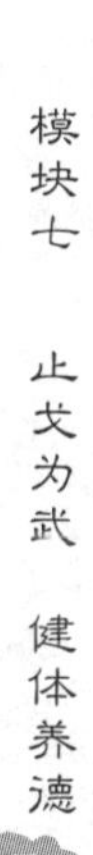

时站，节奏越打越快，难度越来越大。跳竿者随竹竿的分合、高低、快慢，灵巧地跳跃其间，千姿百态，千变万化，展现出各种优美的姿势，美不胜收。参加者不仅要求具备良好的身体素质，还要具备较高的音乐素养和舞蹈技巧。

（二）民族传统体育的价值和文化内涵

少数民族传统体育项目的价值主要有教育功能和民族凝聚功能。教育功能主要体现在民族传统体育的产生和发展始终与教育有密不可分的关系，它作为教育的主要手段和内容，在历史的发展过程中发挥着积极的、重要的作用；民族凝聚功能主要体现在其产生和发展强烈地影响和引导着人们的共同意识和文化需求，使人们自觉强化了社会集体意识，增强了社会群体与群体之间的凝聚力。

少数民族传统体育项目是人类体育文化的一个重要组成部分，它既是一种带有民族特点的文化形式的表现，又是一种颇具传统色彩的文化形态。它既是人类体育文化的组成部分，又是民族传统历史文化的重要内容。作为一种体育文化，它应是不同的民族有目的地、能动地改造人类社会及人类自身的一种客观物质活动；作为一种民族的传统文化，它应具有作为一种文化形态自身的形成、发展及生存的历史过程，具有属于其自身的突出而丰富的科学内涵和与其他相关文化形态相融、相隔的文化限定。

作为民族文化重要组成部分的民族传统体育，是一种具有独立的文化形态、具有独自生存的发展历史、具有突出丰富文化内涵的民族性的传统文化。其内涵主要表现在以下几方面：

首先，民族传统体育是特定历史时期的产物，它既是人类自身实践活动的结果，同时在其发展和形成过程中，更深深地受到传统习俗、传统道德、传统教育等相关传统文化形态的影响。

其次，正是由于其本身的民族性和传统性，民族传统体育成为一种具有特殊形式的体育活动方式。这就是以竞技强身为核心的体质训练和以表述情感为核心的心理再现。这两种价值的表现方式，常常寓于同一种体育行为，成为民族传统体育作为一种文化形态而存在的重要基础。

最后，民族传统体育作为一种民族文化的综合形态，始终与周围环境的其他文化体系有着互相依存和互相作用的紧密联系，成为一种与外界自由地进行物质和信息交换的文化开放系统。这既为不同运动方式和特点的民族传统体育向世人展示提供了条件，同时也为民族传统体育从不同民族和现代体育中汲取营养打下了基础。

测一测

一、单项选择题

1.“十八般武艺”的提法最早出现于（　　）。

A. 春秋战国时期　　B. 宋代

C. 汉朝　　D. 隋朝

2.（　　）是动作灵活、快速有力、姿势舒展、节奏明显，具有多种相关动作与技术的拳术。

A. 太极拳　　B. 八卦掌

C. 咏春拳　　D. 长拳

3. 古代兵器中，属短兵器，有“百兵之君”美称的是（　　）。

A. 刀　　B. 枪

C. 戟　　D. 剑

4.（　　），似剑而曲，由戈演变而成。

A. 斧　　B. 叉

C. 锏　　D. 钩

5.“天行健，君子以自强不息；地势坤，君子以厚德载物”出自（　　）。

A.《周易》　　B.《红楼梦》

C.《水浒传》　　D.《西游记》

6. 以下不属于少数民族体育起源的是（　　）。

A. 生活　　B. 战争

C. 民俗　　D. 遗传

7. 有“东方式橄榄球”之称的少数民族传统体育项目是（　　）。

A. 打扁担　　B. 蹴鞠

C. 抢花炮　　D. 赛马

8. 从（　　）开始，每 4 年举行一次全国少数民族传统体育运动会。

A. 1980 年　　B. 1981 年

C. 1982 年　　D. 1983 年

9. 中国大学生体育协会民族传统体育分会于（　　）成立。

A. 1988 年　　B. 1992 年

C. 1996 年　　D. 2000 年

10. 下列不属于少数民族传统体育项目分类的是（　　）。

A. 竞技类　　B. 武术类

C. 表演类　　D. 舞蹈类

11. 属于武术类的少数民族传统体育项目是（　　）。

A. 秋千　　　B. 赛马

C. 狮子舞　　　D. 汤瓶功

12. 广西三月三抢花炮是（　　）的节日。

A. 苗族　　　B. 壮族

C. 仫佬族　　　D. 侗族

二、判断题

1. 春秋战国时期，武术进入快速发展时期。（　　）

2. 南拳是我国南方各省拳术的总称。（　　）

3. 拐，俗称“拐子”，是民间老人之拐杖演变成的武器。（　　）

4. 我国传统武术中的抱拳礼，是由作揖礼和八卦拳加以提炼、统一而形成的。（　　）

5. 每年七、八月牲畜肥壮的季节举行的那达慕大会是藏族人民一年一度的盛大节日。（　　）

6. 1998 年设立了“大学生少数民族传统体育专业指导委员会”。（　　）

7. 蒙古棋、鹿棋、争王棋、老虎棋属于少数民族传统体育棋类项目。（　　）

8. 蹴球、毽球、珍珠球、抢花炮、搏克属于少数民族传统体育表演类项目。（　　）

实践体验与知识拓展

1. 感受少数民族传统体育项目魅力。

内容：学习高杆绣球。

要求：利用互联网搜索学习高杆绣球的竞赛规则和练习方法。

2. 练习武术，健身打卡。

要求：结合体育课所学，每天练习武术健身操，并录下视频，坚持打卡 21 天。

目的：养成运动习惯，建立锻炼意识，把优秀民族文化融入日常体育锻炼的同时，传承民族体育文化。

3. 在班级内进行民族体育项目的展示（比赛）活动。

要求：了解本地区的民族体育运动项目，收集材料，撰写宣传文案，并负责组织该项目的展示活动。

实施：全班同学分为几个小组，每个小组负责一个项目，进行班级的民族体育运动项目展示或比赛。

模块八 

祈福纳祥　敬老聚亲

学习目标

1. 了解中国传统节日的相关风俗，理解中国传统节日的文化内涵。

2. 能感受中国传统节日的文化底蕴，珍视传统节日文化，增强文化认同和保护传承意识。

3. 感受蕴含在传统节日当中的中国人对美好生活的向往，以及代代相传的良好家风，增强对本民族文化的认同感。

人文精神荟萃

生命教育（生命观、伦理观、自然观、婚恋观等） 家风家教（家庭和睦、家庭团圆、追思怀远、文明交往等） 传统美德（勤劳智慧、乐善好施、孝老爱亲等）

情景导入

随着我国综合国力和国际影响力的提升，越来越多的外国人开始了解中国、了解中国的传统节日，同时越来越多的国人远渡重洋，中国的传统节日也“飘扬过海”被带到了世界各地。特别是在澳大利亚，每逢中国节日，悉尼的中国城都会张灯结彩，节日氛围十分浓厚；在美国，许多超市设有月饼专区，洛杉矶的很多美国人，每到中秋节都要买一盒月饼；在曼哈顿唐人街华人社区举办的中秋节集市，也吸引了很多前来感受中国气氛的当地民众。在加拿大，当地民众积极参与华人所举办的春节文艺晚会；在英国，春节游行庆祝活动成为“伦敦中国周”的压轴节目……中国传统节日风靡世界，“中国节”在海外走俏的同时，也增强了中国与世界各地的交流与合作，成为展现中国文化的一张名片。中国传统节日是由中华民族世代情感、愿望、信仰、伦理、礼仪等长期积淀凝聚而成的智慧结晶，也是凝聚中华民族情感的重要纽带。

中国传统节日作为一种行为层面的传统文化，它根植于古代农业社会文明。在长期的流传过程中，它通过对天人、群己、义利等关系的约定，形成了自身特定的文化内涵，体现了强大的文化凝聚力与生命力，凝结着中华民族的民族精神和民族情感，承载着中华民族的文化血脉和思想精华，是维系国家统一、民族团结和社会和谐的重要精神纽带。

项目一　中国主要传统节日

我国是一个节日众多、节日文化丰富多彩的国家。节日作为民众生活中一项特定的内容，几千年传承不断、经久不衰，成为民族文化中最为精彩的一部分，并且深刻地反映出一定时代广大民众的生活方式、心理特征、审美情趣和价值观念。在历史长河中，各民族的节日风俗互相渗透，形成了共同的节日。

一、主要传统节日及其风俗

（一）春节和除夕

自汉武帝太初元年（141 年）始，以农历正月初一为“岁首”（即“年”），春节的日期由此固定下来，延续至今。年节古称“元旦”。1911 年辛亥革命以后，我国开始采用公历（阳历）计年，遂称公历 1 月 1 日为“元旦”，称农历正月初一为“春节”。春节是中华民族最隆重的传统节日。

春节是除旧布新的日子。春节虽定在农历正月初一，但春节的活动却并不止于正月初一这一天。从腊月二十三（或二十四日）小年时起，人们便开始“忙年”：扫房屋、洗头沐浴、准备年节器具等。所有这些活动，有一个共同的主题，即“辞旧迎新”。人们以盛大的仪式和热情迎接新年，迎接春天！

春节是祭天祈年的日子。古人谓谷子一熟为一“年”，五谷丰收为“大有年”。西周初年就已经出现了一年一度的庆祝丰收的活动。后来，祭天祈年成了年俗的主要内容之一。

春节还是合家团圆、敦亲祀祖的日子。除夕时要将旧门神、春联撕掉，换上新门神、新春联，并放爆竹。全家欢聚一堂，吃罢“年年有余”的“团年饭”，长辈给孩子们分发“压岁钱”，一家人团坐“守岁”。元日子时交年时刻，鞭炮齐响，辞旧岁、迎新年的活动达到高潮。各家焚香致礼，敬天地、祭列祖，然后依次给尊长拜年，继而同族亲友互致祝贺。元日后，开始走亲访友，互送礼品，以庆新年。

春节更是民众娱乐狂欢的节日。元日以后，各种丰富多彩的娱乐活动竞相开展：耍狮子、舞龙灯、扭秧歌、踩高跷、杂耍诸戏等，为新春佳节增添了浓郁的喜庆气氛。此时，正值“立春”前后，古时要举行盛大的迎春仪式，鞭牛迎春，祈愿风调雨顺、五谷丰收。各种社火活动持续到正月十五，并再次达到高潮。

因此，集祈年、庆贺、娱乐为一体的盛典春节就成了中华民族最隆重的佳节。时至今日，除祀神祭祖等活动比以往有所淡化以外，春节的主要习俗都完好地得以继承与发展。

（二）元宵节

元宵节又称上元节，指正月十五，即农历新的一年里的第一个月圆之日。古代称夜为“宵”，故称“元宵节”，是我国传统节日中的大节。因元宵节的主要节俗活动有燃放花炮烟火、张灯、赏灯等，故称“灯节”。此外还有耍狮子、舞龙灯、猜灯谜、吃元宵等习俗。元宵节张灯习俗起源于汉代，在南北朝时蔚然成风。当时已有油灯、漆灯等，灯明如昼，如有月色，灯月交相辉映，观灯则更具乐趣。谜语在我国早已流行，秦汉时期已较普遍。宋代开始把谜语贴在花灯上，称作灯谜，让人猜测，增加节日的雅趣。元宵在南方多叫水团、汤团，是民间重要节日的食品与点心，至今民间仍认为吃汤团有家人团圆、幸福吉利、新一年圆满顺遂之意。

元宵

（三）清明节

清明属我国的二十四个节气之一，也是传统节日，节期在公历每年 4 月 4 日至 4 月 6 日之间。我国传统的清明节大约始于周代，已有二千五百多年的历史。清明最开始是一个很重要的节气，清明一到，气温升高，正是春耕春种的大好时节，故有“清明前后，种瓜种豆”“植树造林，莫过清明”的农谚。后来，由于清明与寒食的日子接近，而寒食是民间禁火扫墓的日子，寒食与清明就渐渐合二为一，寒食既成为清明的别称，也变为清明时节的一个习俗，清明之日不动烟火，只吃凉的食品。

清明节融合了寒食节、上巳节的风俗，主要有禁火寒食、祭扫坟墓、踏青郊游、荡秋千、放风筝、打马球及插柳等。相传这是因为清明节要寒食禁火，为了防止寒食冷餐伤身，所以大家来参加一些体育活动，以锻炼身体。因此，这个节日中既有祭扫的悲酸泪，又有踏青游玩的欢笑声，是一个富有特色的节日。扫墓拜祖在先秦时已有，秦汉时期多在寒食节进行。明清以来扫墓活动增多，不仅扫自己先祖的坟墓，且拜祭历代功臣，皇帝派大臣祭黄帝墓。今清明节则为革命烈士扫墓，举行纪念活动等。

（四）端午节

农历五月初五端午节，是夏季最重要的节日。因古代“端”与“初”同义，“午”与“五”同音，故称五月初五为端午。端午节又称端阳节、重午节。此外，端午节还有许多别称，如午日节、重五节、女儿节、天中节、诗人节、龙日等。虽然叫法不同，但从总体上来说，各地过端午节的习俗基本相同。其内容主要有：女儿回娘家，挂钟馗像，悬挂菖蒲、艾草，佩香囊，赛龙舟，比武，击球，荡秋千，给小孩涂雄黄，饮用雄黄酒，吃咸蛋、粽子和时令水果等，很多习俗至今仍在我国各地流传并传至邻近的国家。我国的满族、朝鲜族、白族、苗族、哈尼族、纳西族、瑶族、蒙古族、布依族等少数民族也流行过端午节，又各有其风俗，如满族的拜天、射柳、击球，朝鲜族的荡秋千、踏跳板等活动。

（五）七夕节

在我国，农历七月初七是人们俗称的七夕节，也有人称为乞巧节或女儿节，这是中国传统节日中最具浪漫色彩的一个节日，也是古代姑娘们最为重视的日子。

女孩们在这个充满浪漫气息的晚上，摆上时令瓜果，朝天祭拜，乞求天上的女神能赋予她们聪慧的心灵和灵巧的双手，让自己的女红技法娴熟，更乞求姻缘巧配。在古代，对于女子来说，婚姻是决定一生幸福与否的终身大事，所以女子都会在七夕节晚上对着夜空祈祷自己的姻缘美满。

（六）中秋节

农历八月十五日为中秋节，这一天正是农历秋季正中，故名。中秋节在民间俗称八月节，是一个象征团圆的传统佳节，也是我国仅次于春节的第二个大节。中秋节的起源与古代秋祀、拜月的习俗有关，主要有祭拜月神、赏月、赏桂、观潮和吃月饼等习俗。早在汉晋时期，民间已有赏月之举。月饼原为祭奉月神的供品，后为我国南方市民的点心食品，继而流传至全国。吃月饼有团圆之意，亲友之间也以月饼相赠。

（七）重阳节

重阳节又称“九月九”“重九”。古时候将数字也分为阴阳，一、三、五、七、九这几个单数为阳数，九是阳数中最大的数字，被认为是最吉利的数字。

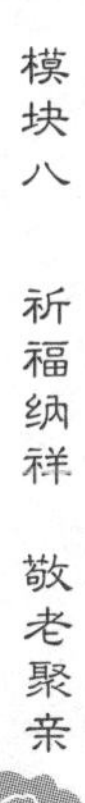

九月九日恰是月逢阳，日逢阳，双阳重叠，双九重叠，因此称为重阳节、重九节。

重阳节在西汉时就已产生，并且在当时就已经有了登高、赏菊、插茱萸、饮菊花酒的习俗。至东汉时，重阳节的种种仪式又被涂上了辟邪色彩。南朝梁代的吴均在《续齐谐记》中载："（东汉）汝南桓景随费长房游学累年。长房谓曰：'九月九日，汝家中当有灾，宜急去，令家人各作绛囊盛茱萸以系臂，登高饮菊花酒，此祸可除。'景如言，齐家登山。夕还，见鸡犬牛羊一时暴死。长房闻之曰：'此可代也。'"古人认为，九为阳数之极，双九便为老阳，阳极必变，因此，九九乃是由盈转亏、由盛转衰之数，与五月初五同属毒月毒日。茱萸香味浓郁，可驱虫祛湿、治风寒、消积食，菊花可清火去毒。所以，古人认为九月初九佩茱萸、饮菊酒、登高处可以避灾免祸。吃重阳糕则取"步步登高"之意。这一习俗延续到唐宋之后，逐渐演变为给亲朋好友身佩茱萸、携带佳酿、饮酒赋诗、拉弓射箭、登高赏菊等民俗活动。

（八）腊八节

农历的十二月初八俗称"腊八"，是我国又一个重要的传统节日。腊乃上古时期岁终祭神祭祖的仪式。由于腊祭是在每年的十二月进行的，所以汉代人们就把十二月称为腊月。祭祀用的兽肉往往吃不完，人们就在肉上面抹上盐，风干后留着慢慢吃。因为这些肉是腊祭剩下的，因此人们称之为腊味。

腊八节的节日食品是腊八粥。腊八粥又名"七宝五味粥"，是由核桃仁、松子、栗子、红豆、糯米、红枣等多种原料混合熬制而成的一种节日食品。

二、多彩的少数民族节日

岁时节令在少数民族中多表现为各种节日。如壮族的三月三对歌节，白族的三月节，傣族的泼水节，藏族的藏历年，苗族的苗年、赶秋节，水族的端节，瑶族的达努节，侗族的花炮节，彝族的火把节，高山族的丰年祭等，表现形式各有不同，但大多以喜庆欢乐为特点。

（一）经久不衰的草原盛会——那达慕大会

蒙古族的那达慕盛会闻名遐迩，深得人们喜爱。经过上千年的发展，那达慕已成为蒙古族文化不可或缺的组成部分。

那达慕，蒙语意为游戏或娱乐，是集祭祀、竞技、娱乐和祝福于一体的蒙古族体育盛会。在我国北部，东起呼伦贝尔，西到新疆的巴音布鲁克，这一片广袤的草原上，只要有蒙古族群众生活居住的地方，就有那达慕盛会。

那达慕每年农历六月初四开始，是草原上一年一度的传统盛会。那达慕或以嘎查（村屯）、苏木（区乡）为单位，或以旗县为单位举行，会期3～5天。

古代和近代的那达慕盛会都要进行男子“三项”比赛——摔跤、赛马和射箭。现在那达慕除了进行男子三项竞技外，还增加了马球、马术、田径、球类比赛、乌兰牧骑演出等新的内容，同时举行物资交流会并表彰先进。举行那达慕时，牧区方圆数百里的牧民穿着节日的盛装，骑着骏马或乘坐汽车、勒勒车络绎不绝地前来参观。那达慕期间帐篷林立，组织广泛的物资交流会，以促进生产。晚上还会举行各种形式的文艺活动。锡林郭勒盟地区举办的那达慕已成为全民健身和群众娱乐的重要活动。

那达慕是蒙古族文化传统的重要载体。那达慕上的各项活动是力与美的显现，是体能和智慧的较量，是速度和耐力的比拼，比较全面地展示了在草原上生活的群众的综合素质。

那达慕是具有广泛群众性和娱乐性的传统民俗文化活动，具有广泛、深刻的文化内涵，反映了蒙古民族的价值观和审美观。发掘、抢救和保护那达慕，对中国体育史乃至世界体育史的丰富和完善都有着重要价值。

（二）唱和选婿结良缘——三月三对歌节

农历三月初三是广西壮族群众一年一度的民歌盛会——对歌节，它流行于百色、河池、柳州、南宁四个壮族聚居的地区。这一天，家家户户都准备丰盛的节日食品，青年男女穿着节日盛装，带上五色糯米饭、彩蛋等食品，女青年还带着精心缝制的绣球，从四面八方涌向歌圩（一般为圩场、坡地）尽情对唱，一般以爱情为主题，也有历史、生产、风俗、生活常识等方面的内容，对歌的形式有男女个人对唱和集体对唱，具体有见面歌、邀请歌、盘歌、爱慕歌、盟誓歌、送别歌等。壮族青年能歌善唱、出口成歌，遇上对手能对唱一天一夜，赛得难解难分。对歌节上除了以歌传情，青年男女还常用抛绣球、碰彩蛋等形式择偶定情。此外，对歌节上还举行抢花炮、舞龙、舞狮、演戏等文体活动，也有部分地方在三月三这天祭扫祖墓、踏青郊游。三月三对歌节流传至今，已有上千年历史，其民族性、多样性的节日内容与形式，充分反映了壮族人民的聪明才智、理想追求和健康向上的审美情趣。

三月三对歌节由祭神变为民间节日有许多美丽的传说，比较流行的说法是起源于“赛歌择婿”的民间佳话，还有一个传说与纪念“歌仙”刘三姐有关。

（三）东方的“狂欢节”——傣族泼水节

泼水节是傣族人民的传统节日，也是傣历新年，在公历四月中旬举行，

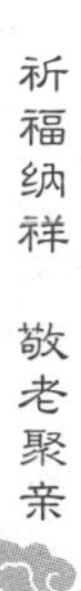

历时三四天。节日期间，身着节日盛装的傣族男女老少从四面八方敲着铜锣、打着象脚鼓涌向街头，伴随着“水、水、水”的欢呼声，互相追逐，把一盆盆象征圣洁的水泼向对方，以示美好的祝愿，直至人人全身湿透。

泼水节也是未婚青年男女寻觅爱情、栽培幸福的美好时节。泼水节期间，傣族未婚青年男女喜欢做“丢包”游戏。姑娘手中用花布精心制作的花包是表示爱情的信物。丢包那天，姑娘们极尽打扮之能事，然后打着花伞，提着小花包来到“包场”，与小伙子们分列两边，相距三四十步，开始向对方丢花包。小伙子若是接不住姑娘丢来的花包，就得把事先准备好的鲜花插在姑娘的发髻上，姑娘若是接不着小伙子丢来的包，就得把鲜花插到小伙子的胸前，就这样渐渐地选中了对方，一段段浪漫的爱情故事就开始了。

划龙舟是泼水节最精彩的项目之一，常常在泼水节的第三天举行。届时，人们穿着节日盛装欢聚在澜沧江畔、瑞丽江边，观看龙舟竞渡。江上停泊着披绿挂红的龙船，船上坐着数十名精壮的水手，号令一响，整装待发的龙船像箭一般往前飞去，顿时整条江上鼓声、锣声、号子声、喝彩声，此起彼伏、声声相应，节日的气氛在这时达到高潮……

傣族人民能歌善舞，泼水节上自然少不了舞蹈。大规模的舞蹈主要安排在泼水节的第三天，如象脚舞和孔雀舞等。届时，从七八岁的娃娃到七八十岁的老人，都穿着节日盛装，聚集到村中的广场上，参加集体舞蹈。象脚舞热情、稳健、潇洒。舞者围成圆圈，随着铓锣、象脚鼓的节奏翩翩起舞，一边跳舞一边喝彩。孔雀舞优美、雅致，是傣族舞蹈的灵魂，舞蹈以孔雀的各种姿态为基础，在趣与美的再创造中，凝聚着傣族儿女的审美旨趣。还有不少舞者尽情挥洒自己的即兴之作，边唱边跳，甚至边跳边喝酒，如痴如醉、狂放不羁。

“放高升”是泼水节的又一项保留节目。高升是傣族人民自制的一种烟火，将竹竿底部填以火药和其他配料，置于竹子搭成的高升架上，接上引线，常在夜晚燃放。放高升时，点燃引线后火药燃烧产生强劲的推力，将竹子如火箭般推入高空。竹子吐着白烟，发出嗖嗖的尖啸声，同时在空中喷出绚丽的烟火，犹如花团锦簇，光彩夺目，十分美丽。地上则欢呼声、喝彩声此起彼伏，议论声、赞美声不绝于耳，好不热闹。

泼水节的节日习俗既富有浓郁的民族情趣，又充满祥和的欢乐气氛。近年来，泼水节名扬五湖四海，吸引着众多国内外游客前来观光，游客与傣族儿女一起欢度这个节日。有人将泼水节誉为东方的“狂欢节”。

（四）火把节

火把节是流行于我国云南、四川、贵州等省的彝族、白族、傈僳族、拉祜族、普米族、纳西族、佤族、哈尼族、布朗族等民族的传统节日，节期因地域、民族的不同而有先有后，但大多都会在每年农历六月二十四日至二十六日之间举行。

火把节的由来，因地区、民族的不同而说法不一，但却有一个共同点，那就是不畏强权、群力抗暴，这充分地展示了中华民族所具有的高尚的民族气节与情操。

火把节的内容，尽管因民族、地域、习俗的不同而不尽相同，但节日期间，各族同胞都会身穿节日盛装，举行斗牛、斗羊、赛马、摔跤、射箭、荡秋千等活动。夜晚，人们会手握小火把，或在村巷里相互追逐，打闹嬉戏，共祝吉祥长寿、亲密和睦；或高举火把，在村子周边、山野田间往来挥舞，形成火龙、火圈、火环等变化多端、令人眼花缭乱的图案，抒发节日欢乐喜庆之情。有些地方，家家门前竖一支火把，在村口或村中广场上竖一支特大火把，到节日夜晚，人们将这些火把一一燃起，奏起乐器，放声高歌，围着火把尽情舞蹈，通宵达旦地饮酒狂欢。不少民族还有“游田”的习俗，人们在夜半时分，高擎火把在田间地头游走，边走边将松香细末撒向火把，人们认为这样能驱虫、辟邪、除害，保佑五谷丰登、人畜兴旺。

近年来，各地不仅保留着这些传统节日习俗，而且增添了放映电影、文艺演出、物资交易等多种文化、经济活动，从而为火把节注入了新的时代特色。

（五）开斋节

开斋节是我国回族、维吾尔族、哈萨克族、乌孜别克族、塔吉克族、塔塔尔族、柯尔克孜族、撒拉族、东乡族、保安族等民族共同欢度的节日，也是我国回族人民的年节。

开斋节那天从拂晓开始就热闹起来。家家户户洒扫庭院，男女老少都要沐浴净身，换上自己喜爱的新衣服。

人们要准备馓子、油香、馃子等富有民族特色的传统食品，同时还要宰羊、鸡、兔等，做凉粉、烩菜等，互送亲友邻居，互相拜节问候。随着社会的发展，开斋节也增添了不少新内容，人们除了节日参加会礼外，还参加一些娱乐活动，如要狮子舞、踩高跷、唱花儿、表演武术、摔跤等。

（六）藏历新年

藏历新年是藏族最隆重、热闹的传统佳节，共 15 天。每年从藏历十二月初开始，家家户户就都忙碌起来，准备年货，购置新物，制作“竹素切玛”，培育青稞青苗。

“竹素切玛”即五谷斗，用木料制成，外部绘有各种吉祥花纹和图案。它从中间隔为两半，分别装有麦粒、炒熟的青稞粒和酥油糌粑，上面插有青

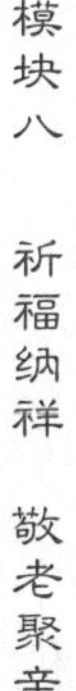

稞穗子和酥油饰品（有太阳、月亮等形状，还有酥油羊头）。还要用清水泡上一小盆青稞种子，等到过年时，可以长出一两寸青苗。把它与“竹素切玛”一起供奉在佛龛前，预祝来年风调雨顺、五谷丰登。

除夕这天，每家都要给窗户门楣换上新布帘，在房顶插上簇新的经幡，门前、房上和厨房也要用白粉画上吉祥图案，营造一派喜庆的气氛。入夜，全家老小围坐在一起吃一顿“古突”，类似于汉族新年的团圆饭。“古突”是在面疙瘩里分别包进石头、羊毛、辣椒、木炭、硬币等物品。谁吃到这些东西必须当众吐出来，每样东西都有寓意，于是大家相互议论，哈哈大笑一场，掀起欢乐的高潮。孩子们会燃放鞭炮，迎接新年。

大年初一人们一般都闭门谢客，只在家里举行庆祝活动。从初二开始，亲朋好友开始串门拜年。客人登门必道“洛萨尔桑”（新年好），主人则捧起“竹素切玛”到门口迎接客人。从这天起，民间艺人也四处活动，演唱藏戏。街头和村子里，人们还举行群众性的歌舞和藏戏演出活动。

这种相互拜访和自娱性的文艺活动要持续 3 ～ 5 天。随着物质生活的富裕和人们精神文化需求的不断提高，藏历年的内容越来越丰富，形式越来越多样。

（七）瑶族盘王节

瑶族盘王节源自农历十月十六的盘王节歌会。每逢这天，人们便汇聚在一起，载歌载舞，纪念盘王，并逐渐发展为盘王节。今天的盘王节已逐步发展为庆祝丰收的联谊会。青年男女则借此机会以歌道情，寻觅佳偶。

“盘王节”又称“还盘王愿”，有单家独户举行的，也有全村人举行的。盘王节的期限包括三天三夜和七天七夜两种，其仪式主要分两大部分进行。第一部分是“请圣、排位、上光、招禾、还愿、谢圣”，整个仪式中唢呐乐队全程伴奏，师公跳盘王舞（铜铃舞、出兵收兵舞、约标舞、祭兵舞、捉龟舞等）；第二部分是请瑶族的祖先神和全族人前来玩乐。这是盘王节的主要部分，吟唱表现瑶族神话、历史、政治、经济、文化艺术、社会生活等内容的历史长诗《盘王大歌》。该仪式一般要举行一天一夜。

盘王节仪式由 4 名正师公（还愿师、祭兵师、赏兵师、五谷师）主持，他们各司其职，每人有 1 名助手，共 8 人。此外还有 4 名歌娘歌师、6 名童男童女、1 名长鼓艺人和唢呐乐队参与盘王节。其传承方式以师承和家传为主。

盘王节作为历史悠久、分布广泛的大众节庆活动，集瑶族传统文化之大成，是一项增强民族向心力、维系民族团结的人文盛典。

项目二　中国传统节日的文化内涵

2005 年，中共中央宣传部、文化部等部门发布的《关于运用传统节日弘扬民族文化的优秀传统的意见》指出：中国传统节日，凝结着中华民族的民族精神和民族情感，承载着中华民族的文化血脉和思想精华，是维系国家统一、民族团结和社会和谐的重要精神纽带，是建设社会主义先进文化的宝贵资源。内容丰富、形式多样的中国传统节日是中华文明的缩影，是中华民族智慧的结晶，是中华民族情感和心理的聚合，是中华民族精神的纽带和桥梁，是传统文化的重要组成部分。

中国传统节日体现了中华民族的性格和精神，体现了社会群体的和谐团结，是文化认同、民族认同、国家认同的重要标志，是一份重要的非物质文化遗产。中国传统节日具有丰富的文化内容和精神内涵。

一、永恒不变的祈福纳祥主题

各大传统节日的起源与重要的节俗活动几乎都和祈福有关。端午节的插艾，饮菖蒲酒、雄黄酒，重阳节的插茱萸、饮菊花酒，均表达了人们远离灾疫的强烈愿望；传统八大节日中，元宵节、中秋节都以十五月圆为节期，以象征团圆美满的元宵、月饼为美食，再加上春节这一最隆重的节日，都以合家团圆为主旋律；还有在节庆中形成的一套吉祥语、祝福语，如“长命百岁”“年年有余”“步步登高”“吉祥如意”“六畜兴旺”“五谷丰登”“风调雨顺”“国泰民安”等，无不表达着人们对吉祥美满生活的向往。这成为中国老百姓千古不变的民族文化心态，萦绕于节日民俗生活之中。

二、丰富多样的中华文化的重要载体

中国传统节日文化是一个内容丰富、体系完整的系统，主要包括精神文化层面、行为文化层面和物质文化层面。它们交互作用、彼此依托，构成了中国节庆文化博大精深的独特魅力。在精神文化层面，中国传统节日浓缩着我国数千年文明进程的丰富内涵，集中体现了中华民族优秀的精神风貌，寄托着古往今来中国人的理想情怀，蕴含着人们对美好生活的不懈追求、对大自然的感恩与敬畏、对家庭团圆与世间和谐永恒的企盼。在行为文化层面，中国传统节日是各种民俗活动和民间艺术集中展示的平台，这个平台荟萃祭奠、礼仪、表演、技艺、艺术、体育、游戏等丰富多彩的行为文化，构成了一道亮丽的风景线。在物质文化层面，传统节日文化系统中外显的、有形的物质文化也十分丰富，既有四季飘香的节令佳肴，更有纷繁多样的装饰品、吉祥物，还有寄寓着丰富人文内涵的各种植物、花卉等。

三、贯穿始终的伦理道德意识

传统节日活动中，处处渗透着中华民族的传统道德因素，它在传播道德规范、塑造人的品格方面，具有潜移默化的养成作用。

首先，传统节日中渗透着浓郁的敬老爱幼的家庭伦理意识，如年节中给年长者拜年，各种祭祀活动中对祖先的礼敬，节日宴席上长幼座次的排定，新年给孩子买新衣裳、给“压岁钱”，端午节给孩子系五彩线、香荷包，中秋节给孩子买“兔儿爷”等，无不表现出对年幼者的悉心关爱和体贴。七夕节对牛郎、织女的爱情故事的赞美和认同，反映了人们对忠贞爱情的态度与观念。

其次，传统节日中也渗透着浓厚的人际和谐的群体意识，不仅年节中有亲戚朋友拜年问安的习俗活动，其他节日中还以节令美食为人际往来的最佳馈赠。到了现代，人们还利用卡片、电话、短信、网络邮件、微信等现代化工具进行节日问候。

最后，传统节日中还渗透着浓重的社会道德情感意识。传统节日中有一类是以纪念古圣先贤为主题的节日，如端午节对屈原的纪念，反映出强烈的爱国情感；中秋节关于八月十五送月饼造反的传说，反映了反抗强敌、维护和平的社会道德理想；寒食节对介子推的纪念，反映了人们对介子推鄙弃功名利禄、忠于国家的高尚品质的推崇。

四、无法磨灭的农业文明印记

中国传统节日根植于农业社会的土壤中，是农业文明的伴生物。节日日期的选择与设定，是古人依据天时、物候、气候的周期性转换而约定俗成的，都对应着特定的节气和农时，反映了农业社会生活的规律。我国是世界上最早进入农耕生活的国度之一，传统岁节中的二十四节气，就是应农业生产的需要确定的，与农业生产息息相关，是古代劳动人民掌握农事季节的经验总结。每当特定节气来临之时，人们都要举行相应的仪式和庆典活动。在此基础上形成的丰富多彩的节日，也都具有鲜明的农业文明印记。纵观中国传统节日，在时序的安排上宛如一条由自然节气生成而贯穿春夏秋冬的“文化链”。如年节源于上古时期的丰收吉庆活动，清明节突出天气回暖，绿草萌生，具有提醒人们安排春耕生产的意味，其他节日如二月二龙头节，是乞求一年风调雨顺的节日，春秋两季的社日是专门祭祀土神与谷神的节日，都显示着先民尊重自然规律，顺应自然时序，重视农业生产，感悟天、地、人“三才”贯通一气，追求和升华“天人合一”等观念。流传至今的许多关于岁时节日的谚语和民谣都鲜明地表现了这一特点，如“干冬湿年，禾谷满田”“清明前后，种瓜种豆”“清明忙种麦，谷雨种大田”，四时节庆纷至沓来，无不体现着人们应时而作的农业文明印记。而四季佳节的娱乐庆典和烹饪饮食，也是适时合令、因时而设、应季而生的。

五、周而复始的心理调节契机

纵观节日习俗活动不难发现，我国各个传统节日不论它发源时出于什么目的，但在不断发展演变之后，沉淀下来的最重要的主题就是欢乐、放松，追求吉祥如意等，包含了丰富的娱乐、喜庆的内涵和永恒地对美好生活的渴望，即使像端午节祭屈原、清明节扫墓祭祖这样以悼念死去的人为目的的节日，也有龙舟竞渡、郊野踏青这样的娱乐性活动；传统社会禁止男女之间的往来，限制自由恋爱，但是却在七夕节安排了闺中少女月下看牛郎织女相会的机会；由于生产力低下，男男女女几乎天天都处于劳作之中，而在正月里有做活的禁忌，使人们得以休息和调养。总之，在这些节日中，人们日常生活中必须遵循的种种规范，都通过节俗有所松动，使人们得到暂时的放松和心理调节，缓解了紧张的情绪。

六、沉积于心灵深处的民族认同载体

传统节日具有鲜明的民族性特征，它是民族文化最有代表性的承载体，是民族共同的生活方式、思维方式、心理模式的集中反映。在一定意义上说，传统节日是民族的文化标志和精神纽带，人们通过祭祖、拜年、访亲、联欢等多种节日仪式，以及共同参与的节日风俗活动，来证明自己是民族的一员，传递着人间美好情愫，使传统节日超越时空界限，发挥着凝聚民族情感、融洽人际关系、促进社会和谐的功能。海外华人中，至今仍有许多人保持着中华传统，这也成为他们心向祖国、不忘祖宗的强大精神动力。如美国许多城市的唐人街始终保持着过中国传统春节的习俗，当地华人也和国内的同胞一样，春节时守岁、放鞭炮、舞龙灯等，传统节日习俗带给他们的是民族认同感和民族自豪感。中国传统节日是民族情感的凝结，是民众精神情感的重要寄托方式，是维系国家统一、巩固民族团结、促进各民族文化交流与融合的重要精神纽带。

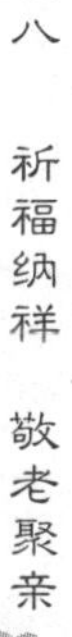

项目三 中国传统节日的现实意义

中国传统节日作为中国传统文化精神的体现之一，在社会发展中产生过深远的影响，至今仍有深刻的现实意义。

一、体现凝聚力

春节回家，清明扫墓，端午节纪念屈原、伍子胥的传统习俗，蕴含着敬祖意识、亲情情结、精忠爱国等思想，这些观念最容易唤起人们对亲人、家庭、故乡、祖国的情感，唤起人们对民族传统文化的记忆，唤起人们同宗同源的民族情及对文化同根性的认同。中国有许多俗语，如“一方有难，八方支援”“老乡见老乡，两眼泪汪汪”等，这些都是强大文化凝聚力的表现；海外华侨回国祭祀祖先及在异国、异地的游子落叶归根等行为则是传统节日中民族凝聚力的体现。文化凝聚力与民族凝聚力有利于增强民族团结、维系国家统一，有利于加深世界各地中华儿女的亲情，也有利于激励一个民族不断前进、发展、强大。因此，传统节日既是民族凝聚力和向心力的体现，也是民族文化的魅力所在。我们民族五千年文明之所以生生不息，在于民族的亲和力和凝聚力。它虽是潜在、无形的，却是一种自发的情感，这种情感到关键的时候就会迸发出来，形成一种无形的力量。

二、构建和谐关系

传统节日以自然为取向，尊重自然，随着自然物候的变化，以物喻人，进而引发对社会和人生的感怀。如“独在异乡为异客，每逢佳节倍思亲”就表达了诗人在重阳佳节之际思念家乡亲人的一种情怀。“节”对于中国古人来说，是天、地、人共同存在的一种方式。清明踏青、中秋赏月、重阳登高望远、春节拜年等，都强调跟随自然的节拍，崇尚自然，人与自然和谐共处。在亲近自然的活动中，人们放松心情，回归本我，找回童真，发现乐趣，骨肉情深或天伦之乐得到体现，形成一种与自然、与人和谐相处的关系。

当今世界，随着科技与工业的日益发达，人与自然、人与人之间的关系发生了许多变化，如由于人类无限制地征服自然而带来的一系列环境问题，人际关系的日益冷漠、疏远等。现在，当我们重新对照中国传统节日中人与自然、人与人、人与社会的和谐关系时，应该受到启迪。所幸的是，保护生态环境，构建人与人、人与社会和谐关系已经成为人们的共识，这也是对传统节日中“天人合一”思想的传承和发展。

三、唤起对美的向往

中国传统节日中，无论是亲近自然（如踏青、观星、赏月、登高等），还是渴望团圆（如吃饺子、月饼等）的习俗，都体现了人们对美的追求与向往。传统节日中的美，主要指生命与生活之美，在亲近自然、家人团圆、希望有情人终成眷属的传统习俗中，人们体会到了生活之美，也愈加珍爱生命。不仅如此，传统节日中人们的行为、愿望都发自内心，充满了感情，因此，即使有时希望不能实现，结局未必圆满，但因为这些行为、愿望发自内心，它们也是美的。

中国传统节日有几千年的历史，在长期发展过程中，不断与其他文化交汇，消极的东西逐渐消亡，美好的东西日益凸显，体现出强大的包容性，表现为同化力、融合力、延续力和凝聚力，这正是传统节日具有强大文化生命力的表现。这凝聚着全体民族成员情感、知识、智慧和伦理规范的传统节日，也必将成为现代生活的重要组成部分。

【微课扫一扫】

中秋话月圆

中国传统节日的现实意义

测一测

一、填空题

1. 关于七夕的诗句，“七月七日长生殿”的下一句是________________。

2. 傣族最盛大的节日是________节，也是傣历的新年，时间大致在傣历的六月六日或七日，即公历四月中旬。

3. “爆竹声中一岁除”是______《元日》中的名句，意思是在鞭炮声里，一年又过去了。这里的“元日”，指农历正月初一，即春节。

4. 王维的诗句“遥知兄弟登高处，遍插茱萸少一人”，诗中描述的是中国的传统节日——________节。

二、单项选择题

1. 踏青不仅仅是端午的习俗，也是（　　）的风俗习惯。

A. 重阳节　　B. 中秋节

C. 清明节　　D. 元宵节

2. 端午节的“端”是指（　　）。

A. 端正　　B. 初开端

C. 末端　　D. 端着，拖着

3. 盘王节是（　　）族的节日。

A. 汉　　B. 土家

C. 傣　　D. 瑶

4.“月上柳梢头，人约黄昏后”，描写的传统节日是（　　）。

A. 中秋节　　B. 元宵节

C. 端午节　　D. 七夕节

5. 中国有一个传统习俗，农历腊月二十三日或二十四日要过“小年”，这一天通常人们要吃（　　）。

A. 元宵　　B. 饴糖

C. 腊八粥　　D. 饺子

6. 蒙古族的那达慕大会在（　　）举办。

A. 丰收年景的农历六月　　B. 每年秋天

C. 清明后 10 天　　D. 端午前 3 天

实践体验与知识拓展

1. 家乡的传统节日文化。

主题：介绍家乡一个或几个节日的内容及其文化内涵，体会中国传统节日文化源远流长、内涵丰富的特色。

内容：调查收集了解家乡有特色的传统节日民俗活动，阐述对中国传统节日文化特征的理解。

要求：可分组抽签选定节日（各组最好不重复），将成果制作成 PPT，并向同学展演讲解。

2. 观看新闻视频《湖北代表中国“端午申遗”不受韩国端午祭影响》。

3. 观看视频《中国节日》。

模块九

中国智慧　济世仁心

学习目标

1. 了解中医药学的伟大成就和文化特征，领会中医理论体系从整体出发、辨证论治的特点，理解中医药学对人类的巨大贡献及对世界的影响。

2. 培养自律意识，学会关爱生命，重视维护身体健康，做到知行合一。

3. 深刻体会“以人为本、天人合一”思想。“天人合一”思想是中华文明的智慧结晶。它不仅体现了历代哲学家深刻的思考和博大的情怀，同时极具生态智慧，对于当今世界的可持续发展具有重要的指导意义。

人文精神荟萃

生命教育　健康教育　和谐观　整体观　天人合一　知行合一　自律意识

情景导入

两个和中医有关的成语典故

据《神仙传》记载：“君异居山间，为人治病，不取钱物，使人重病愈者，使栽杏五株，轻者一株，如此数年，计得十万余株，郁然成林……”这说的是三国时期的名医董奉，治好病患从不收取酬金，只让病家在山坡上栽杏树，杏子成熟后，他又将杏子变卖成粮食，用以赈济庐山的贫苦百姓和南来北往的饥民，一年之中救助百姓多达两万余人。董奉行医济世的仁慈之心和高尚品德赢得了百姓的敬仰，后人在杏林设坛祭祀他，用“杏林”来称颂医生，用“杏林春满”来赞美像董奉那样医术高明、医德高尚的医生。

凡医者仁心，以医技普济众生，世人敬之，“悬壶济世”是古代对医者救人于病痛的颂誉。典出《后汉书》及《神仙传》。《后汉书》中的记载是：集市有一老翁，悬挂一个药葫芦卖药，每等集市散去就跳入壶中。集市管理人费长房看见后，特地前去拜望，老翁便邀他同入壶中。后来，费长房向老翁学习医道，把老翁的医术继承了下来，在民间为广大百姓治病，于是便有了“悬壶济世”之说。

与我国悠久的历史相对应，中华医学也经历了漫长的发展过程。从纯粹医药经验的积累，经过理论总结形成体系，再经过不断丰富和完善，中医药学在不同历史阶段表现出了不同的发展内容和特点。

项目一　中医药学的成就

中医药学是我国人民长期与疾病做斗争的智慧结晶，积累了丰富的实践经验、系统的理论知识和独特的医疗技术，不仅在历史上为中华民族的繁荣昌盛做出了贡献，而且至今仍然在我国人民的医疗保健事业中发挥着重要作用。中医药学是我国古代文化科学宝库中一颗璀璨的明珠，是世界科学史上的奇迹，也是中华民族的骄傲。

一、中医药学的发展史

（一）学术体系形成时期

从远古到春秋，是中医药学的经验积累由少到多、由个别到一般的时期。这时的医药学没有形成体系，无论是经验还是理论认识，都是个别的、具体的和零散的。在这种经验积累的基础上，从战国到汉代，中医学经过对医药经验的总结提升，形成了中医药学学术体系，其标志就是《黄帝内经》、《难经》（又名《黄帝八十一难经》）、《神农本草经》、《伤寒杂病论》这四大经典著作的著成。

上述四大经典著作所载的内容，标志着中医药学的理、法、方、药学术体系已经初步建立了起来。举凡中医药学的基本理论、诊断方法、辨证原则、治疗法则、药物理论、配方理论、预防思想等，在四大经典中都有了明确、具体的论述。尤其是《伤寒杂病论》，将中医药学的理、法、方、药运用到临床实践，对辨证论治给出了完整的示范。四大经典在建立中医药学体系的同时，也建立了中医药学的学术范式，在以后的历史发展过程中，中医药学一直依照这一学术范式不断地发展演化。

（二）医药学分化发展时期

三国两晋南北朝时期，受追求个体生命价值的玄学以及道教的双重影响，人们比较重视对医药学的研究；唐朝盛世更为医药学的分化发展提供了物质基础、人才保障和思想沃土。晋、隋、唐时期，广大医药学者在前人的基础上结合临床实践，充实和发展了中医药理论，主要表现在以下几个方面：

（1）晋代医家王叔和整理成《伤寒论》，确立了六经辨证的纲领，标志着中医“理、法、方、药”体系正式确立；他总结并充实前人脉学知识，完成《脉经》10卷，发展了寸口诊法，分寸、关、尺三部脉法，提出了脏腑分配于手三部的原则，并详述了24种脉象的辨别方法。

（2）临床医学开始朝专科的方向发展。两晋时期，著名针灸学家皇甫谧深入钻研前人著作，撰写成《针灸甲乙经》，全面论述了脏腑经络学说，发展和确定了349个穴位位置、主治、操作，介绍了针灸操作方法、宜忌和常见病治疗方法，是现存最早的一部针灸学专著。唐代孙思邈在《千金要方》中则更详细地论述了妇女的经、带、胎、产诸病。昝殷广泛收集民间单、验方，著《经效产宝》，为现存最早的妇科专书。

（3）重视并发展药物炮制方法。南朝刘宋时期雷敩著《雷公炮炙论》，其中收录了300种药物的炮制方法，是我国第一部药物炮制专著，标志着本草学新分支学科的诞生。唐显庆四年（659年），由苏敬等主持编撰的《新修本草》（又称《唐本草》）颁行，这是我国历史上第一部官修本草。全书共收载药物844种，还增加了药物图谱，并附以文字说明，这种图文对照的方法开创了世界药学著作的先例，不仅反映了唐代药学的高度成就，对后世药学的发展也有深远影响。

（4）《唐本草》《千金方》均记载唐代已开始使用动物组织、器官及激素制剂。陈藏器编成《本草拾遗》，其中增补了大量民间药物，将各种药物功用概括为十类，即宣、通、补、泻、轻、重、滑、涩、燥、湿十种，为中药按临床功效分类的发端。李珣的《海药本草》则主要介绍了海外输入药物及南药，扩充了本草学的内容，也反映出唐代对外来药物引进的情况和认识水平。

（三）创新发展时期

宋金元时期病因学说更为系统化、理论化。宋代陈言著《三因极一病证方论》，较详细地阐述了“三因致病说”，将复杂的病因概括为内因、外因和不内外因。金元时期，出现了各具特色的医学流派，其中“金元四大家”的刘完素、张从正、李杲、朱震亨最具代表性。刘完素以火热立论，提出“六气皆能化火”的论点，用药主张以寒凉为主，故被称为“寒凉派”。张从正认为病由邪生，“邪去正自安”，以攻邪著称，并提出“汗、吐、下”三种主要治法，被称为“攻下派”。李杲提出“内伤脾胃，百病由生”的论点，指出治疗以补脾胃为主，被称为“补土派”。朱震亨倡导“相火论”，谓“阳常有余，阴常不足”，治病以滋阴降火为主，被后世称为“养阴派”。他们从不同的角度深入开展临床研究，丰富了中医药理论与实践。

北宋时期针灸学科飞速发展。王惟一撰《铜人腧穴针灸图经》，刻于石碑供人抄印。他还设计了与真人大小一致的铜人，外刻经络腧穴，内置脏腑，供教学和考试之用，使针灸的理论、教学和临床知识系统化，促进了针灸学的发展。

宋代儿科学与法医学得到重视。宋代钱乙编撰《小儿药证直诀》，记载了治疗痘疹初起的升麻葛根汤、治疗小儿心热的导赤散、治疗脾虚气滞的异功散及治疗肾阴不足的六味地黄丸等，一直被广泛应用于临床。金代宋慈编著的《洗冤集录》是世界上最早的法医学专著，成为许多国家审理死伤案件的重要参考书。

宋代沿唐代先例，由国家主导进行本草学著作整理，先后刊行了《开宝本草》《嘉祐补注本草》《本草图经》。《本草图经》亦称《图经本草》，所附900多幅药图是我国现存最早的版刻本草图谱。私人撰述的书籍，如唐慎微的《经史证类备急本草》（后世简称《证类本草》）则在此基础上研究整理了大量经史文献中有关药学的资料，内容丰富，载药总数达1 500余种，并于各药之后附列方剂以相印证，医药紧密结合。宋以前许多本草资料后来已经亡佚，亦赖此书的引用得以保存下来。它不但具有很高的学术价值和实用价值，而且具有很高的文献价值。

国家药局的设立，推动了方剂学和成方制剂的发展。1076年，在京城开封开设由国家经营的熟药所，其后又发展为修合药所（后改名为“医药和剂局”）及出卖药所（后改名为“惠民局”）。国家药局的产生促进了药材检验、成药生产的发展，带动了炮制、制剂技术的提高，并制定了制剂规范，《太平惠民和剂局方》即是这方面的重要文献。

（四）汇总集成时期

到了明清时期，随着科学技术的进步和医药学理论、实践的丰富与发展，中医药学进入比较繁荣的阶段。这一时期中医药的主要特点在于综合与集成，对前人的成果批判地继承和发展。李时珍历时27年编成的医药巨著《本草纲目》是中医药学发展的里程碑，它集我国16世纪以前药学成就之大成，对世界自然科学做出了举世公认的卓越贡献。

清代汪昂配合临床需要，以实用为原则，撷取《本草纲目》精粹，编撰了《本草备要》。清代赵学敏编著的《本草纲目拾遗》共十卷，载药921种，其中新增药物716种，同时对《本草纲目》中的已载药物加以补充，对错误之处加以订正。

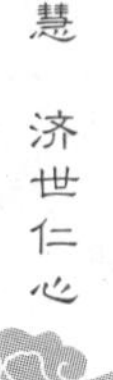

明清时期，传染病流行，人们在同传染病做斗争的过程中形成并发展了温病学派。这一时期，中医在治疗温病（包括传染性和非传染性发热性疾病）方面的代表性著作有吴有性的《温疫论》、叶桂的《温热论》、薛雪的《湿热条辨》、吴瑭的《温病条辨》及王士雄的《温热经纬》等。这些著名医家在特定的历史时期祛除瘟疫，守护中华民族的健康，这是继东汉时期张仲景成功防治瘟疫之后中医药的又一个壮举，所以后世将温病学派与伤寒学派并列，称为中医历史上两个最杰出的学派。

对当代临床中药学的功效分类有重要影响的是《本草求真》，该书载药520种，上篇分述药物的气味、功能、禁忌、配伍和制法等，下篇阐述脏腑病症主药、六淫病症主药、药物总义等内容。由于该书以临床实用为宗旨，因此正文中将药物分为补、涩、散、泻、血、杂、食物7类，每类又分若干子目。为了便于检索，书末附“卷后目录”，按药物自然属性分类。该书采用的按药物主要功效进行分类的方法，较《神农本草经》“三品”分类、《本草拾遗》“十剂”分类的方法更为先进。

二、中医学理论体系的主要特点

中国传统哲学认为，阴阳的对立统一是一切事物运动变化的根本原因，而自然界的天地万物都是普遍联系、相互影响的。建立在传统哲学基础之上的中医理论体系主要有两个特点：整体观念和辨证论治。整体观念是中医学的主导思想，辨证论治是中医学的诊疗特色。中医理论体系是从整体出发，运用辨证的理论，以鉴别、推断病情。

（一）整体观念

中医学对人体自身的完整性及人与自然、社会环境的统一性的认识具有整体观念。一方面，人体是一个有机整体。中医学的整体观念认为，人体是一个由多层次结构构成的有机整体，人体结构的整体性是以五脏为中心，以经络为联系，心、小肠、舌、脉、肝、胆、目、脾、胃、口、肉、肺、大肠、鼻、皮、肾、膀胱、耳、二阴、筋骨相互连通，构成不可分割的有机整体，各脏腑组织生理相互协同、相互制约，维持协调平衡。另一方面，人与环境密切联系。中医学的整体观念认为，人生活在自然和社会环境中，人体的生理功能和病理变化必然受到自然环境、社会条件的影响。人类在适应自然和改造自然及与社会环境的斗争中维持着机体的生命活动，这主要表现为人与自然、人与社会的和谐统一。人和自然环境的统一性主要反映在季节气候、昼夜晨昏、地区方域三方面变化对人的生理、病理影响；人与社会环境的统一性主要包括社会的治与乱，个人社会地位、经济状况的变动，生活中重大事件的发生等对人体生理病理的影响。从现代医学模式来看，现代医学所主张的建立“生物－心理－社会”的医学模式，也符合中医学的“天人一体观”。

（二）辨证论治

在中医学中，病是指有特定病因、发病形式、病机、发展规律和转归的一个完整的病理过程，反映了某种疾病全过程的总体属性、特征和规律，如感冒、痢疾、疟疾、麻疹、哮喘、中风等。症是指疾病的具体单个临床表现，包括异常主观感觉和异常体征，总称症状，如发热、咳嗽、头痛、眩晕及舌红、苔腻等。而证则是指在疾病发展过程中某一阶段或某一类型的病理概括，包括病因、病位、病性、病势等内容，反映了疾病发展过程中该阶段病理变化的本质特征，是疾病在不同阶段的表现形式。疾病是人体内某病变的全过程，疾病的本质变化贯穿于疾病整个过程的始终。病的发展变化过程可以分为若干阶段，形成若干不同的证，这些证的症候反映出病在不同阶段的本质变化。故证是反映疾病在某一特定阶段的病理变化实质，是该阶段各种相关因素对病的影响的汇集点。可见病重在全过程，证重在阶段性，证比病更具体，更具可操作性。

症与病、证之间的关系则是：症是病和证的现象，是病和证的外在标志，是辨识病或证的依据和出发点。病和证都是通过症反映出来的，由症的不同组合，形成不同的病候或证候。临床辨识病和证，主要是从症入手，抓住症的不同组合及其相互关系，辨清病候或证候。

中医学对疾病的诊断和治疗要求“辨证论治”。辨证，即将望、闻、问、切四诊所收集的资料、症状和体征，运用中医学理论进行分析、综合，辨清疾病的原因、性质、部位和发展趋向，然后概括、判断为某种性质的症候的过程。论治，则是根据辨证的结果，确定相应的治疗原则和方法，选择适当的治疗手段和措施来处理疾病的思维和实践过程。

辨证和论治，是中医学诊治疾病的两个步骤。辨证是认识疾病，确立证候的过程；论治是依据辨证结果，确立治法和处方遣药的过程。辨证是确定治疗方法的前提和依据；论治是辨证的目的，并可以通过论治的效果，检验辨证是否正确。所以，辨证和论治是诊治疾病过程中前后衔接、相互联系、不可分割的两个方面，是理论和实践的有机结合，是理、法、方、药在临床上的具体运用，是指导中医临床诊治的基本原则。

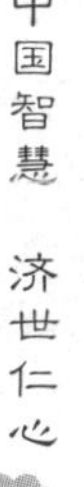

三、中医基础理论的主要内容

中医学是研究人类健康与疾病转化规律及其预防、诊断、治疗、康复和保健等的综合性科学。中医基础理论主要包括：医学的哲学基础，即精气血津液学说、阴阳学说、五行学说；中医对人体生理的认识，即脏腑形体官窍、经络等的生理功能；中医对疾病的认识，即病因、发病、病机以及中医预防治病原则。

精气血津液学说、阴阳学说和五行学说，是中国古代有关世界本原和发展变化的宇宙观和方法论，也是中医学的重要思维方法。代表文化进步和科学发展的精气血津液学说、阴阳学说和五行学说渗透到医学领域，不仅帮助中医学构筑了独特的医学理论体系，而且构建了中医学的思维方法体系，反映了中医学思维方法的特点。

（一）精气血津液学说

精气血津液学说是探讨生命的物质组成及机能活动的物质基础。气、血、津液的生成及在机体内进行新陈代谢，都依赖于脏腑、经络等组织器官的生理活动，而这些组织器官进行生理活动，又必须依靠气的推动和温煦，以及血、津液的滋润和濡养。中医学把气的运动形式称为气机，主要有升、降、聚、散等。而精气是天地万物相互联系的中介，维系着天地万物之间的相互联系，使它们成为一个整体，使万物得以相互感应。

（二）阴阳学说

《黄帝内经·素问·阴阳应象大论》载：“阴阳者，天地之道也，万物之纲纪，变化之父母，生杀之本始，神明之府也。”中医运用阴阳对立统一的观念来阐述人体上下、内外各部分之间，以及人体生命同自然、社会这些外界环境之间的复杂联系。如对人体具有温煦、推动、兴奋等作用的物质和功能，归属于阳；对人体具有凝聚、滋润、抑制等作用的物质和功能，归属于阴。阴阳对立统一的相对平衡，是维持和保证人体正常活动的基础；阴阳对立统一关系的失调和破坏，则会导致人体疾病的发生，影响生命的正常活动。因此，调整阴阳，泻其有余，恢复阴阳的相对平衡，就是治疗的基本原则。

（三）五行学说

五行思想最早见于《尚书·洪范》“水曰润下”，引申为滋润、下行、寒凉、闭藏；“火曰炎上”，引申为温热、上升、光明；“木曰曲直”，引申为生长、升发、条达、舒畅；“金曰从革”，引申为沉降、肃杀、收敛；“土曰稼穑”，引申为生化、承载、受纳。正因为事物之间存在着相生和相克的联系，才使得自然界维持着生态平衡。对人体来说，相生相克也属于正常生理现象，使人体维持着生理平衡。

（四）藏象学说

藏，指藏于体内的脏器；象，指表现于外的生理、病理现象。藏象学说就是通过对人体生理、病理现象的观察，研究人体各个脏腑的解剖形态、生理功能、病理变化及其相互关系的学说。

（五）经络学说

“经络”一词首先见于《黄帝内经·灵枢·邪气藏府病形》：“阴之与阳也，异名同类，上下相会，经络之相贯，如环无端。”“经”和“络”，是经络学说最基本的概念。经络学说是研究人体经络系统的循行分布、生理功能、病理变化及其与脏腑相互关系的学说，是中医基础理论的重要组成部分，是针灸学的理论核心。

（六）病因学说

病因学说是中医基本理论的一个重要组成部分，它可以根据患者的发病过程、临床病症，推断出疾病的根源，对症下药，最终达到治疗疾病的目的。病因学说是研究致病因素的性质、致病特点和临床表现的学说，包括六淫（风、寒、湿、燥、火）、疠气、七情（喜、怒、忧、思、悲、恐、惊）、饮食、劳逸、痰饮、瘀血、外伤、虫兽伤等，是中医基础理论的重要组成部分。

项目二　中医诊疗方法

中医学的疾病治疗极具特色，除了辨证论治的原则外，特有的脉诊与针灸、独特的方药理论及使用，都与中国传统文化倡导的“宝命全形以贵生”的系统思维方式、哲学思想等关系密切。

一、治疗原则

中医治疗总的方针是调和阴阳，扶正祛邪，疏通经络。中医学认为发病的基本原理在于正邪相搏。正气是决定发病的内在因素；邪气是发病的重要条件；邪正相搏的胜负，决定发病与不发病。

中医的治疗原则包括：（1）治标与治本：缓则治本，急则治标，标本兼治。

（2）扶正与祛邪：扶正是扶助正气，增强体质，提高机体的抗邪及康复能力的一种治疗原则。祛邪是祛除邪气，消解病邪的侵袭和损害，抑制亢奋有余的病理反应的一种治疗原则。（3）调整阴阳：损其有余，补其不足，阴阳并补，回阳救阴。（4）调理精气血津液，保证人体精、气、神的旺盛。（5）治疗中提倡三因制宜，即“因时制宜、因地制宜、因人制宜”，根据不同的条件辨证施治。

二、特有的治疗方法

（一）针灸

针灸术是中医学中独具一格的治疗方法，是把针具按照一定角度刺入患者体内，运用捻转与提插等手法刺激人体特定部位治疗疾病。作为秦汉以前临床实践最常使用的技术，在《内经》《难经》中已积累了丰富的经验和理论认识，并产生了扁鹊、华佗、涪翁、郭玉等针灸大家。魏晋时期皇甫谧对针灸学进行了首次总结，写成了我国现存最早并以原本形式传世的第一部专著——《针灸甲乙经》。该书系统整理了人体穴位，总结了临床针灸的治疗经验，按病论穴，同时也阐明了针灸操作方法和禁忌。宋代医官王惟一在宋仁宗天圣五年（1027 年）编写《铜人腧穴针灸图经》的同时，又在医官院主持监制了最早的两具刻有经脉腧穴的铜质人体模型，称作针灸铜人。这种铜人除了供教授和学习辨认腧穴外，还可作考试用。

（二）拔罐

拔罐疗法在我国已有两千多年的历史。中医认为拔罐可以疏通经络，调整气血。经络有“行气血，营阴阳，濡筋骨，利关节”的生理功能，如经络不通则经气不畅，经血滞行可出现皮、肉、筋、脉及关节失养而萎缩、不利，或血脉不荣、六腑不运等。通过拔罐对皮肤、毛孔、经络、穴位的吸拔作用，可以引导营卫之气始行输布，鼓动经脉气血，濡养脏腑组织器官，温煦皮毛，同时使虚衰的脏腑机能得以振奋，畅通经络，调整机体的阴阳平衡，使气血得以调整，从而达到健身祛病疗疾的目的。

从古至今，拔罐疗法之所以在民间深受广大患者欢迎，是因其操作简便、经济、患者无痛苦，而且疗效显著。随着当今医疗实践的不断发展，拔罐疗法的种类、方法不断创新，罐具从兽角、竹筒发展为金属罐、陶瓷罐、玻璃罐，乃至近年来研制成的抽气罐、挤压罐、电磁罐等。操作方法亦从单纯的留罐法发展为走罐、闪罐法，以及针罐、药罐、刺血罐、抽气罐、水罐等拔罐方法。适应范围从吸拔脓血发展为治疗风寒痹痛、虚劳、喘息等外感内伤的数百种疾病。

（三）推拿

推拿，古代也称按摩、按跷等，是人类最古老的医治疾病的自然疗法之一，也是中医治疗体系中的一个重要组成部分。早在战国秦汉时期，推拿疗法已被普遍应用，在《黄帝内经》中就记载了以其治疗痹症、痿症、口眼歪斜和胃痛等，并有对按摩工具，如圆针、锟针的描述；魏、晋、隋、唐时期，已设有按摩专科，有专科医生，治疗方法日渐丰富，治疗病种不断增多；明代《小儿推拿方脉活婴秘旨全书》《小儿推拿秘诀》等著作在治疗小儿疾病方面有所发展，总结了丰富的经验，形成了小儿推拿的特殊体系，诸多小儿推拿专著问世，其中《小儿按摩经》为我国现存最早的推拿书籍。清代推拿疗法在民间发展及应用广泛，对推拿手法治疗伤科疾病作了较系统的总结，在临床经验、推拿理论、推拿适应证和治疗法则等方面均有比较系统和全面的阐述。

推拿疗法对伤筋具有独到的治疗作用。伤筋多以疼痛为主要症状，乃经脉受损、气血不通所致，因此在推拿治疗伤筋中将“松则通”“顺则通”“动则通”三者有机结合，作用于伤痛部位，使经脉畅达，气血通畅，经气周流，宗筋舒缓，从而缓解疼痛，治愈伤筋。

推拿疗法在调整机体的气血功能和内脏状态方面有较好的作用。推拿作用于体表局部，起到舒经通络、行气活血、濡筋骨、利关节的作用；推拿又能健运脾胃，加强胃腑功能，以旺气血生化之源；推拿还能疏通经络，加强肝的疏泄功能，促进气机的调畅，使人体气血充盈顺畅。

（四）刮痧

刮痧是以中医经络皮部理论为基础，用边缘钝滑的器具，如铜钱、瓷匙、硬币、小陶瓷酒盅或水牛角特制的刮痧板等物，在人体一定部位的皮肤上刮动，使局部出现痧斑或痧痕，让脏腑秽浊之气经腠理通达于外，从而使周身气血通畅，以达到治疗目的的方法。其机理在于通过对十二皮部的良性刺激，达到疏通经络、行气活血、调整脏腑机能的作用，是中医独特的治疗方法之一。

刮痧疗法同针灸疗法一样，起源于远古时期，春秋战国时期的《五十二病方》、秦汉时期的《黄帝内经》介绍了砭石法的运用、疗法，常用于对邪毒瘀滞体表、肌肉而产生的病证的治疗，以石为针，刺之破之，摩之刮之，引而通之。刮痧治病的病历记录最早见于《扁鹊传》。唐代就已运用萱麻来刮治疾病。到了明代，刮痧治病的记录更详尽、更具体，《医学正传》中记载：“或先用热水蘸搭臂膊而以苎麻刮之，甚者或以针刺十指出血，或以香油灯照视身背，有红点处皆烙之。”明代著名医籍《证治准绳》《寿世保元》《景岳全书》等也有痧证及刮痧疗法的记述，表明痧病的证治已为医家广泛重视。

到了清代，不仅刮痧操作方法更详尽，而且还有刮痧的运用及各种痧证的辨证。郭志邃所撰第一部痧病专著《痧胀玉衡》就记载有各种痧证的辨证，其中对刮痧法的具体操作有如下记载："背脊、颈骨上下及胸前胁肋、两背肩臂痧，用铜钱蘸香油刮之，或用刮舌抿子脚蘸香油刮之；头额、腿上痧，用棉纱线或麻线蘸香油刮之。"

三、中药治疗原理

药物的发现，是与原始人类的植物采集以及农业生产密切相关的，并在不断的临床实践中，根据中医"阴阳五行，天人合一"的整体观念和辨证论治理论体系加以完善。中药有四气五味、升降浮沉、归经、有毒无毒、复方配伍、加工炮制等特点。中药配伍是指有目的地按病情需要和药性特点，有选择地将两味以上药物配合同用。

《神农本草经》中将药物分为"上、中、下"三品。《神农本草经》阐述了最基本的药物学理论，将药物分为四气五味，即药有寒、热、温、凉四气，又有酸、咸、甘、苦、辛五味。根据五行学说，木、火、土、金、水对应肝、心、脾、肺、肾，对应药物的酸、苦、甘、辛、咸，也就是说，医者既要了解药物四气五味及有毒无毒等情况，选择适宜的采集时间，掌握药物的生熟程度，还要了解地理环境对药物的影响。

天然药材的分布和生产离不开一定的自然条件。各地自然条件不同，所产药物的质量规格也不一样。如四川的黄连、川芎、附子，广东的陈皮，东北的人参、细辛、五味子，云南的茯苓，河南的地黄，山东的阿胶等。药材采收往往选在其有效成分含量最多的时候进行，通常以入药部分的成熟程度作为依据。全草入药的，大多在植株充分成长或开花的时候采集，如益母草、荆芥、薄荷、紫苏等；须连根入药的，则可拔起全株，如车前草、柴胡、大蓟、小蓟等；有采用嫩苗或带叶花梢的，如夏枯草、茵陈蒿之类，更要适时采收。根和根茎的采集，以二月、八月为佳。

并不是所有药物都可以配合使用。有的药物合用后，能相互加强作用，有的能抑制另一种药物的毒性，适宜于配合使用，而有的药物合用后，会产生剧烈的副作用，则不应同用。《神农本草经》中对近两百种药物的配伍宜忌予以说明，任何一个方剂，并非药物的随意堆砌，而是有一定的组方规律。方中既要有君药也要有臣药，还要有协助君药、臣药起作用或在整个方剂中起调和、控制或引导作用的佐使药。例如，六味地黄丸，药方包括熟地黄、山萸肉、干山药、泽泻、牡丹皮、茯苓等。其中，君药为熟地黄，滋阴补肾，填精益髓。臣药是山萸肉，补养肝肾，并能涩精；山药，补益脾阴，亦能固精；三药相配，滋养肝脾肾，即"三补"。佐药有泽泻，利湿泄浊，并防熟地黄之滋腻恋邪；牡丹皮，清泄相火，并制山萸肉之温涩；茯苓，淡渗脾湿，并助山药之健运；这三药为“三泻”，其功能是渗湿浊、清虚热。通过这一药方我们可以看出，在药物配伍上，君臣佐使各司其职，药物之间既有配合引导，又有克制调节。

南北朝陶弘景著《本草经集注》，按自然属性将药物分为“玉石、草木、虫兽、果、菜、米食、有名未用”等七类，按药性分为“寒、微寒、大寒、平、温、微温、大温、大热”等八种，还创立了“诸病通用药”分类法，以主治功效对药物进行分类，列举了 80 多种疾病的通用药物。

唐代大医家孙思邈十分强调用药物预防疾病，以医术及医学著称于世，并被后世尊奉为“药王”。孙思邈最著名的《千金要方》《千金翼方》被后世奉为医学圣典。这两部医书详尽地记载了唐以前主要医学著作的医论、医方、诊法、治法、食养、导引等多方面的内容，包括作为一个医生所必备的各种医学理论和实践知识，堪称我国最早的医学百科全书。

成书于明代的《本草纲目》系统总结了 16 世纪以前我国的药物学成就。《本草纲目》以《证类本草》为蓝本，全书共收载药物 1 892 种，其中 1 479 种是将《证类本草》药物剪繁去复而成，另有 374 种系李时珍新增。《本草纲目》提出了当时最先进的药物分类法。李时珍按“物以类聚、目随纲举”的原则将药物依自然属性归纳，即以“水、火、土、金石、草、谷、菜、果、木、服器、虫、鳞、介、禽、兽、人”共 16 部为纲，各部之下又再分为若干类，其排列原则是“从微至巨”“从贱至贵”，建立了古代先进的药物分类体系。全书系统地记述了各种药物知识，对药物的记述分为 8 个项目（“事”），涵盖了药物的名称、产地、品种、形态、炮制、性味、功效、主治等。

李时珍还纠正了以往本草书中的某些错误，对药物品种的考订议论精详，如批判了以往记载服食水银、雄黄可以成仙的说法。《本草纲目》不仅对药物学有巨大贡献，还反映了不少与医学以及与药物的形态、生态环境相关的自然科学知识，其中包括环境对生物的影响、遗传与相关变异现象等。

项目三　中医养生理论

中医养生学是在中医理论的指导下，研究人类生命规律，寻找增强生命活力、预防疾病的方法，同时探索衰老的机理以及益寿延年的原则与理论的一门学科。

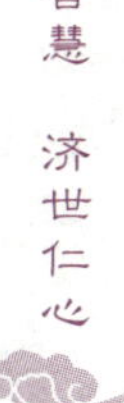

中医养生之道的特点是以传统中医理论为指导，遵循阴阳五行生长化收藏之变化规律，对人体进行科学调养，保持生命健康活力。中医养生以培养生机、预防疾病、争取健康长寿为目的，是中国医药文化的精粹。中医养生有食养、药养、针灸、按摩、气功等多种方法。中医养生理论的核心和中医养生之道的措施主要体现在如下几个方面。

一、尊重自然规律，顺时养生

中医学认为，人身就是一个小天地，也就是说，人与自然具有相通相应的关系，不论是四时气候、昼夜晨昏，还是日月运行、地理环境，各种变化都会对人体的生理、病理产生重要影响。例如，自然界的四时气候变化就能直接影响到人的情志、气血、脏腑以及疾病的产生。中医养生学在这一思想的指导下，认为人类必须掌握和了解四时六气的变化规律和不同自然环境的特点，顺应自然，保持人体与外界环境的协调统一，才能达到养生防病的目的。

顺应自然是养生保健的重要环节，它包括两方面的内容：一是遵循自然界正常的变化规律；二是慎防异常自然变化的影响。顺应自然规律并非被动地适应，而应在认识自然规律的基础上，体现出人的主观能动性，从而保持健康，免患疾病。

中医所提倡的顺时养生，即顺应四时气候、阴阳变化规律，从精神、起居、饮食、运动等方面综合调养的养生方法。其宗旨是“春夏养阳，秋冬养阴”，防止外邪伤害。所谓外邪，是指六淫之邪（风、寒、暑、湿、燥、火）及其他外伤因素等。祛除外邪，防止外邪侵犯是养生的目的，这一观点始终贯穿于养生的整个过程中。在古人的养生实践中，以气功为主的吐纳导引术、针灸推拿术和以食物、药物为主的养生方式最为常用。

二、形神共养，调节情志

传统健身术养生，即用太极拳、五禽戏、易筋经、八段锦等拳术及各种气功和武术运动等，来练形、练意、练气，使身体“形与神俱”。形体的锻炼可使气血流畅，筋骨劲强，肌肉发达结实，脏腑功能健壮。养生讲究以“动”及“静”，即通过形体锻炼来调节人的精神情志活动，促进人体的身心健康。运动量要适度，循序渐进，持之以恒，不要超强度锻炼，老人的锻炼尤不宜过度。

在中医养生的发展过程中，传统的导引吐纳术与道家的“清静无为”思想、佛道两家的坐禅以及印度瑜伽术相结合，形成了独具中国特色的气功养生理论。道家崇尚自然，提倡“返璞归真”“清静无为”，要人的思想安静、清闲、少欲，使神志健全，精神内守。儒家从伦理道德的修养来养性长寿，孔子提出“仁者寿”，孟子也提出了“我善养吾浩然之气”。我国古代道家的吐纳、服气、行气、炼丹、存思，佛家的禅定、打坐、观想，医家的导引、按跷及相关食饵、医药、起居等，儒家的修身、养气、坐忘等众多养生理论和方法，都属于气功的范畴。气功以其柔和缓慢、老少皆宜、健身效果明显等独特魅力，千百年来一直深受广大群众的喜爱。

中医认为，人的情志即精神世界是非常重要的，精神的调养是养生的又一重要环节。古代医学认为，心神能统率五脏六腑、五官七窍、四肢百骸，为一身之主宰。“神”是生命的主宰和生命存亡的根本，调养心神不但能使心强脑健，有益于精神卫生，更为重要的是，它还有助于调养整个形体，所以养生的首务是养神，调形必先调神，养身需先养心。其方法除四季调神外，还有养静藏神、动形怡神、移情易性等养神之法。避免不良精神刺激，提高自我心理调摄能力，是中医养生遵循的原则之一。《黄帝内经·灵枢·本藏》载：“志意和则精神专直，魂魄不散，悔怒不起，五藏不受邪矣。”传统中医学认为，“怒伤肝”“喜伤心”“思伤脾”“忧悲伤肺”“恐伤肾”，若任其发展，甚至可能危及生命。因此，许多养生家创立了许多保持精神恬愉、心理健康的“情志”调畅养生法，如精神内守、舒畅情绪、排泄忧闷、积极有为和涵养道德等。

三、合理搭配，调节饮食

中国传统文化讲究“医食同源”，因此饮食与药物养生是传统养生的又一重要手段。饮食养生提倡饮食有节、注意饮食卫生、克服饮食偏嗜、药膳保健等。食物养生在《黄帝内经》中就有记载，要求根据食物的气味特点，以及人体阴阳盛衰的情况，予以适宜的饮食营养。饮食或以养精，或以补形，既可以补充营养，又可调整阴阳平衡，不但能保证机体健康，也是防止产生疾病的重要措施。饮食当中的“五味”与养生关系十分密切。《黄帝内经·素问·生气通天论》指出：“阴之所生，本在五味，阴之五宫，伤在五味。”“是故谨和五味，骨正筋柔，气血以流，凑理以密，如是则骨气以精，谨道如法，长有天命。”说明饮食五味和谐，则有助于机体消化吸收，滋养脏腑、筋骨、气血，从而达到健康长寿的目的。《黄帝内经·素问·五藏生成篇》指出食味太偏有损健康，强调了五味调和的重要性。

食养的关键在于饮食有节，在于“简、少、俭、谨、忌”五字。饮食品种恰当合理，讲究早食常宜早，晚食不宜迟，夜食反多损的原则，强调饮食“守礼”，进食量不宜过饱，每餐所进肉食不宜品类繁多，要十分注意良好的饮食习惯。

另外，食物还要与年龄、体质、地域环境、季节、天气相适应。中医养生有明确的季节划分。春天肝气旺、脾气衰，应少吃酸，多吃甜的食物，因

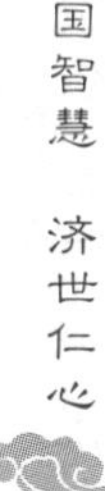

酸味属肝，甘味属脾，故需注意调养。夏季阳气在外，阴气内伏，人的消化功能较弱，食物调养应着眼于清热消暑，健脾益气，因此饮食宜选清淡爽口、少油腻易消化的食物。入秋以后，空气干燥，中医把这种气候特点称为“燥”。秋燥是外感六淫的病因之一，人体容易出现口干咽燥、咳嗽少痰等各种秋燥病症，此时可多食应季水果，补充人体所缺的水分和营养。冬季自然界阳衰阴盛，寒气袭人，极易损伤人体的阳气，因此冬季是人体进补的大好时机。我们可以适量加入含有优质蛋白和高能量的肉类，还可以多吃黑米、黑豆、黑芝麻、黑木耳、黑枣、乌鸡等黑色食品。

四、动静互涵，练养结合

中医认为“养生在动，养心在静”。运动和静养是中国传统养生防病的重要原则。“动”会让人呼吸加快，血液循环加速，耗氧量增加，肌肉收缩幅度和频率增大，运动能锻炼人体各组织器官的功能，促进新陈代谢以增强体质，并能防止早衰，还能促进精气流通，气血畅达，增强抵御病邪的能力，所以适当的运动是有益的。同时，中医养生学更强调静养的作用，认为躯体和思想的高度静止才是养生的根本大法，以静养生的原则更符合人体生命的内在规律。静养主要强调的是心神宜静。心神与人体健康的关系是十分密切的，只有神气清静，才能健康长寿。静养并不是指饱食终日，无所用心，而是要求精神专一，摒除杂念。正常地用心神，对强神健脑大有益处。

形体的动静状态与精气神的生理功能状态有密切的联系，长时间保持一种姿势易导致精气郁滞，气血凝结。如《黄帝内经·素问·宣明五气篇》指出：“久视伤血，久卧伤气，久坐伤肉，久立伤骨，久行伤筋。”宋代浦虔贯在《保生要录·调肢体门》中说：“养生者，形要小劳，无至大疲。故水流则清，滞则污。养生之人，欲血脉常行，如水之流，坐不欲至倦，行不欲至劳。频行不已，然宜稍缓，即是小劳之术也。”

总之，中医养生强调动静结合，适度运动，要动静兼修，动静适宜。运动时，一切顺乎自然，动于外而静于内，动主练而静主养神。

项目四　传统中医药学的文化内涵

中医药在形成、发展和壮大的过程中不断汲取中华民族优秀的传统文化思想，兼收并蓄，不断创新，日趋完善，从而形成了具有自身特点的中医药文化。

一、生命至上，以人为本

传统文化的人文精神在于以人为本，而中医学认为，“天覆地载，万物悉备，莫贵于人”，强调贵人贱物、珍惜生命、保护生命，治病的同时将人作为活生生的个体来看待，注重人文因素在发病过程中的影响，将治病与医人融洽地结合起来，德术并重，立足于人与自然、社会和谐关系的构建。这不仅是中医药文化的核心，也是中国文化的核心。

中医学家在千百年的行医实践中形成了良好的医德医风，把人的生命价值视为医学的出发点和归宿，把不为名利、潜心医术、志存救济、仁爱至尊、认真负责作为医德的标准，这是中国传统文化关于人伦和谐价值观的体现。唐代名医孙思邈在《千金要方》中作了全面总结。他指出，名利思想“此医人之膏肓也”，是医生最应忌讳的。他认为，医生的首要任务，应当是维护和保障病人的健康与生命，把人的生命价值看作医学的出发点和归宿，把挽救病人的生命看作医生的最宝贵的财富。

二、天人合一，立足整体

基于中国传统哲学“天人合一”思想，作为中医养生文化开山之作的《黄帝内经》认为，人是大自然的产物，应该与自然、与万物同生共存，和平共处。人遵循自然界变化的内在规律，进行饮食起居、工作运动，并随着四时气候、地理环境及社会环境的改变而进行调整。那么，顺其自然、融入自然，可以少生疾病、延缓衰老、益寿延年；反之，违背自然、破坏自然，必将受到自然的制约和报应，将会引起疾病，损害机体。

中医学认为，人体是一个以心为主宰，以五脏为中心，通过经络“内属于腑脏，外络于肢节”联系的有机整体。中医在分析疾病的病因病机时，亦立足于整体，着眼于局部病变的整体病理反应，认为任何一个局部的病变，都可以影响整体，因此以“有诸内必形诸外”为理论依据，通过察脉、验舌，以及观察体表的变化，测知脏腑及全身功能活动。通过观察分析形体、官窍、色脉等外在的病理表现，判断内在脏腑的病理变化。所以临床医疗用药之中，对于局部的病变，中医主张通过整体加以调治。如用清心泻火的方法治疗口舌糜烂、口腔溃疡，用清目的方法治疗实火牙痛，用宣肺的方法治疗感冒鼻塞。

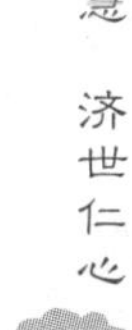

三、阴阳平衡，以和为贵

中医学对人体健康状态的基本认识是“阴阳平衡”，认为只有各脏腑功能和谐，情志平和，顺应环境，人体阴阳才能保持动态平衡，从而达到“阴平阳秘”的健康状态。疾病的产生从根本上说是阴阳失衡（偏盛偏衰）、人体五脏系统五行生克制化太过或不及，导致机体失去“中和”。中医学还认为平和是健康的标志，失和是疾病的根源。而临床诊断的关键在于识其偏，在中医整体观、辨证论治思维指导下，找到“失中和”所在。治疗要诀在于“使其和”。《黄帝内经·素问·至真要大论》载：“谨察阴阳所在而调之，以平为期。”调整脏腑气血阴阳，最终达到“阴平阳秘”的“平人”状态。可以说，中医学所阐明的“阴阳和合”“阴平阳秘”“生克制化”的生命活动状态，正是传统儒家文化“致中和”思想在中医思维及医疗实践中的最佳体现。

四、未病先防，调治结合

中医讲究“上工治未病”，就是说高明的医生治病往往是施治于疾病萌芽时，事半功倍。这种思想的核心体现在“预防为主”，重在“未病先防，既病防变，愈后防复”。这是传统文化中防微杜渐、忧患意识的具体体现。现代社会，人们生活压力大，环境污染严重，情绪变化剧烈，所以容易出现身体的“失和”，通过情志、劳逸、膳食、起居方面的调理，可以培育正气，提高抗邪能力，从而保健防病。

中医古典医著《黄帝内经》中就提出“不治已病，治未病”的观点，认为人们从生命开始就要注意养生，才能保健防衰和防病于未然。《淮南子·说山训》载：“良医者，常治无病之病，故无病；圣人者，常治无患之患，故无患也。”金元时期朱震亨亦说：“与其救疗于有疾之后，不如摄养于无疾之先。”人不可能长生不老，也不可能“返老还童”，但防止未老先衰、延长生命是可以办到的，这种防病抗衰思想与中国文化中的忧患意识一脉相承。

【微课扫一扫】

古代中医药文化发展史

中国传统医药的文化精神

测一测

一、填空题

1. 唐高宗时期的苏敬等人编修的药物专著________，是我国古代第一部由国家正式颁布的药典。

2. 被誉为“中药宝库”“东方医学巨著”的中药学巨著是___________编写的《________》。

3. 习近平将中医药学誉为“打开中华文明宝库的________”。

4. ________朝开始对医生有考核制度。

5. 养生的三大要素是____。

6. “治未病”的医家被称为________________。

二、单项选择题

1. (　　) 中医学出现了医学上的分科。

A. 秦朝　B. 夏朝　C. 商朝　D. 周朝

E. 汉代

2. “大医精诚”出自我国唐朝孙思邈所著的 (　　) 第一卷。

A.《伤寒论》　B.《黄帝内经》

C.《备急千金要方》　D.《金匮要略》

E.《本草纲目》

3. 我国第一部病因病机证候学专著是 (　　)。

A.《黄帝内经》　B.《难经》

C.《诸病源候论》　D.《三因极一病证方论》

E.《瘟疫论》

4. 素有“华佗故里，药材之乡”之称的城市属于 (　　) 省。

A. 江苏　B. 山西　C. 陕西　D. 安徽

E. 河北

5. “卢医”是 (　　) 的别称。

A. 葛洪　B. 张仲景

C. 钱乙　D. 扁鹊

E. 孙思邈

6. 标志着中华医学实践理论系统化、规范化的著作是 (　　)。

A.《黄帝内经》　B.《神农本草经》

C.《易经》　D.《难经》

E.《伤寒论》

实践体验与知识拓展

1. 中国传统养生文化知识讲座。

主题：关爱生命，了解传统养生文化。

内容：聘请当地中医养生专家到校讲座，收集中国传统养生文化知识汇集成题目，开展知识竞赛。

测评方式：将听讲座时的现场互动和知识竞赛得分相结合，计为本课程积分。

2. 观看 CCTV2 的视频《中医药如何守正创新走向世界》。

模块十

多元融合 多姿多彩

学习目标

1. 了解中国服饰发展史，培养大学生的审美情趣，引导其感受服饰背后的工匠精神，激发其热爱祖国传统文化的热情。

2. 了解我国各少数民族服饰，提高大学生服饰文化修养，弘扬民族文化。

3. 引导大学生从感受传统服饰的“形制美”到体味其中的“内核美”，以“服饰”为切入点，揭示历代服饰演变过程和中国传统文化的深刻内涵。

4. 从中华民族传统服饰的形制演变中感受开放包容、兼收并蓄、创新发展的时代精神；从传统衣冠服饰的设计与制作中感受精益求精的工匠精神，理解对服饰美的追求正是中华民族追求美好生活的共同祈愿。

人文精神荟萃

开放包容　兼收并蓄　多元融合　创新发展的时代精神　精益求精的工匠精神

情景导入

“中国有礼仪之大，故称夏；有服章之美，谓之华。”近年来，华服这一体现中华民族传统文化审美的服饰在青年群体中迅速兴起。2018 年，由中国青少年新媒体协会发起，每年农历三月初三举行的“中国华服日”活动更是吸引了大量关注。华服已成为时尚与传统融合、青春与古老共鸣的重要文化现象和新兴经济产业。由中国服装协会等机构联合发布的《2022 年中国新汉服行业发展白皮书》显示，汉服市场规模已由 2015 年的 1.5 亿元飙升至 2021 年的 101 亿元，汉服消费者规模破千万。

郭沫若同志说：“衣裳是文化的表征，衣裳是思想的形象。”这说明了服饰与文化的关系。世界各民族在各个历史时期的衣着打扮，是这个民族物质文明和精神文明的标尺，也是这个民族经济和文化发展水平的标志。

上起史前，下至明清，中华民族在长期的生产活动和社会实践中，创造了无数精美绝伦的服饰。中国传统服饰是中国传统文化的重要组成部分，是中华民族创造的宝贵财富，在世界服饰上有着十分重要和特殊的地位。中国服装款式的发展和演变，反映着特定时期的社会制度、经济生活、民俗风情，也承载着人们的思想文化和审美观念，是一部生动的历史文化百科全书。

项目一　中国传统服饰发展历程

服饰作为一种文化形态，贯穿于中国各个历史时期。从服饰的演变中可以看出历史的变迁、经济的发展和中国文化审美意识的嬗变。无论是商朝的"威严庄重"，周朝的"秩序井然"，汉朝的"凝重威严"，还是唐朝的"丰满华丽"，宋朝的"简洁质朴"，元朝的"粗壮豪放"，明朝的"敦厚繁丽"，清朝的"纤巧舒适"，无不体现出中国古人的审美倾向和思想内涵。中国传统服饰文化，从宏观的服饰文化观念到着装、配饰、妆容的搭配法则，都反映着中国几千年的礼乐文化。同时，在中国服饰的发展史上，儒家、道家等思想意识也起到了贯穿始终的作用。

一、中国服饰文化发展的基础

在古代，服饰是礼的一种表现，其典型例子就是冠冕制度。

（一）冕冠

冕冠就是礼帽，它主要由冠圈、玉笄（jī，古代的一种簪子）、冕綖（tīng，古代佩玉上的丝绶带）、冕旒（古代帝王礼帽前后悬垂的玉串）、充耳等部分组成。盖在顶上的叫冕綖，冕板上黑下红，象征着天地，冕綖略向前倾斜，象征天子勤政爱民。冕綖的前后有两段垂旒，用五彩丝线穿五彩圆珠而成，旒的多少视佩戴者的身份而定，有三、五、七、九、十二之分，以十二旒最为尊贵，是帝王的专用。在两耳不远处，各有一颗珠玉，也称为悬填或充耳，意在提醒王勿轻信谗言。

（二）冕服

在周朝，王的冕服有六种，称为六冕制，即在祭天、会宾、大婚等不同场合下分别需要穿不同的冕服，有大裘冕、衮（gǔn）冕、鷩冕、毳（cuì）冕、絺（chī）冕、玄冕六种。其他诸如公、侯、伯、子、男等，其所能穿的冕服依次减少，充分反映了古代的等级与礼制。

体现权力的古代服饰还有个特点就是龙凤图案的使用。龙凤图案是中华民族服饰最富有特色的纹样之一，它不仅积淀了深厚的华夏文明，也体现了中华传统文化的核心理念。在中国古代，龙凤图案一直是皇权的专用纹样，象征着权力。

龙凤纹样在服饰中的运用始于殷商时期，其造型抽象怪诞；至春秋战国，龙凤纹样变得富有生气，并开始与皇族文化相融合；发展至唐代达到顶峰。凤纹作为帝后服饰中的图案，与皇帝的龙纹相呼应，不仅体现在服饰的刺绣上，也体现在女性的头饰和发饰上。唐宋以后，男性官服上也出现凤凰图纹，成为权力高低的象征。

“凤冠霞帔”被纳入礼服制度是从宋代才开始的，作为婚服则至明代始流行。宋代皇后凤冠上有九龙四凤，四周有花朵装饰，公主、皇妃以及命妇也都按等级各有不同装饰的凤冠。霞帔也称帔帛，因其艳丽如霞，故得此名。宋代霞帔在肩部为左右两条，上面有鸟兽绣纹或龙凤绣帔，按命妇的品级来定。

中国古代的服饰受中庸之道的影响很深。孔子认为，服饰应既不过于突出，也不能过于简陋，要适中，这样才符合礼仪。中国传统服饰讲求一种包藏却又不局限人体的若即若离的含蓄美，于恬淡之中给人以一种平和、内敛之感。例如，汉代服饰独具风格，富于变化，也更有韵味。深衣的衣身曳地，行不露足，既符合儒家的礼制又典雅端庄；衣袖有宽窄之分并多有镶边，衣领较低，有的可以露出三层衣领，也称为“三重衣”，富于层次感和含蓄之美。

二、兼收并蓄的发展过程

从汉武帝时期张骞出使西域开辟丝绸之路，到唐朝鉴真和尚东渡日本，明朝郑和下西洋，再到近代公派留学生赴国外留学，每一次的对外交流，都会在历史上留下浓墨重彩的一笔。通过与外族的贸易往来和文化艺术交流，中国许多精湛的工艺和精美的商品得以流传到更远的地方，而国外的许多艺术风格和技术也开始在国内广为传播。在中国服饰发展史上，也有许多因对外交流而产生的服饰变革，同时也使我国的服饰文化得以传播到海外，并保存至今。

唐朝是中国古代历史上的一个全盛时期，是当时世界上最为富庶的封建王朝之一。唐朝的服饰也是中国服饰文化的一个里程碑。唐朝服饰具有雍容大气、兼收并蓄之美，这一方面得益于唐朝对于儒、释、道各家思想的大包容；另一方面也源于当时的民族大融合以及对外开放政策的实施。当时与唐朝友好往来的国家和地区众多，每年都有大批的外国使者、商人、学者来到长安，长安一度成为国际政治、经济和文化中心。

由于当时的长安云集了大量的国外使者、学者、僧人、商人和艺术家等，身着各式服装的人穿梭往来于长安城中，引起了当地民众对他们着装的兴趣和效仿，胡服便是其中之一。前有战国时期赵武灵王推广胡服骑射，改革军队服装，但仅限于军服，像唐朝这般上自王公贵族下至市井百姓都穿起胡服的情况实属罕见。

自古以来，由于思想文化的束缚，中国服饰绝少有袒胸和敞开的形式，然而在唐代的服饰中，我们可以看到具有展现人体美的袒露之风的盛行。从许多艺术作品和诗词中都可以看到，唐朝服饰中有许多露出颈肩和胸背的装扮，如周昉的《簪花仕女图》。

《簪花仕女图》（局部）

这种宽衣裸胸之风的盛行与唐朝开放的对外交流政策、社会风尚以及精神文明程度密不可分，而开放的社会风尚是丝绸之路开通以来外来文化不断渗透，各族文明交融、交汇的结果。

在中国长期的封建社会中，女子着男装极其罕见，然而在唐朝，女着男装一度风靡，不仅是民间妇女，这种潮流甚至影响了宫内，可见当时社会风尚及思想的开放程度。女着男装的服装形态源于游牧民族服饰，游牧民族粗犷英武的着装风格影响了当时中原的审美意识，因此，女着男装在当时成为时尚潮流也就不足为奇了。

三、发展中的不断变革

服饰制度的统一不仅仅是规定一个朝代的达官贵人以及市井百姓应该穿什么样的服装这么简单，更是使新政权更加稳固的手段和途径之一。例如，

1644年清军入关后即进行了服饰制度的改革，强硬而坚决。首先是强制剃发，然后是满式服饰的推行，并颁布了服饰令，对服装的款式、面料、色彩及纹样等都进行了详细规定。

清朝的服饰制度繁缛而庞杂，将中国传统服饰制度的等级性发展到了登峰造极的程度。清朝服饰在前朝的基础上也做了很多改良，如“箭衣”。“箭衣”即清朝官宦所着的开衩之袍，袖口为箭袖，这种袖口具有保暖性，同时又方便行动。

清朝的官帽有暖帽、凉帽之分，自皇帝至朝臣，他们的朝冠形式大抵相同，用来区分官阶等级的标志则是顶珠和花翎，即我们常听到的“顶戴花翎”。顶珠为帽顶最高处所镶的宝石，依据官阶的高低宝石材料有所区别。如一品为红宝石，二品为珊瑚，三品为蓝宝石和蓝色明玻璃。翎是皇帝特赐的插在帽子上的装饰品，一般是赏给有功的人或对朝廷有特殊贡献的人。赏戴花翎不仅是一种荣誉，也是一种特殊阶层身份的象征，因此清朝对花翎的赏赐制度也是非常严格的。

旗袍是中华民族最经典的传统服饰之一，至今仍然受到许多人的喜爱，它是中国服饰文化的一块瑰宝，是自然美与含蓄美的统一。“旗袍”意为“旗人之袍”，经历了历史的锤炼，通过不断的改良与变革，才演变成今天旗袍的模样。旗袍本是满族人日常所穿的袍子，清朝建立后，旗袍得以发展，甚至出现了“十八镶”这样奢华的装饰，款式也从四开衩变为两边开衩。辛亥革命以后，旗袍开始走进寻常百姓的生活，款式也趋于简化，长度缩短，腰身收紧，更加凸显女性的魅力。20世纪三四十年代是旗袍发展最辉煌的时期，受到西方文化的影响，这时的旗袍造型趋于完美，并且蜚声海内外，玲珑的曲线，外加袖口领口的变化，使旗袍在充满中国式的优雅与韵味的同时更国际化。到了现代，改良旗袍融合中西方元素，新颖而又具有时尚感。

中山装是由近代中国革命先驱者孙中山先生综合西式服装、日式学生装与中式服装的特点，设计出的一种直翻领、有袋盖的四贴袋服装，世人称之为中山装，曾大为流行，一度成为中国男子最喜欢的标准服装之一。

四、汉服

汉服，即汉民族传统服饰，起源于炎黄时代，定型于春秋战国，在汉朝正式形成，遂有汉服之名。此后，汉服在历代均有沿革，但其基本特点从未改变。一直到清初，这一服饰制度才被取消。

汉服的基本特征是交领、右衽、系带、宽袖，又以盘领、直领等为其有益补充。汉服有礼服和常服之分，礼服制式严谨，为正式场合穿的服饰；常服一般去掉大袖，适合百姓日常起居穿着。

（一）基本结构

汉服采用幅宽二尺二寸（73 厘米左右）的布帛剪裁而成，分为领、襟、衽、衿、裾、袖、袂、带、韨等十部分。取两幅相等长度的布，分别对折，作为前襟后裾，缝合后背中缝。前襟无衽即为直领对襟衣。若再取一幅布，裁为两幅衽，缝在左右两襟上，则为斜领右衽衣。一套完整的汉服通常有三层：小衣（内衣）、中衣、大衣。

衣、裳相连，古称深衣。深衣为上衣下裳，在腰处缝合为一体，领、袖、裾用其他面料或刺绣缘边。深衣这一形制对后世服饰影响较大，历代命妇多以它为礼服，古代男子的袍衫也都采用这种衣、裳连属的形式。

（二）交领右衽

汉服的领型最典型的是“交领右衽”，就是衣领直接与衣襟相连，衣襟在胸前相交叉，左侧的衣襟压住右侧的衣襟，在外观上表现为“y”形，形成整体服装向右倾斜的效果。衽，本义衣襟。左前襟掩向右腋系带，将右襟掩覆于内，称右衽，反之称左衽。这就是汉服在历代变革款式上一直保持不变的“交领右衽”传统，也和中国古代儒家的“尚右”思想密不可分。

作为“交领”补充的是“直领”和“盘领”。直领是指领子从胸前直接平行垂直下来，而不在胸前交叉，有的在胸部有系带，有的则直接敞开而没有系带。这种直领的衣服，一般穿在交领汉服的外面，在穿着罩衫、半臂、褙（bèi）子等日常外衣款式时经常运用。盘领是男装中比较多见的一个款式，领型为盘子状的圆形，在汉唐官服中采用，日常服装中也有盘领款式。

（三）褒衣广袖

汉服礼服褒衣博带，常服短衣宽袖，与同时期的西方服装相较，具有毋庸置疑的优势。当西方人用胸甲和裙撑来束缚女性身体发展的时候，宽大的汉服已经实现了身体随意舒展的特性。

汉服的袖子又称“袂”，其造型在整个世界民族服装史中都是比较独特的。袖子其实都是圆袂，代表天圆地方中的天圆。汉服的礼服一般是宽袖，显示出雍容大度、典雅、庄重、飘逸灵动的风采。一直以来，除了唐以后在常服中设有敞口的小袖外，汉服袖子的主流一直都是圆袂宽袖。

（四）系带隐扣

汉服中的隐扣其实包括有扣和无扣两种情况。一般情况下，汉服是不用扣子的，即使有用，也是把扣子隐藏起来，一般采用带子打结的方式来系住衣服。一件衣服的带子有两对：左侧腋下的一根带子与右衣襟的带子是一对，

右侧腋下的带子与左衣襟的带子是一对，将两对带子分别打结系住即完成穿衣过程。

同时，在腰间还有大带和长带。所有的带子都是用与衣服同样的布料做成。它不仅有实用性、装饰性，而且还是权力等级的象征。

五、民族服饰在地域上的差异

中国疆域辽阔，不论是气候上还是地理环境上都有着较大的南北差异，因此南、北方少数民族有着截然不同的生活方式。北方寒冷干燥、地势平坦、森林和草原分布较广，因此北方少数民族多以畜牧业为生；而南方温热多雨，以山地丘陵为主，因此南方少数民族主要从事农耕业。

不同的自然环境和生产生活方式，决定了南、北方少数民族的服饰风格各有特点。生活在高原和草原的蒙古族、藏族、哈萨克族等少数民族，其服装以袍为主。例如，蒙古族的服饰便是蒙古袍。因气候寒冷加之以游牧为主，蒙古族的服饰具有御寒性和便于骑乘的特征，长袍、坎肩、皮帽、皮靴是蒙古族服饰最常见的形式，男子腰间多挂刀子、火镰、鼻烟壶等饰物。当然，不同地区的蒙古族服饰也会有些许差别，历经元、明、清发展到现代，蒙古族服饰也在不断丰富和完善。

南方少数民族地区适宜种植棉麻，因此棉布和麻布成为他们服饰的主要材质，湿热的气候也决定了南方少数民族服饰以短窄款为主。以苗族服饰为例，苗语称苗服为“呕欠”，由女装、男装、童装构成，其中女装又分为便装和盛装，并因地区差别而有百余种款式，其中以对襟上衣、百褶裤、长裤为主，纷繁复杂的刺绣以及银饰是苗族服饰的特色。

项目二　中国古代服饰礼制

一、中国古代服饰等级制度

早在新石器时代，人类社会就有了等级观念。由于《周礼》《仪礼》《礼记》（即“三礼”）在漫长的历史进程中奠定了中国礼仪文化，尤其是服饰文化的大格局，因此我们可以看到中国古代服饰中的等级制度清晰而森严，不同等级人的服饰可谓泾渭分明。

中国古代朝服的样式虽一直在改变，但它所代表的等级含义却一直延续了下来。汉代朝服为冠服，头冠，足履，身着深衣。等级的区别在于冠的不同，如文官戴进贤冠，御史戴法冠等。收录在《后汉书·舆服志》中的冠帽就有 19 种之多。此外，用于区分官员职位高低的，还有他们随身佩戴的印绶的颜色。绶是一种挂于腰间系于印纽的丝绸，和官印一同由朝廷颁发。隋唐朝服实行品色衣制度，以朝服颜色来区分官品尊卑，佩戴的革带所用的材质不同，代表不同的身份。除了体现在区分官阶大小上，对百姓所着服色也有要求，如平民用白色，屠夫、商人只许用黑色，士兵穿黄色等，任何等级都不可使用其他等级的服装颜色。当时的家世显赫者穿紫袍，寒酸者着青衫。白居易的《琵琶行》中有“座中泣下谁最多？江中司马青衫湿”，从“青衫”二字可以看出，白居易当时是一个身份卑微的小官。清代朝服以补子的纹样和冠帽上顶珠的材质来区分官阶。此外，通过腰带颜色也可看出尊卑，皇帝本支用黄带，伯叔兄弟一支用红带，其他用石青或蓝色。

汉代贾谊在《新书》中说，“是以天下见其服而知贵贱，望其章而知其势”。服饰的等级标识功能用一句话便可表达得清楚明白：上下有序，君臣有别。服饰早已成为体现礼制最直接的形式。

历朝历代皇帝的服饰都无一例外地强调其威仪庄严、雍容华贵的特质，因为它是一种皇权的物化象征。再加上官员的服饰也有严格的等级规定，百姓和下级不可逾越。在这种服饰等级观念的约束和熏陶下，无论是为官者还是百姓，潜移默化中都会服从于天子的统治。古代服饰制度俨然成为一种社会统治手段，成为治乱逆顺的外显标志。

二、中国古代服饰礼俗

（一）冠礼、笄礼的服饰

冠礼、笄礼是中国古代传统的成人礼仪。冠礼是指古代贵族男子到了成年时举行的一个隆重的加冠典礼，作为成年的标志；相应的，笄礼则是指女子的成年之礼。在冠礼仪式中，对于服饰的讲究可谓一丝不苟，不能有丝毫差池。周制的冠礼为三加，就是要加三次冠，同时换三套衣服：初加缁布冠，象征将涉入治理人事的事务，相应的衣服是玄端；再加皮弁，象征将介入兵事，相应的衣服是皮弁服；三加爵弁，象征拥有祭祀权，相应的衣服是爵弁服。三种帽子中，缁布冠为日常生活中戴的普通冠，皮弁是打猎、战争中戴的冠，爵弁则是祭拜祖先神灵时所戴的冠。三种冠分别象征着成人生活的三个方面，一次为受冠者加上三种冠，是在肯定其成人后应尽的义务和应享受的权利，在冠礼结束后平日里几乎不会戴这三种冠，而是改戴玄冠。

冠礼不仅仅是一种形式，更是将冠者带入一个礼制的社会中，戴不戴冠以及戴什么样的冠，都与年龄、身份、所处的环境有着紧密的关系。从成为戴冠之人的那一刻起，心中就要谨记礼仪，节制自己的行为，修炼自己的品德。从《礼记·冠义》中可以看出举行冠礼的内涵：

凡人之所以为人者，礼义也。礼义之始，在于正容体、齐颜色、顺辞令。容体正，颜色齐，辞令顺，而后礼义备。以正君臣、亲父子、和长幼。君臣正，父子亲，长幼和，而后礼义立。故冠而后服备，服备而后容体正、颜色齐、辞令顺。故曰："冠者，礼之始也。"是故古者圣王重冠。

也许是因为中国古代男尊女卑的思想，关于女子笄礼的记载十分少见。从《宋史》记载的宋公主笄礼可以了解到，笄礼是女子十五岁时举行的礼仪，公主笄礼时的服饰为冠笄、冠朵、九翬四凤冠以及大袖长裙。

（二）丧礼的服饰

古代丧礼时，也有相应的礼制和服饰规范。五服制就是一套完整而系统的丧服制度，主要内容是以血缘亲属关系的远近来规定丧礼中生者为死者所穿的衣服。五服以斩衰、齐衰、大功、小功、缌麻五大类为基础，五种丧服的面料、款式、配件以及制作方法都不尽相同。

除了丧服之外，冠帽有绳缨、布缨，带有绳带、麻带、布带，鞋有粗草鞋、细草鞋、麻鞋等不同的区分，十分繁复。

五服制度的原则是亲亲、尊尊、男女有别。亲亲是说血缘关系越亲近，服期越长，限制越多，血缘关系越远则反之；尊尊是根据身份地位的尊卑高低作为标准来确定服丧的轻重，幼卑为尊长服重，尊长为幼卑则服轻；男女有别则是说为父服重，为母服轻，妻子为夫服重，丈夫为妻服轻。

（三）婚礼的服饰

在中国传统服饰文化中，婚礼服饰是不可忽视的一部分，其中又以女性婚礼服饰最为夺目。在汉代，皇家贵族之女的嫁衣用色就有 12 种之多，面料为上等的锦罗等。关于首服，史料记载，东汉时期，新娘以纱罗一类的布遮盖面部这一习俗就已经兴起。此外，汉代推行重农抑商的政策，因此商人的女儿出嫁只能穿浅黄和浅青两种颜色，可选择的面料也很少。唐代的婚礼服饰融庄重与热烈、喜庆于一体，嫁衣的形式有命妇的翟衣、普通妇女所穿的花钗礼衣等，新娘服色均为青色，此时新娘出嫁障面已经成为一种惯例。除此之外，还流行用扇子遮面，洞房之夜众人退出后新娘才缓缓放下扇子，称为"却扇"。到了宋代，婚礼服饰的发展趋于成熟，大多用大袖和霞帔作为婚礼礼服，配饰为花冠，这种花冠在婚礼时会装饰得比平时更加艳丽，有的贵族之女用凤鸟来装饰，因此花冠又称为“凤冠”。宋代女子出嫁用红色纱罗蒙面也是必着的首服，并且此时也认可了士庶在婚礼时可以破例使用命妇的大袖霞帔等服饰。明朝礼制顺从民俗，正式规定庶民在结婚时可以使用九品命妇的凤冠霞帔，只是霞帔上不可绣龙凤纹。自此，凤冠霞帔逐渐成为社会上流行的新娘礼服。清朝满族女性的婚礼礼服以袍和褂为主，首服为朝冠，也属于凤冠的一种。此时，还流行一种服饰叫作云肩，形似如意，披在肩上，具有很强的装饰性，新娘嫁衣也大多会使用。

中国古代女子的婚礼服饰随着每个时期的服饰特点而发展，显示出每个时期的审美趣味及文化背景，对面料和色彩的限制以及在等级制度上的严格规定，都使传统女性婚礼服饰的礼仪功能超越了其实用功能。

项目三　中国服饰文化的内涵

一、中国传统服饰的审美意蕴

（一）适中、和谐的“情理美”

中国传统服饰的含蓄婉约与中国人崇尚和平、知足、中庸的观念相一致。“中庸”之“中”和“中国”之“中”，皆强调“不过分而和谐”，这在中国传统服饰文化中有明显体现。中国传统服装的制作者在设计和制作服装的过程中凭借直觉与经验，于“适体”中呈现一种含蓄的“情理美”，而非西方那种以数理为基础的精确到尺寸的“理性美”。它倡导一种包藏又不局限人体的含蓄美。“平和性情”自古以来就作为一种美德为中华民族的先辈所推崇，在服饰文化中体现为讲究随意、闲适、和谐，没有过分的突出、夸张和刻意的造型，于恬淡之中给人以一种含蓄、平和而神秘的美感。

（二）追求意境的“含蓄美”

在服饰文化中，中国传统服饰在意“不着迹象、超逸灵动”之美，而不刻意追求数字上的精确性或纯形式的客观美感，崇尚用无穷的意象美来含蓄地表现情感。如旗袍的演变和发展，就是传统服饰文化与现代时尚设计完美结合的典范，它造型完美、结构适体、内外和谐，是兼收并蓄中西方服饰特色而成的近代中国女性服装。旗袍的设计简洁而又内涵丰富、意蕴幽远，展示出东方女性温柔、典雅之美，既衬托出东方女性优美的身段，又显示出其幽雅的心境和悠闲的生活，充分展示出中国传统服饰的含蓄美。

二、中国传统服饰文化的三大内涵

服饰构成一个民族的外部特征，不同民族的服饰所反映的文化特征也各有差异。中国传统服饰文化历经数千年的光辉发展历程，内涵极其丰富，最具有代表性的是以下三个方面。

（一）和谐统一是中国传统服饰文化的精髓

纵观中国几千年的服饰发展史，和谐协调与规矩统一是其文化的核心。自中国服饰诞生以来，一直在遵循着物理取暖与审美表现、标识显示与象征表达、个性突出与喜庆吉祥的统一，最大限度地达到服饰与自然、服饰与社会、服饰与人的和谐、协调。情景交融、意象统一的美是中国传统服饰文化最珍贵的品质。

（二）标示突出是中国传统服饰文化的基本元素

这一元素主要表现在人们在长期的生产实践和社会实践中产生的对服饰意念表达中的等级尊卑标示、行业职业标示、行为道德标示以及年龄结构、性别的标示上。从原始部落头领与狩猎功臣服饰的标示到封建帝王的官服标示，从文官武官的标示到现代军装、职业装的标示，从官府制度中常服的礼制到今天的便服、晚礼服等，都彰显了中国传统服饰标示突出的文化内涵。标识显示不单单是一种“制度”（法制）的要求，更是一种社会道德的规范。这种将服饰标示功能的意念推到了一种登峰造极地步的文化，也大大推进了中国传统服饰文化的发展。

（三）种类多样是中国传统服饰文化的特征

从纵向上看，中国历代服饰文化均有较大的差异。就中国近三千年以阶级社会为形态的服饰“制度形态”演变的轨迹而言，汉服和唐服不同，唐制与清制差别也大，基本上每个朝代都有自己的服饰制度，都有其特定的礼仪要求。从横向上看，由于中国地大域广，民族众多，其在服饰款式的追求上、对服饰色彩的忌讳上、对服饰材料应用的技术水平上，以及对服饰不同时间、不同地点和不同场所的意象表达上，都有很大的差异，有时还反映出极大的对立。这种多样性既反映了中国传统服饰文化的丰富多彩，又反映了与其他国家的不同特征。

中国传统服饰，不仅是民族历史发展的产物，也是民族独特文化传统的结晶。每个民族都有其独特的民族传统文化，这种文化不仅是区别于其他民族的主要标志之一，还是这个民族繁衍生息和发展的根本支撑，更是一个民族的根和魂。中国传统服饰，被赋予了文化内涵，展现了有别于其他国家的精神面貌。这些服饰是广大劳动人民的创造，是他们在漫长的历史发展过程中摸索出来的、丰富的实践经验的总结，是在本民族特质文化的背景下，具有不同寻常的艺术特点而又独具风格的艺术珍品。相信随着我们对中国传统文化的日益重视，作为中国传统文化极为重要的载体之一——中国传统服饰将得到更好的继承和发展。

【微课扫一扫】

有容乃大，胡服汉化——中国传统服饰变革创新

大唐神韵——唐代服饰文化特点

旗袍文化内涵

测一测

一、填空题

1. 汉代的深衣分为________和________两种。

2. 盛唐以后，胡服的影响逐渐减弱，女服的样式日趋______。

3. ________________是唐代社会开放的表现之一。

4. 穿着汉服时，交领________衣襟压________衣襟，呈“y”形，称为“交领右衽”。

二、判断题

1. 冕服是礼服的一种，上有“十二章纹”，只有天子才能穿着。(　　)

2. 深衣的衣与裳相连在一起，制作时上下分裁，中间有缝连接。因其“衣裳相连，被体深邃”，故称深衣。(　　)

3. “凤冠霞帔”被纳入礼服制度是从宋代才开始的，作为常服则至明代始流行。(　　)

4. 汉服起源于炎黄时代，定型于春秋战国，在汉朝正式形成，遂有汉服之名。汉服的基本特征是交领右衽、褒衣窄袖、系带隐扣。(　　)

三、简答题

1. 秦汉服饰有什么特点？

2. 介绍一种少数民族的服饰。

实践体验与知识拓展

1. 选择任意三个国家，比较、阐述其成人仪式的着装。

2. 观看《国家宝藏（第二季）》“观唐－古代服饰艺术再现”，领略中国华夏的章服之美，从服饰切入，了解中华民族的发展历程，感受中华优秀传统文化的绚丽多姿。撰写500字的观后感，谈谈你对“知来处明去处”的理解。

模块十一 

品味饮食　寻美达和

学习目标

1. 通过了解食文化、茶文化、酒文化，感受中国文化的丰富内涵，提升生活品位。

2. 理解中国传统饮食文化所展示的多样化文化品位和价值。

3. 培养五味调和的和谐观、勤劳智慧的劳动观、兼收并蓄的创新观、美好高雅的生活观。

人文精神荟萃

和谐观　精益求精　创新精神　工匠精神　求真务实　阳光心态　健康人格

情景导入

苏东坡在杭州任职时，致力于西湖环境治理，深得百姓的拥戴，至今西湖上还有以他名字命名的“苏堤”。他还用湖水灌溉农田，解决了当地很多人的温饱问题。百姓为了表达对他的感恩之情，逢年过节之时，经常有人带着礼物前来探望。苏东坡不想收下这些礼物，又不忍心拒绝人们的好意，就只收下猪肉，回绝其他礼品。苏东坡命人将猪肉切成方块状，加各种调料一起放到锅中，焖到红酥香嫩，再根据治理西湖的劳工名单，给他们一家一户送红烧肉。杭州城内的百姓们都称赞他，为了表示对他的爱戴，人们就将这种肉命名为“东坡肉”。不久之后，杭州城内有家菜馆推出了“东坡肉”来招揽生意，人们争相前往品尝，其他菜馆见状纷纷效仿，当地把“东坡肉”推选为杭州名菜之首。

中国人讲究吃，不仅为了充饥，还往往蕴含着深刻的哲理，人们借吃表达一种丰富的心理内涵，“吃”的文化已经超越了“吃”本身。食文化反映了社会的发展、历史的进程、道德观念的变化和艺术审美观念。

悠久的历史、辽阔的幅员，造就了中国的丰富饮食，而丰富多样的饮食又使得中国人的生活体验丰富多彩，培养了中国人热爱生活的人生观和积极向上的进取心。这种进取的人生观又进一步激励着我们投入更大的热情与智慧去创造新的美食美饮，最终使中国赢得了“食在中国”的世界声誉。

项目一　吃的艺术

一、饮食文化追根溯源

古代中国是一个农耕社会，反映在饮食上即为以植物性食料为主，肉食为辅。中国食材种类繁多，有的是新培育出来的，有的是从外国传入的。同时，不同的食物因烹调方法不同而味道不同，形成了异彩纷呈的饮食文化。

中国饮食文化是建立在广泛的饮食实践基础上的，是人类生存和发展状况的重要反映，并与人类的物质生活和精神生活息息相关。早在原始社会时期，中国先民就已经在黄河流域和长江流域建立了比较稳定的经济形式，农作物品种主要有黍、麦、菽、稻等。当时所食动物，主要有野鹿、野猪、羚羊、狗、野兔、鼠、蜗牛等。初时人们不懂得利用火，茹毛饮血，在懂得人工取火后，进入了熟食时代，也就有了饮食文化。在饮食器皿方面，原始社会时期的先民们用泥巴制成杯、碗、壶、缸等陶器，将其作为日常的烹饪、取水、饮食、贮藏等生活用具。半坡遗址发掘的陶器证明，当时的饮器有瓶、罐、瓮、壶、甄等；食器有盆、碗、钵、盘、盂等，这些陶器为后世制造金属的饮食器皿提供了范例。

夏、商、西周、春秋时期，饮食种类增多，“夫礼之初，始诸饮食”，饮食与文化的关系密切，当时的饮食结构包括粮食、肉类、蔬菜、水果、饮料。这一时期出现家畜，主要有猪、狗、鸡、牛、羊等，当时食肉是贵族的特权，在饮食方法上，《礼记·内则》记载了“八珍”食谱，充分反映了烹调方法的改进和提高。餐饮器皿方面，夏、商、周时期的食用器皿仍以陶器为主，炊煮器有鼎、鬲等。盛食器有敦、豆等，酒器有爵、觥、壶等，另外还有专供贵族享用的漆器和玉石器、象牙器等，殷墟出土的有铜锅、铜铲和能切薄肉的铜刀，这些都是殷代已盛行炒菜的物证。火发明后，取食烫热的食物时，人们常用木棍来辅助，随着时间的推移，发展为今天的筷子。筷子，古代叫箸，是中国人的一大发明，《礼记》中曾说：“饭黍无以箸。”可见，至少在殷商时代就已经使用筷子进食。因“箸”与“住”同音（“住”即停止之意），古人十分忌讳，便反其意称为“快”，“快”又大多以竹制成，故大约在宋代以后称为“筷”，筷子由两根小细棒组成，具有挑、拨、夹、拌、扒等功能，是一种独特的餐具，许多西方人看到东方人使用筷子都叹为观止，

赞之为一种艺术创造。

战国、秦、汉时期的主食为五谷或六谷，五谷指黍、稷、麦、稻、菽，六谷为五谷再加粱，肉类有马、牛、羊、豕、犬、鸡等，蔬菜主要有葵、藿、薤、韭菜、葱等，瓜果主要有梅、杏、桃、枣、梨等。油脂主要为动物油脂。游牧民族则以动物的肉为主食，当时人们除用稻麦做饭或炒成干粮外，还用稻麦磨粉制饼。西汉时的一个明显变化是，不仅贵族仕宦之家能够烹牛宰羊，富裕家庭也可以吃肉喝酒，一般平民主要吃葱、韭、芋头等蔬菜。东汉时蔬菜已达 20 多种，其中有 8 种是葱蒜类，还有生姜等调味品，说明当时的餐饮已注意到了烹饪的去腥调味，饮茶也开始流行。王褒的《僮约》中有“武阳买茶”之句，是将茶作为饮料的最早文字记载。华佗曾说：“苦茶久食益。”说明当时对茶的作用已有较多的认识。饮食器皿方面，普通百姓仍使用陶器，贵族及富有者使用青铜器和漆器，漆器食具种类很多，有耳杯、盆、鼎、壶、盒、盘、勺等，其图案纹饰绚丽多彩。

魏、晋、南北朝时期是一个民族大融合的时期，民族融合促进了经济发展、文化交流，也促进了饮食文化的发展。据《史记》记载，汉代从西域传入我国的食物有葡萄、石榴、胡麻、胡桃、西瓜、胡瓜、菠菜、胡萝卜、茴香、芹菜、胡豆、扁豆、苜蓿、胡荽、胡葱等。南方的龙眼、荔枝、橄榄、甘蔗、茉莉花等也传到北方。魏晋时期，烹调法开始成为技艺。这一时期的面、点、糕、饼等饼食增多，有面条、馄饨、元宵、油糕、包子、蒸饺等。

隋、唐、五代时期，食物种类繁多，饮食技法得到了很大的提高，隋朝人编写的《食经》记载了许多珍贵名菜，五代后蜀国人编写的《食典》有百卷之多，反映了当时的烹调技法。饼、饭、粥、糕等的种类进一步增多，主食以麦、粟、稻为主，间以多种杂粮。小麦面是最主要的食品，以饼类花样最多，当时人们已会制作馒头，多为祭祀所用。副食以葱、韭、姜、菠菜、竹笋、枣、梨、葡萄等为主。肉食也很常见，动物的腑脏也开始被烹制成各种美味。调味佐料有盐、醋、酱、胡椒、蔗糖等。唐代的食品制作大致与现在相同，饭、粥、馒头、饺子、包子、面条及各类汤食一应俱全。唐代士人登科、荣进及官吏升迁，朋友前来祝贺，被祝贺者要办宴席款待，名曰烧尾宴，此宴有主食，有羹汤，有山珍海味，也有家畜飞禽，名称典雅，用料珍异，场面奢华，皇帝对于特别垂青的大臣在其升迁之际有时也会下旨举办烧尾宴。

宋、辽、夏、金、元时期，面食、米食、肉食种类进一步增多，烹饪技法更加成熟，讲究名、形、色、香、味俱全，各大城市都开有酒店和食店，饮食文化品位达到相当高的程度。

明清时期，商品经济发达，城镇集市贸易兴盛，城市人口增多，市民文化丰富多彩，相关的市民饮食也得到长足发展，城市中的饭馆、酒楼、茶肆比以前更多，受儒家思想的影响，饮食的礼仪色彩更加浓厚。

清代饮食中留给后人最深印象的，直到今天仍是我国饮食代表作的当属“满汉全席”。“满汉全席”是集满族与汉族菜点之精华而形成的中华大宴，做法精细、程序复杂、菜品丰富，代表了清代饮食文化的最高水平。“满汉全席”也是中华民族大一统的集中展现和象征，其中的蒙古族食品、回族菜点、藏族水果使满汉全席成为五族共庆的盛宴。此外，宴面的豪华、餐具的讲究、礼节的烦琐、烹饪技巧的高超，都达到前所未有的地步。乾隆年间李斗所著《扬州书舫录》中记有一份满汉全席食单。满汉全席，分为六宴，均以清宫著名大宴命名，宴席汇集满汉众多名馔，择取时鲜海味，搜寻山珍异兽，全席计有冷荤热肴196品，点心茶食124品，计肴馔320品。合用全套粉彩万寿餐具，配以银器，富贵华丽，用餐环境古雅庄隆。席间专请名师奏古乐伴宴，沿典雅遗风，礼仪严谨庄重，承传统美德，令客人流连忘返。全席食毕，可令人感叹中华烹饪之广博和精致、领略中华饮食文化之繁荣。

二、菜系文化

由于物产、气候、习俗和传统等相异，不同地区人们的口味存在很大的差异，即人们常说的“南甜北咸、东辣西酸”。而不同的地区自然会产生适合当地人口味的肴馔，以具有地域特点的口味和肴馔系列出发来界定各地饮食的差别，称为菜系。

能称为菜系的各地肴馔，应该具有独特风格并能组成一个系列，有丰富多样的名肴名馔，在原料选择、调料运用、烹调技艺等方面都形成了自己的特点，各种肴馔的制作内部又有一定的联系，构成了一个整体。因此，菜系的形成需要一定的条件。地区菜系是地方菜肴的升华，它需要该地区具有较发达的商业、交通与文化，特别是要有城市的繁荣。此外，菜系的形成还要求拥有一定数量的技艺高超的名厨、一批高水平的消费者及有文化教养的美食家品评。

在几千年的饮食发展中，中国形成了数量众多的菜系，其中历史渊源较深且影响较大的、具有代表性的、为社会所公认的有鲁、粤、川、湘、闽、浙、苏、徽菜系，即人们常说的中国“八大菜系”。

中国“八大菜系”的烹调技艺各具特点，菜肴也各具风韵。鲁菜历史悠久，“食不厌精，脍不厌细”，文化气息浓厚；粤菜清淡鲜活，博采众家，影响深远；川菜采巴蜀丰富的物产，烹巴蜀之美味，“七滋八味”尽在其中；湘菜香甜酸辣，诸味俱全，风味浓郁；闽菜清鲜和醇，色香味形，无一不备；浙菜南料北烹，味贯南北，清鲜爽脆；苏菜“金齑玉脍”，技法精妙，玲珑剔透；徽菜古色古香，河鲜家禽，尽入其味。有人把“八大菜系”用拟人化的手法描绘为：苏、浙菜好比清秀素丽的江南美女；鲁、徽菜犹如古拙朴实的北方壮汉；粤、闽菜宛如风流典雅的公子；川、湘菜就像内涵丰富、才艺满身的名士。

（一）鲁菜

山东菜简称鲁菜，为八大菜系之首，也是黄河流域烹饪文化的代表。宋代以后鲁菜就成为“北食”的代表。明、清两代，鲁菜已成宫廷御膳主体，对京、津、东北各地的影响较大，现今鲁菜是由济南和胶东两地的地方菜演化而成的。鲁菜以清香、鲜嫩、味纯而著名，十分讲究清汤和奶汤的调制，清汤色清而鲜，奶汤色白而醇，选料精细，刀法细腻，花色多样，善用葱姜。

鲁菜的形成和发展与山东地区的文化历史、地理环境、经济条件和习俗关系密切。山东地处黄河下游，气候温和，胶东半岛突出于渤海和黄海之间，是我国古文化发祥地之一，境内山川纵横，河湖交错，沃野千里，物产丰富，交通便利，文化发达。蔬菜种类繁多，品质优良，号称“世界三大菜园”之一。

山东菜可分为济南风味菜、胶东风味菜、孔府菜和其他地区风味菜，并以济南菜为典型，包括煎炒烹炸、烧烩蒸扒、煮氽熏拌、溜炝酱腌等50多种烹饪方法。

济南风味菜以清香、脆嫩、味厚而纯正著称，特别精于制汤，清浊分明，堪称一绝。济南风味菜擅长爆、烧、炸、炒，其著名品种有“糖醋黄河鲤鱼”“九转大肠”“汤爆双脆”“烧海螺”“烧蛎蝗”“烤大虾”“清汤燕窝”等。胶东风味亦称福山风味，胶东风味菜包括烟台、青岛等胶东沿海地方风味菜，其精于海味，善做海鲜，且少用佐料提味，口味以鲜为主，偏重清淡，其著名品种有“干蒸加吉鱼”“油爆海螺”等。新中国成立后，新创的名菜品种有“奶汤核桃肉”“白汁瓤鱼”“麻粉肘子”等。

孔府位于山东曲阜。作为集名门望族、贵族和圣人之家于一体的孔府，各种宴席无不承办。皇帝、官宦以及贵族豪绅经常到府第参加祭祀，并带有厨师与孔府厨师合作，相互交流技艺，孔府厨师得以吸收御膳、官府家厨的风味特色，使孔府菜达到了极其高超的境界。孔府宴集全国各地之精华，集色、香、味、形、名、料于一体，饮食精美、注重营养、风味独特，具有浓郁的文化气息。

据说清朝孔家后裔被封为当朝一品官，号称文臣之首，故孔府菜中有不少主菜以“一品”命名，如“当朝一品锅”“一品豆腐”“一品海参”等。数百年来，孔府宴不断翻新，流传至今。

（二）粤菜

粤菜在西汉时就有记载，明清之际发展迅速，20世纪随着社会对外通商，粤菜吸取西餐的某些特长，也推向世界，仅美国纽约就有粤菜馆数千家。粤菜的原料较广，花色繁多，形态新颖，善于变化，讲究鲜、嫩、爽、滑，一般夏秋力求清淡，冬春偏重浓醇，调味有所谓五滋（香、松、臭、肥、浓）、六味（酸、甜、苦、咸、辣、鲜）之别，其烹调擅长煎、炸、烩、炖、煸等，菜肴色彩浓重，滑而不腻，著名的菜肴品种有“盐焗鸡”“蚝油牛肉”“烤乳猪”“干煎虾碌”“冬瓜盅”等。

粤菜由广州菜、潮州菜、东江菜三种地方风味组成。

广州菜以味美色鲜、菜式丰盛而赢得“食在广州”的美誉。广州菜有三大特点：一是鸟兽虫鱼均可为原料，烹调成形态各异的野味佳肴；二是开刀即烹、即席烹制，独具一格，吃起来很新鲜；三是夏秋清淡、冬春香浓。广州菜包括珠江三角洲和肇庆、韶关、湛江等地的名食在内，地域最广，用料庞杂，选料精细，技艺精良，善于变化，风味讲究，清而不淡，鲜而不俗，嫩而不生，油而不腻，深受大众的喜爱。

潮州故属闽地，其语言和习俗与闽南相近。潮州菜主要以海味、河鲜和畜禽为原料，擅烹以蔬果为食材的素菜，制作精细，加工多样，可分为炒、烹、炸、炖、烧、烤、焗、卤、熏、扣、泡、滚、拌，刀工讲究，汤菜功夫尤深，其中以清炖、红烧、汤泡最具特色。

东江菜又称客家菜，用料以肉类为主，原汁原味，讲求酥、软、香、浓，注重火功，以炖、烤、煲、焗见称，尤以砂锅菜见长，做法上仍保留一些奇巧的烹饪技艺，具有古代中原的饮食遗风。

（三）川菜

四川菜简称川菜，发源于古代的巴国和蜀国，历史悠久，风味独特，驰名中外。据《华阳国志》记载，巴国“土植五谷，牲具六畜”，并出产鱼盐和茶蜜；蜀国则“山林泽渔，园囿瓜果，四节代熟，靡不有焉”。当时巴国和蜀国的调味品已有卤水、岩盐、川椒、“阳朴之姜”。川菜的形成大致在秦始皇统一六国到三国鼎立之间。

川菜在秦末汉初就初具规模，唐宋时发展迅速，明清已富有名气，现今川菜馆遍布世界。正宗川菜以四川成都、重庆两地的菜肴为代表，它重视选料，讲究规格，分色配菜，主次分明，鲜艳协调，其特点是酸、甜、麻、香辣、油重、味浓，注重调味，离不开三椒（即辣椒、胡椒、花椒）和鲜姜，为其他地方菜所少有，形成川菜的独特风味，享有“一菜一味，百菜百味”的美誉。川菜的烹调擅长烤、烧、干煸、蒸，善于综合用味，在咸、甜、麻、辣、

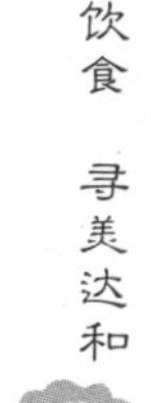

酸五味基础上，加上各种调料，相互配合，形成如家常味、咸鲜味、鱼香味、荔枝味、怪味等二三十种复合味道。代表菜肴有“宫保鸡丁”“鱼香肉丝”“毛肚火锅”“黄焖鳗”“夫妻肺片”“怪味鸡块”“麻婆豆腐”等。

随着生产的发展和经济的繁荣，川菜在原有的基础上，吸收南北菜肴之长及官、商家宴菜品的优点，形成了北菜川烹、南菜川味的特点，享有“食在中国，味在四川”的美誉。

（四）湘菜

湘菜是由湘江流域、洞庭湖地区和湘西山区等地方菜发展而成的，早在汉朝就已经形成菜系，烹调技艺已有相当高的水平。以湘江流域长沙、衡阳、湘潭为中心的菜式，是湘菜的主要代表。

湘菜的特点是用料广泛，油重色浓，多以辣椒、熏腊为原料，刀法奇异、形态逼真，口味注重香鲜、酸辣、软嫩。烹调方法多为腊、熏、煨、蒸、炖、炸、炒。湖南菜的两大特色是辣和腊，其著名菜肴有“腊味合蒸”“东安子鸡”“麻辣子鸡”“红煨鱼翅”“汤泡肚”“冰糖湘莲”“油爆肚尖”“生熏大黄鱼”等。湘菜以腴滑肥润为主，多将辣椒当主菜食用，不仅有北方的咸，也有南方的甜，更有本地特色之辣与酸，香、嫩、清、脆是其特色，所用材料以新鲜、价廉物美为原则。

湘菜特别讲究原料的入味，技法多样，有烧、炒、蒸、熏等方法，尤以“蒸”菜见长，且刀功精妙，形味兼美，菜肴千姿百态，变化无穷，湘菜的配料有豆豉、茶油、辣油、辣酱、花椒、茴香、桂皮等。

（五）闽菜

福建菜俗称闽菜，起源于福建省闽侯县，以福州菜肴为代表，素以制作细巧、色调美观、调味清鲜著称。由于福建地处东南沿海，盛产多种海鲜，如海鳗、蛏子、鱿鱼、黄鱼、海参等，所以闽菜多以海鲜为原料，别具风味。著名菜肴品种有“佛跳墙”“醉糟鸡”“酸辣烂鱿鱼”“烧片糟鸡”“太极明虾”“荔枝肉”等。

闽菜选料精细，刀工严谨，讲究火候、调汤、佐料，以味取胜。其烹饪技艺，采用细致入微的片、切、剞等刀法，使不同质地的原料达到入味透彻的效果，故闽菜的刀工有“剞花如荔，切丝如发，片薄如纸”的美誉。闽菜也有煎、炸、烤、炖、拌、醉、卤、扒、糟、煨、扣、溜、炒、熏、焖、扛、腌、炝等技艺，其中最具特色的是糟，有扛糟、炝糟、爆糟、炸糟之分。

闽菜以海鲜类为主，有咸、甜、酸、辣多种口味，咸的调味品有虾酱、虾油、豉油等；甜的有红糖、冰糖等；酸的有白醋等；辣的有胡椒、芥末等；香的有五香粉、八角、桂皮等。福建菜对清汤的调制特别讲究，一般都以油鸡、火腿、蹄髈为用料，温火将油鸡、火腿、蹄髈等熬出汤汁，并过滤；另将生鸡骨斩碎，加水和盐调和，放入汤内，继续使用温火，边烧边搅匀（又称吊汤），然后再过滤一次，得出莹洁鲜美的清汤，用来调制菜肴，对色、香、味均有帮助。

（六）浙菜

浙菜是以杭州、宁波、绍兴、温州等地的菜肴为代表发展而成的。归纳起来，浙菜有如下几大特征：一是用料广博，搭配严谨，注重时令和品种。二是刀工精细，形状别致。三是火候调味，讲究适度。四是清鲜嫩爽，滋、味兼得。五是融合三支地方菜系，风韵各具。杭州菜制作精细，擅长爆、炒、烩、炸等烹调技法，具有清鲜、爽嫩、精致、醇和等特点；宁波地方厨师尤善制海鲜，技法以炖、烤、蒸著称，口味鲜咸适度，菜品讲究鲜嫩爽滑；绍兴菜品香酥绵糯，汤浓味醇，富有水乡古城之淳朴风格。

浙江盛产鱼虾，又是著名的风景旅游胜地，不少名菜来自民间，其制作精细，变化较多。人们用北方的烹调方法将南方丰富的原料做得美味可口，“南料北烹”成为浙菜一大特色，如汴京名菜“糖醋黄河鲤鱼”到临安后，便烹制成浙江名菜“西湖醋鱼”。

浙菜发展到现代，精品迭出，日臻完善，自成一统，烹调技法擅长于炒、炸、烩、溜、蒸、烧，重原汁原味，有“佳肴美点三千种”之盛誉。久负盛名的菜肴有“西湖醋鱼”“生爆鳝片”“东坡肉”“龙井虾仁”“干炸响铃”“叫化童鸡”“清汤鱼圆”“干菜焖肉”“大汤黄鱼”“爆墨鱼卷”“锦绣鱼丝”等。浙江点心中的团子、糕、羹、面点品种多，口味佳。

（七）苏菜

苏菜始于南北朝时期，唐宋以后与浙菜竞秀，成为“南食”两大台柱之一。江苏的历代名厨造就了苏菜风格的传统佳肴，而古有“帝王洲”之称的南京、“天堂”美誉的苏州及被史家叹为“富甲天下”的扬州，则是名厨美馔的摇篮，苏菜正是以这三方风味为主汇合而成的，以苏州和扬州菜为代表。

苏菜的特点是浓中带淡，鲜香酥烂，原汁原汤，浓而不腻，口味平和，咸中带甜，烹调技艺以炖、焖、烧、煨、炒而著称。烹调时用料严谨，注重配色，讲究造型，四季有别。苏州菜口味偏甜，配色和谐；扬州菜清淡适口，主料突出，刀工精细，醇厚入味；南京、镇江菜口味和醇，玲珑细巧，尤以鸭制的菜肴负有盛名，著名的菜肴有“清汤火方”“鸭包鱼翅”“松鼠鳜鱼”“盐水鸭”“天目湖砂锅鱼头”“金蹼仙裙”等。江苏的点心富有特色，如秦淮小吃、苏州糕团、汤包，都很有名。

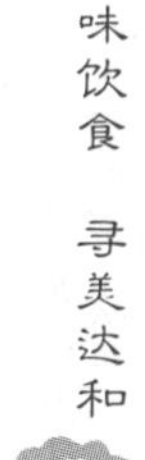

（八）徽菜

徽菜主要由皖南、沿江和沿淮三方菜式组成，其中以皖南菜为代表。皖南菜源于古徽州府；沿江菜系指合肥、芜湖、安庆一带的地方菜；而沿淮菜则由蚌埠、宿州、阜阳等地方风味菜构成。三支徽菜各有千秋，丰富多彩，但归纳起来，主要有四个基本特征：一是就地取材，以鲜制胜。徽地盛产山珍、河鲜、家禽，就地取材使菜肴的地方特色突出并保证鲜活。二是善用火候，火功独到。根据不同原料的质地特点、成品菜的风味要求，分别采用大火、中火、小火烹调。三是精于烧炖，浓淡相宜。除爆、炒、熘、炸、烩、煮、烤、焐等技法各有千秋外，尤以烧、炖及熏、蒸菜品而闻名。四是注重天然，以食养身。徽菜继承了我国医食同源的传统，讲究食补，这是徽菜的一大特色。

皖南徽州菜是徽菜的主要代表，起源于黄山麓下的歙县，即古代的徽州。徽菜的烹制以山珍野味著称，宋代诗人梅尧臣诗云："沙地马蹄鳖，雪天牛尾狸。"这里提到了两道徽州名菜：清炖马蹄鳖，红烧果子狸。徽菜在烹调上擅长烧、炖、蒸，而爆、炒菜较少，重油、重色、重火工。著名的菜肴有"符离集烧鸡""火腿炖甲鱼""腌鲜鳜鱼""雪冬烧山鸡""奶汁肥王鱼""毛峰熏鲥鱼""无为熏鸭""方腊鱼""蝴蝶面"等。

三、浅酌畅饮皆相宜

（一）酒与艺术

中国的艺术作品中经常有酒的影子，这是因为艺术家们的创作离不开酒。他们因畅饮而获得艺术创作的最佳状态，饮酒是他们解脱束缚、获得艺术创造力的重要手段。

"志气旷达、以宇宙为狭"的魏晋名士、第一"醉鬼"刘伶在《酒德颂》中有言，"有大人先生，以天地为一朝，万期为须臾。日月有扃牖，八荒为庭衢""幕天席地，纵意所如""兀然而醉，怳尔而醒。静听不闻雷霆之声，熟视不睹泰山之形。不觉寒暑之切肌，利欲之感情。俯观万物，扰扰焉如江海之载浮萍"。这种"至人"境界就是中国酒神精神的典型体现。

酒醉而成传世诗作，这样的例子在中国诗史中俯拾即是。杜甫有诗"李白一斗诗百篇，长安市上酒家眠。天子呼来不上船，自称臣是酒中仙。"苏轼有诗"俯仰各有态，得酒诗自成。"杨万里有诗"一杯未尽诗已成，诵诗向天天亦惊。"南宋诗人张元干有诗"雨后飞花知底数，醉来赢得自由身。"

不仅为诗如是，在绘画和书法中，酒的精灵更是活泼万端。"吴带当风"的"画圣"吴道子，作画前必酣饮大醉，醉后为画，挥毫立就。"元四家"

中的黄公望也是“酒不醉，不能画”。“书圣”王羲之醉时挥毫而作《兰亭序》，“遒媚劲健，绝代所无”，而至酒醒时“更书数十本，终无及者”。李白写醉僧怀素：“吾师醉后依绳床，须臾扫尽数千张。飘飞骤雨惊飒飒，落花飞雪何茫茫！”怀素酒醉泼墨，方留下神鬼皆惊的《自叙帖》。“草圣”张旭“每大醉，呼叫狂走，乃下笔”，于是有了“挥毫落纸如云烟”的《古诗四帖》。

在中国传统戏曲中，饮酒和吃饭是同义词。戏曲舞台上，吃饭的器皿不是饭碗、菜盘，而是用酒壶、酒杯来代替。请客吃饭，不说请用饭，而是说“酒宴摆下”。不管多么隆重盛大的场面，例如《鸿门宴》，在舞台上表示丰盛筵席的道具，也只有几个酒壶和酒杯。

酒还在中国传统音乐中担当重要角色，宋词的词牌（也就是乐曲）与酒有关者甚多。例如，醉太平（醉思凡）、醉蓬莱、醉中真（即浣溪沙）、频载酒、醉厌厌（即南歌子）、醉梦迷（即采桑子）、醉花春（即谒金门，又名不怕醉、东风吹酒面）、酒泉子、倾杯乐、醉桃源（即阮郎归）、醉偎香（即朝中措）、醉梅花（即鹧鸪天）、醉落拓、题醉袖（即踏莎行）、醉琼枝（即定风波）、酹江月（即念奴娇）、貂裘换酒（即贺新郎）等。

酒本身就是一种艺术，同时它又催生出了中国其他很多艺术。由此可见，酒对中国艺术的贡献不可谓不大。

（二）酒与人生

常言道：无酒不欢。可见酒在我们每个人的一生中都或多或少占据着一席之地。

酒从诞生之日始，就几乎渗透到了社会生活的各个角落。如办婚礼又称喝喜酒。“会亲酒”是订婚时要摆的酒席，喝了“会亲酒”就表示男女双方的婚事已定。婚后第二天，新婚夫妇回女方家探望，女方家要摆“回门酒”以示欢迎。“交杯酒”为新婚之夜新人洞房前所喝，喝此酒时，夫妻双方举盏交互，头、杯、口相接，取“你中有我，我中有你”之意。新人喝完此酒，今后就恩恩爱爱、相敬如宾。

历史上，儒家学说被奉为治国安邦的正统，中国的饮酒习俗同样也受儒家思想影响，讲究酒德。“酒德”两字最早见于《尚书》和《诗经》，其意指饮酒者要有德行。《尚书·酒诰》中集中阐述了儒家所倡导的酒德，例如，“饮惟祀”（只有在祭祀时才能饮酒）；“无彝酒”（不要经常饮酒，平常少饮酒）；“执群饮”（禁止聚众饮酒）；“禁沉湎”（禁止饮酒过度）。

饮酒作为食文化的重要构成部分，在古代形成了一套礼俗。例如，主人和宾客一起饮酒时，要相互跪拜；晚辈在长辈面前饮酒，叫侍饮，通常要先行跪拜礼，然后坐入次席；长辈命晚辈饮酒，晚辈才可举杯；长辈酒杯中的酒尚未饮完，晚辈不能先饮尽。在酒宴上，主人要向客人敬酒（叫“酬”），

客人要回敬主人（叫“酢”），敬酒时还要说上几句敬酒辞。客人之间相互也可敬酒（叫“旅酬”），有时还要依次向人敬酒（叫“行酒”）。敬酒时，敬酒的人和被敬酒的人都要起立。普通敬酒以三杯为度。

项目二　茶文化

一、中国饮茶历史

中国是茶的故乡，《神农本草经》有记载：“神农尝百草，日遇七十二毒，得荼（茶）而解之。”据说茶是神农氏发现的，始为药用，后由药用至食用至饮用，最终茶成为中华民族的“举国之饮”。茶在中国已有四五千年的历史，它发于神农，闻于鲁周公，兴于唐朝，盛于宋代，普及于明清。中华民族在茶的培育、品饮、应用以及茶文化的形成和发展上，为人类文明写下了绚丽光辉的一页，世界各国的茶叶种植、加工、饮用方法、茶礼、茶俗等都直接或间接地从中国引入，因此中国被称为“茶的故乡”。中华茶文化始终伴随着我们的日常生活，丰富着我们的精神世界，给我们以身体和心灵的滋养，也将由我们世代传承。

（一）饮茶方式

据史料记载，古今饮茶方式不同，我国饮茶方法先后经过烹茶、点茶、泡茶以及当代饮法等几个阶段。

1. 唐代烹茶

唐代饮茶以烹、煎为主，将茶饼碾碎成末后，经烹或煎再饮。据陆羽的《茶经》记载，唐时文人饮茶采用啜饮法：（1）备茶。采茶制饼，取少许干茶饼放在无烟炭火上炙烤，冷却后入茶碾碾成粉，过筛备用。（2）煮茶。取壶烧水，水稍沸时加入食盐等调味，再取适量茶粉入锅，搅匀稍煮，舀入茶碗，温度降至适口时品饮。这种饮茶法是中国饮茶史上“清饮法”的雏形。

唐代民间饮茶则是“调饮法”，即将茶叶与其他食材、调料一起煮饮。陆羽的《茶经》记载：把茶饼捣碎“贮于瓶缶之中，以汤沃焉，谓之痷（通‘腌’）茶。或用葱、姜、枣、橘皮、茱萸、薄荷之等，煮之百沸”，后饮用。

“清饮法”和“调饮法”两种饮茶方法都一直保留发展，沿用至今。

2. 宋代点茶

经由蔡襄和宋徽宗等人的提倡，宋人饮茶趋向精致。饮茶方式由唐代的煎茶法演变成点茶法，即将茶叶研成细末，放在茶碗里，注入少量沸水调成糊状，然后注入沸水，同时用茶筅快速搅动，使茶末上浮，形成粥面，饮用时要连茶粉带水一起喝下。点茶法追求茶的真香、真味，不掺任何杂质，并且十分注重点茶过程中的动作优美协调。宋代对清饮法进行了两点改进：一是茶末由锅煮改为碗泡，名曰“点茶”“分茶”；二是茶中不再添加咸味或香料。

3. 明代散茶冲泡

明太祖朱元璋下旨“罢造龙团……散芽以进……”，促成了茶叶生产的简约化，也使茶饮方式发生了改变。因贡茶由饼茶改为散茶，绝大部分地区在生产茶叶时不再将茶叶压制成饼，而是直接生产散茶叶，这就是现代炒青、烘青、晒青等工艺制作的茶叶的前身。冲泡散茶时，取茶叶少许投入茶壶，开水冲泡片刻，只喝茶水，茶渣弃之。这种方法省略了宋代点茶法的诸多步骤，也促使绿茶、乌龙茶、全发酵红茶普及。而这种散茶冲泡的饮茶方式也成为今天我们饮茶的主要方式。

（二）历代茶文化

1. 唐代饮茶蔚然成风

唐朝是我国历史上的全盛时期，国家统一，经济发达，人民生活富足，这使得人们追求更高层次的精神享受成为可能，饮茶之风日盛，推动和促进了茶文化的产生和发展。

此时，陆羽所著《茶经》是世界饮茶史上第一部系统论述茶的著作，全书七千多字，分三卷十节，从茶叶生产的源流、历史、现状、生产技术，到饮茶技艺、品茶方法和茶道原理等进行了归纳和总结，是划时代的茶学专著，也是精辟的农学著作。它把饮茶的方法程序化，并辅以美学思想，从而形成优美的意境和韵律，将饮茶上升到了艺术的高度，将普通茶事升格为一种美妙的文化艺术，推动了中国茶文化的发展。

2. 宋代点茶法影响邻国

宋代制茶工艺有了新的突破，饼茶盛行，专供进贡的茶饼称为龙团、凤饼。饼茶饮茶方式由唐代的煎茶法演变成点茶法。点茶、分茶等向我们呈现

了宋人饮茶的繁缛和精致。

分茶又称茶百戏，是宋代流行的一种泡茶游戏，始于宋初，帝王与庶民都玩。游戏时，将茶末放入茶盏，注入沸水，用茶筅击拂茶汤，能变幻成图形或字迹。茶汤被击打后泛出汤花，形成图形的时间很短，这需要很高超的技艺才能完成。为了便于观察白色汤花形成的图案，产于福建建窑的黑釉茶盏应运而生，为斗茶的形成与繁荣注入了无限的活力。

点茶和分茶，使饮茶过程极具娱乐性，加上进贡的饼茶、黑色的茶盏和宋徽宗以及一大批文人、僧人的推崇，中国茶文化又走向一个新的高度。后经日本僧人荣西和尚带到日本，衍生发展了今天的日本茶道文化。

宋代，饮茶之风在从宫廷到下层平民的社会的各个阶层普及，茶成为人们日常生活中不可或缺的物品，饮茶的风俗也深入民间生活的各个方面。宋朝文人的地位得到了空前提升，重文轻武的风气达到顶峰，同时，宋朝的史学、文学事业发达，诗、词、散文都有伟大成就，优秀文人辈出。在这样的背景下，宋代茶文化也发展到了极致。

3. 明代散茶冲泡延续至今

明朝初期，明太祖朱元璋的一道圣旨，使进贡的茶叶由饼茶改为散茶，使得制茶工艺也随之变革，绿茶、乌龙茶及红茶在明朝末年相继创制成功，饮茶方式因茶形、茶性的改变而改变，也使明代成为我国现代茶艺和现代茶道的萌芽期。

明太祖朱元璋第十七子朱权，醉心茶道，撰写了约两千字的《茶谱》，首创了用开水直接冲茶饮用的瀹饮法。同时，他还强调品茗之“境”，认为品茗的“环境”应是“或会于泉石之间，或处于松竹之下，或对皓月清风，或坐明窗静牖”；品茗的“心境”应是“举白眼而望青天，汲清泉而烹活火”；品茗的“意境”应是“味清甘而香，久而回味，能爽神”。只有这样，才能在品茗时“探虚玄而参造化，清心神而出尘表”，达到超然物外的品茗境界和饮茶明志的品茗目的。

他对陆羽提倡的“二十四器”进行了精简，只保留少数必需茶具并加以改造；对于品茗的程序也大量精简，又增加了品茗前设案焚香，表示能通灵天地，融入超凡的理想。

朱权倡导的茶艺表现为闲适、怡真、自然。他的茶道思想崇尚自然，注重意境。他在品茗时追求山之清幽、泉之清冷、茶之清淡、心之清闲、器之清洁、侣之清高，这“六清”，在品茗时内心与自然融为一体，形成一种内在的和谐美，使人在平静淡泊中去体悟“茶味人生”的玄妙，并获得回味无穷的美感。正因为这样，《茶谱》中追求的美学思想被后代茶人薪火相传。

4. 清代茶文化承前启后

清代茶文化较之前代得到了长足的发展，茶叶的栽培和制作技术不断提高，茶叶种类繁多，品饮方法也得到创新，新的饮茶器具不断涌现。传统的六大茶类——绿茶、红茶、乌龙茶、白茶、黄茶、黑茶已全部形成，茶叶的内销及外销都达到历史最高水平，各地茶馆林立，民间喝茶更加普遍，茶真正走向世俗化。

清代饮茶习俗与明代无异，因此茶具基本上也是明代的延续和发展。景德镇除了生产传统的青花、素三彩、釉里红、斗彩等瓷器外，还开创了粉彩、珐琅彩等新品种，至乾隆时期，新创了能集各种工艺于一体的陶瓷，并能生产仿木纹釉、仿石纹、仿青铜彩、仿绿松石釉的瓷器，把中国陶瓷工艺推向历史的新高峰。

清代紫砂茶具也迎来了新的创作高峰。其制作工艺大大提高，泥料细腻，制作规整，出现了陈鸣远等许多名家。嘉庆、道光年间以后，文人雅士以紫砂为载体，发挥其诗、书、画、印之才情，为后人留下了不少精美绝伦的紫砂艺术品，使紫砂茶具的人文内涵大大提高。

盖碗是清代茶具的又一大特色，它由盖、碗、托三部分组成，象征着“天、地、人”三才，反映了中国人器用之道的哲学观。清代茶具的多样化还体现在茶托形状的变化上，茶托最早出现在两晋南北朝时期，从出土的青瓷盏托可见，南朝时越窑就已有茶托的生产，清代的茶托品种丰富，花样繁多，有的因制成船形，称为茶船，另外还有十字形、花瓣形、如意形等。

二、中国茶道

（一）茶道理解

茶道，即在茶事活动中融入哲理、伦理、道德，通过品茗来修身养性、品味人生，达到精神上的享受。

中国人在唐代以前就将饮茶作为一种修身养性之道。至唐、宋时期，人们对饮茶的环境、礼节、操作方式等都有讲究，形成了一些约定俗成的规矩和仪式，茶宴也有宫廷茶宴、寺院茶宴、文人茶宴之分，对饮茶在修身养性中的作用有了相当深刻的认识。宋徽宗赵佶对茶很有研究，他认为茶的芬芳气味能使人闲和宁静：“至若茶之为物，擅瓯闽之秀气，钟山川之灵禀，祛襟涤滞，致清导和，则非庸人孺子可得知矣，冲淡简洁，韵高致静……”

历史上，很多茶人往往同时也是杰出的文学家、艺术家、哲人，他们既有很高的文化修养、艺术造诣，又懂茶理，可见中国人早已在茶的烹饮过程中融入了艺术思想和美学观点。因此，中国茶道应该被全面地理解为与茶有

关的技艺、器物、韵味与精神获得。

1. 以茶修行

修行是茶道的根本，是茶道的宗旨，茶人通过茶事活动怡情悦性、陶冶情操、修心悟道。中国茶道的修行为“身心双修”，修身，在于祛病健体、延年益寿；修心，在于修道立德、明心见性。中国茶道的理想就是养生、怡情、修心、证道。证道是修道的结果，是茶道的理想，是茶人的终极追求，是人生的最高境界。茶道的宗旨、目的在于修行，环境亦好，礼法亦好，茶艺亦好，都是为着一个目的——提高每个参加者的自身素质和境界，塑造完美的人格。

2. 感悟人生

修习茶道，感悟茶味人生，能帮助我们愉悦心灵、快乐生活。

第一，像品茶一样心无杂念，放下一切，用心去品味生活，从生活的苦涩中品出甘美与芬芳。

第二，真正领悟茶的世界是万物和谐、相互依赖、共生共荣的世界。泡一壶好茶，需要茶、水、器、方法、人情、环境等元素的和谐与适度。这给予我们许多启示。如果我们能由此领悟自律、适度、和谐相生等道理，我们一定会更容易感觉到幸福、快乐。

茶道是一种以茶为媒的生活礼仪，也被认为是修身养性的一种方式，它通过沏茶、赏茶、饮茶，增进友谊，美心修德，学习礼法。喝茶能静心、静神，有助于陶冶情操、去除杂念，这与提倡“清静、恬淡”的东方哲学思想很合拍，也符合佛道儒的“内省修行”思想。茶道精神是茶文化的核心，是茶文化的灵魂。

（二）茶道与茶艺的关系

“茶道”一词早在唐代就已出现，但对其内涵并无明确的界定，有时指煮茶、饮茶之道，有时又指饮茶过程中所领悟之道。中国茶道传入日本后，经过几个世纪的发展，日本茶道已成为具有哲理和艺术表现力的一大综合文化体系。为与此区分，中国台湾地区的茶文化界使用了“茶艺”一词。随着茶文化活动蓬勃开展，特别是对中国茶文化研究的需要，对其二者进行区分十分必要，同时也有利于茶文化事业健康地向前发展。

1992年，茶文化学者王玲教授在她的《中国茶文化》中明确地界定：“茶艺与茶道精神，是中国茶文化的核心。艺——制茶、烹茶、品茶之术；道——艺茶过程中所贯彻的精神。”“茶艺，有名有形，是茶文化的外在表现形式；茶道是精神、道理、规律、本源与本质，它是无形的，但可以通过心灵去体会。茶艺与茶道结合，艺中有道，道中有艺，是物质与精神高度统一的结果。”

茶艺是茶道的基础和载体，是茶道的必要条件。茶艺可以独立于茶道而存在。茶道以茶艺为载体，依存于茶艺。茶艺重点在“艺”，重在习茶之艺术，以获得审美享受；茶道的重点在“道”，旨在通过茶艺修身养性、参悟大道。

茶艺可以独立于茶道而存在，通过茶艺展示给人以美的感受；而茶道讲究的是人的内在修为的精进，不是表演给别人看的，可表演的是茶艺而不是茶道。

三、中国茶文化的意义

茶文化与一般的饮食文化有很大的区别，它除了能满足人们的生理需要之外，更重要的是能满足人们的心理需求。茶道精神是在茶艺操作过程中体现的，是人们在品茶活动中的一种高品位的精神追求。除了文化的传承，茶对提升我们日常生活品位、构建和谐人际关系、加强身心修养具有深远的意义。

（一）增进人际关系

柴米油盐酱醋茶，琴棋书画诗酒茶。茶在中国人生活中不可或缺，茶是中国人古往今来的待客之道，有诗云：“寒夜客来茶当酒。”以茶代酒款待客人古已有之。以茶敬客，可以化解矛盾，增进团结，增进人际关系；以茶待客，不仅能融洽关系，而且能提升品位，无形中也提高了交往的质量和意义。

（二）促进家庭和睦

家庭是社会的细胞，是每个人生活中温馨的港湾。在繁忙的工作和学习之余，回到家中，沏一杯茶，可以缓解一天的身心疲惫。

或握杯独饮，享受宁静，品味人生，调节身心；或家人团聚，围桌共饮，享受亲情，解除烦恼。一杯清茶，能够调和家庭气氛，增进家庭成员情感交流，丰富家庭生活内容。

（三）有益身心健康

几千年的饮用经验及现代科学证明，茶是最好的保健饮料。饮茶能振奋精神，开阔思路，消除身心疲劳，保持旺盛的活力。茶文化是应对人生挑战的益友，面对激烈的竞争、纷繁的人际关系，以及诸多依附在人们身上的压力，与茶为伴，能够使我们的精神和身心进一步放松，自如应对人生新挑战。

（四）修身养性，提高品位

古人常把茶品、人品相提并论。茶，初泡为苦，继而转甘，后则淡然，细品如人生。

人们通过与茶接触，了解茶性、研习茶艺、品茶评茶，不觉间进入忘我的境界，从而远离尘嚣，远离污染，给身心带来愉悦。茶洁净淡泊，朴素自然；茶自守无欲，净静相依。在享受茶之美的过程中，借助茶的灵性，我们得以感悟生活，调适自我，慎独自重，自我超越，保持良好的精神状态。

以茶雅志，可陶冶情操，提高文化修养；以茶行道，可净化社会风气。茶文化以德为中心，重视人的群体价值，倡导无私奉献，反对见利忘义和唯利是图；茶文化讲究和谐，注重人与人之间的关系维护，提倡尊敬他人，重视修身养性；茶文化有利于帮助人们解开精神困惑，维护良好心态，有利于创建精神文明、促进社会进步。

项目三　古代饮食思想评述

中国传统思想在饮食中有着深刻的反映和体现，饮食文化在长期的发展中与传统思想相互作用、相互影响，从而形成了具有中国特色的饮食思想。从古到今，各个时期、各个地区的特色饮食都有着丰富的哲学道理和历史含义，例如，古人崇尚自然，强调天人合一，因此对于一些本来形状就很美、颜色很好看、味道很好的天然食品，做法上就要遵循自然之理，尽量保持自然状态，使其“原汁原味”，不改变特性。烹饪理论认为“一物有一物之味，不可混而同之”“使一物各献一性，一碗各成一味”。中国古代哲学思想中的阴阳五行、相辅相成的理念在饮食中有所反映，如庖厨对于一些有腥、膻等异味的食品，在加工制作中利用阴阳辩证之理，加以不同的佐料，用以不同的烹调器皿，施以炖、煎、炒、炸、爆、煮等技术处理，从而达到去异味、保持其营养的目的。

在一餐之中，要做到主食、副食相调，凉菜、热菜搭配，生、熟食品相间，软硬、干稀、甜咸、荤素、数量多少、盘碗大小阴阳协调，在高度的对立统一中展现其丰富多彩，具体到一年四季的饮食之中，则更要讲究上和天时，下和地利，中和人体阴阳。具体而言，古代饮食思想主要表现在以下几个方面。

一、饮食与礼仪相结合

《礼记·礼运》中说："夫礼之初，始诸饮食。"可见，饮食是儒家文化的核心思想——礼的本源。先民视美食美酒为盛事，用自己最得意的生活方式祭祀鬼神，表示对祖先和神灵的崇拜和祈祷，如此便开始了礼仪的行为。随着饮食与礼仪的结合，烹饪的饭锅也从食器演变为礼器——鼎，变得神圣不可侵犯，所以"调和鼎鼐"这一纯属烹饪的术语，在古代亦可作为宰相治国理政的代称。《吕氏春秋》记载，被后世奉为烹饪之圣的商朝宰相伊尹，也采用烹饪技巧与天子议政。老子在《道德经》中，更是留下了"治大国若烹小鲜"的名句，可见饮食在古人心目中地位之高。

饮食与礼仪结合，揭示了文化现象是从人类生存的最基本的物质生活中发生的，这是中华民族顺应自然生态的创造。饮食是人生的一宗大事，《礼记·仲尼燕居》曰"礼也者，理也"，即社会秩序。饮食活动的礼仪，指的是饮食规范和礼节，古代饮食礼仪主要表现在祭祀方面。周代的《周礼》《仪礼·少牢馈食礼》《礼记·玉藻》等章节中，反映了客食之礼、待客之礼、待食之礼、桑食之礼、宴饮之礼、进食之礼等。饮食的伦理化还表现在中国菜名的别开生面上，菜名大致有两种类型：一种是写实性的，如青菜豆腐，榨菜炒肉丝，一看就明白它的原料；另一种是写意性的，这最能展现想象的空间，这在我国发展到极致，如菜肴中常有八宝的名称，如八宝饭、八宝鸭、八宝肘子等。

二、美食与美器相结合

古人对美食与美器也非常讲究，力主美食与美器的和谐统一。中华菜肴注重色彩效果，一盘赏心悦目的菜肴就像一幅美术作品一样，具有极强的感染力，能勾起人的食欲。烹调时食物原料的选择、调料的加色、烹调的火候等都需十分注意，力求搭配合理。南宋诗人陆游有许多关于食物色泽的佳句，《村居初夏》云："梅青巧配吴盐白，笋美偏宜蜀豉香。"《对酒》云："黄甲如盘大，红丁似蜜甜。"菜肴的形状也很有讲究，主要体现在刀工上，可将原料切成块、段、条、丝、片、丁、粒、末、泥等形状，再配以精心的雕塑、点染、刻画、搭配，便成为一道精美的菜品。古人谈到食物味美时往往用"甘脆"形容，"甘"指味美，"脆"指爽利易断的食物给食用者带来的咀嚼快感。

古人讲究美食的同时，对美器也有要求，对食器的质地、制造、使用，各种宴席的规格、座次、食具的安排，均有明确而严格的规定，从而出现森严的等级性和伦理规范。陶器、铜器、金银器、玉器等花样、色泽不断翻新，增强了美食的效果。古人在彩陶上绘有简单的几何图形，可见饮食被赋予的意义已不再是简单的解除饥饿。瓷器耐高温，光洁度好，是一种比较理想的食器，有很高的实用价值和欣赏价值，一些铜制的食器更是显得富贵。商代就有玉器，当时作为礼器使用，到了战国时期，玉制石器渐渐增多，透出一种高贵的气质。中国古代的饮食器具不只以上的几种质料，还有漆器、玻璃器等，这些造型不一、色彩丰富的精美食器，增添了人们饮食时的精神享受，是饮食文化的重要内容，清代文学家袁枚在《随园食单》一书中指出，在食器的搭配上，“宜碗者碗，宜盘者盘，宜大者大，宜小者小，参错其间，方觉生色”。这种总结既科学又辩证。

三、品饮与环境相结合

良好的环境气氛，可以增进人的食欲，达到更佳的饮食效果，欢聚的宴会、离别的宴席、高升庆贺的宴会等，需要一定的环境气氛作烘托，正所谓“醉翁之意不在酒，在乎山水之间也”，在一些场合，环境气氛超过了饮食的美味。创造适宜的饮食气氛，可使美食锦上添花。小桥流水、芳草萋萋的自然环境，体现饮食时的自然之美；高雅的陈设、精巧的餐具，体现排场之奢华，适宜的环境调节了饮食时的气氛，体现了餐饮主人的身份、地位及修养。

人们饮食时不仅讲究环境，还将艺术形式引入餐饮活动，如弹奏音乐、观赏舞蹈为饮食助兴，宫廷中有专门的乐队、完整的建制来为饮食服务，乐舞把饮食文化推向了一个更高的境地。雅谈、游戏、书画、吟诗等，充分体现了具有文化特色的精神享受活动，使饮食在文化层面达到了更高的境界，古代的文人雅士以聚餐的方式陶冶性情、抒发胸怀，把物质生活与饱含文化的艺术实践活动相结合，创造了内涵丰富的饮食文化。

四、饮食与保健相结合

古人认为，医食同源，饮食与医药有着相辅相成、辩证统一的关系，孔子很早就提出了“七不食”的饮食标准——“食饐而餲（饭变味），鱼馁而肉败（鱼烂肉腐），不食；色恶（食物变色），不食；臭恶（变味），不食；失饪（烹调不善），不食；不时（不熟或不到吃饭时间），不食；割不正（刀工不好），不食；不得其酱（调料使用不当），不食”，十分强调食品的新鲜。春秋时期，扁鹊认为，一个好的医生，首先要弄清疾病产生的根源，以食治之，如果食疗不愈，再以药治之。扁鹊之后，食疗理论又有了很大的发展。成书于战国时期的《黄帝内经》系统阐述了平衡膳食理论，正式确立医食同源的思想，“五谷为养，五果为助，五畜为益，五菜为充”，强调各种营养的合理搭配，保持肌体能量平衡。《灵枢经》中也提到：“五味入于口也，各有所走，各有所病，酸走筋，多食之，令人癃（手足不灵）；咸走血，多食之，令人渴；辛走气，多食之，令人洞心；苦走骨，多食之，令人变呕；甘走肉，多食之，令人悗心。”上述五味之论，要旨在于教人在饮食上把握“恰当”二字，也就是说，五味进食太过会导致疾病，唯平衡适宜方能益于健康。唐朝孙思邈著的《千金方》和《千金翼方》都有专门论述食疗的篇章，对古代食疗学的发展产生了重要的影响。唐朝时“药膳”又有了一定的发展，开始了复方制剂的研制，以药入食，达到防病、保健、治疗和康复的目的。元代医学家忽思慧进一步从健康原则考虑，指出：“五味调和，食饮口嗜，皆不可多也。多者生疾，少者为益。”《黄帝内经》提到：“味过于咸，大骨气劳，短肌，心气抑。”所以盐不可多吃。直到今天，很多人仍然遵循这种饮食规范。此外，在食物搭配和宜忌方面都有很多论述，如果配餐不当，性味不合，就会损害健康。

饮食活动在人类历史发展进程中起到了特别重要的作用，人们饮食的根本目的在于使人气足、精充、神旺、健康长寿，围绕着这个目的，逐渐形成了中国式的传统饮食养生理论。自有烹饪以来，饮食与养生就紧密地联系起来，饮食养生理论是伴随中国烹饪的产生而产生的，随着烹饪的发展而发展，并逐步丰富与深化。饮食与养生也是对立统一的辩证关系，饮食可以满足养生的需求，养生主要依赖饮食，二者相互作用、相辅相成。中国烹饪饮食的变化和发展也始终是在哲学思想、养生思想指导下进行的，如儒家的崇尚礼乐，饮食合时；道家的崇尚自然，饮食养生；阴阳家和医家的阴阳五行，四气五味；释家的禁欲修行，倡导素食等，这些有关饮食的哲理，对中国烹饪的影响是很深的，也形成了独具中国特色的饮食文化。

【微课扫一扫】

中国饮食
文化发展概况

中国饮食文化之
菜系文化（上、下）

饮食文化中的美学
意蕴和人文情怀

中国是茶的起源国

在文学作品中习茶

测一测

一、填空题

1. 中国“八大菜系”有__________、__________、__________、__________、__________、__________、__________、__________。

2. ________的孔府是孔子诞生及孔子后人居住的地方。

3.“志气旷达、以宇宙为狭”，号称第一“醉鬼”的魏晋名士是______。

4.《尚书·酒诰》中集中阐述了儒家所倡导的酒德，“饮惟祀”指的是______________；“无彝酒”指的是______________；“执群饮”指的是______________；“禁沉湎”指的是______________。

5.《神农本草经》记载：“神农尝百草，日遇七十二毒，得荼而解之。”荼即________的古字。

6. 茶艺，是指______________；茶道，是指______________。

7. 饮食与________结合，揭示了文化现象是从人类生存的最基本的物质生活中发生的，这是中华民族顺应自然生态的创造。

二、单项选择题

1. 粤菜由广州菜、(　　)、东江菜三种地方风味组成。

A. 汕头菜　　　　B. 东莞菜

C. 珠海菜　　　　D. 潮州菜

2. 江苏的历代名厨造就了苏菜风格的传统佳肴，而古有“帝王洲”之称的南京、“天堂”美誉的苏州及被史家叹为“富甲天下”的(　　)，则是名厨美馔的摇篮。

A. 北京　　　　B. 深圳

C. 扬州　　　　D. 安徽

3.“一杯未尽诗已成，诵诗向天天亦惊”，是宋代诗人(　　)的诗句。

A. 杜甫　　　　B. 杨万里

C. 李白　　　　D. 白居易

4. 饮酒作为食文化的重要构成部分，在古代形成了一套礼俗。敬酒时，敬酒的人和被敬酒的人都要起立。普通敬酒以(　　)杯为度。

A. 一　　　　B. 二

C. 三　　　　D. 四

5. 世界上最早发现茶、利用茶、种植茶，并且最早实现茶叶商品化生产的国家是(　　)。

A. 中国　　　　B. 波斯

C. 印度　　　　　　　　　　D. 斯里兰卡

6.《茶经》从茶之溯源、制茶工具、采制、评鉴、煮茶器皿、煮茶、饮用、茶史茶事等各种不同的专业角度对茶进行介绍，该书的作者是（　　）。

A. 郑板桥　　　　　　　　　B. 孔子

C. 陆羽　　　　　　　　　　D. 徐霞客

7. 我国饮茶方法先后经过烹茶、(　　)、泡茶以及当代饮法等几个阶段。

A. 点茶　　　　　　　　　　B. 焖茶

C. 煮茶　　　　　　　　　　D. 煎茶

8. 唐朝孙思邈所著（　　）和《千金翼方》都有专门论述食疗的篇章，对古代食疗学的发展产生了重要的影响。

A.《百草方》　　　　　　　B.《千金方》

C.《麻沸散》　　　　　　　D.《黄帝内经》

三、多项选择题

1. 中国茶文化的意义有（　　）。

A. 增进人际关系　　　　　　B. 促进家庭和睦

C. 有益身心健康　　　　　　D. 修身养性，提高品位

2. 中国传统思想在饮食中有着深刻的反映和体现，饮食文化在长期的发展中与传统思想相互作用、相互影响，主要表现在（　　）。

A. 饮食与礼仪相结合　　　　B. 美食与美器相结合

C. 品饮与环境相结合　　　　D. 饮食与保健相结合

实践体验与知识拓展

1. 舌尖上的美食。

主题：展示家乡传统美食文化及品种，展示家乡饮食风俗习惯及文化。

内容：调查家乡传统美食文化及品种，阐释中国传统饮食文化对家乡传统美食文化的影响。

要求：将成果制作成 PPT 或视频，向同学展示及讲解。

2. 校园茶艺体验。

主题：学茶、习礼、品人生。

内容：了解茶艺基本常识、学习茶艺礼仪、体验茶叶冲泡技艺。

要求：全班同学分成 6 个小组，每组负责绿、白、黄、青、红、黑六大茶类中的一种，完成茶艺全过程，各小组互相品评，并做好体验记录和总结。

3. 推荐观看《舌尖上的中国》（第一、二、三季）。

4. 2022 年 11 月 29 日，中国申报的“中国传统制茶技艺及其相关习俗”通过审评，列入联合国教科文组织人类非物质文化遗产代表作名录。自行观看 CCTV1 的系列节目，了解其中有几种本地区、本家乡的茶。同时思考：我们将如何通过茶文化来讲好中国故事、传播好中国声音，展现可信、可爱、可敬的中国形象，推动中华文化更好地走向世界？

模块十二

雕梁画栋 匠心营造

学习目标

1. 了解中国古代建筑的类型和特点，熟知具有代表性的中国传统园林建筑，感受中国传统园林建筑的营造艺术。

2. 通过对中国古代建筑，特别是传统园林建筑类型、特征、艺术成就的学习，加深对中国古代建筑文化的了解，培养欣赏中国古代建筑艺术的能力，树立正确的建筑审美观念，并通过对中国古代建筑工艺的了解，培养工匠精神。

3. 感受中国文化崇尚自然的艺术表现形式，感受中国古人的浪漫情怀和审美情趣，养成对精神、情操、审美的高要求。

人文精神荟萃

工匠精神　求真务实

情景导入

山西应县木塔建于辽代清宁二年（1056 年），至今已历 960 多年，虽历经了狂风暴雨、强烈地震、炮弹轰击却仍然屹立。整个纯木结构建筑主体重 2 600 多吨，无钉、无铆、无胶，正是通过榫与卯之间巧妙地构架与咬合使 3 000 立方米木料浑然一体。什么是榫卯？凸者为“榫”，凹者为“卯”，凸出来的榫头和凹进去的卯眼扣在一起，两块木头就会紧紧地相连，有效地限制木件向各个方向扭动，起连接和固定作用。在河姆渡遗址中发现的榫卯形式是中华民族对世界建筑史的重要贡献，也说明榫卯是比汉字更早的华夏智慧。

建筑是世界上包含文化内容最多、涵盖面最宽、综合性最强的一种文明产物。建筑不仅涉及科学技术、物质生产、生活方式等物质文化，还涉及社会政治、哲学思想、宗教意识、审美观念、民俗民风等精神文化，可以说它是一个时代、一个民族全部社会生活的集中体现，一个时代的历史全都可以从建筑上看到，而且比从文字历史中所看到的更直观、更真实。中国古代建筑便是中国文化进程的见证者与诉说者，它是中国物质文化和精神文化的汇聚。

项目一　广厦万千：类型多样的中国古代建筑

中国古代建筑在漫长的时间跨度和空间过渡中发展出了丰富的建筑类型。我们可以从历史进程、地域空间、功能性质等角度对其进行研究。从功能性质角度来说，中国古代建筑大致可以分为城市公共建筑、宗教建筑、行政建筑、民居建筑、园林建筑等。

一、城市公共建筑

中国古代城市公共建筑既包括城墙、城楼与城门等防卫设施，钟楼和鼓楼等时历设施，也包括桥梁、路亭等交通设施，书院、贡院等教育设施，会馆、戏台等商业娱乐设施。

（一）城墙、城楼与城门

城墙、城楼与城门是中国古代城市的重要节点，可以从侧面反映出中国古代城市规划以宫殿、衙署为中心的权力思想。城墙的发展脉络比较清晰，以新石器时代为起源，材料以夯土为主。至宋代，用砖石包砌的城墙渐多。明代嘉靖时期，重要城池大多用砖石包砌，取代了夯土墙。为了解决城墙自身的坚固问题，古人对墙体的高宽之比、底宽与顶宽之比做过多次摸索与调整，对防雨排水也积累了丰富经验。城门是重点防御部位，唐代边城中出现了瓮城。瓮城是在城门外或城门内侧修建的半圆形或方形的护门小城，宋代将瓮城运用到都城以加强城门的防御功能。明代在瓮城上创建砖木泥合结构的箭楼，成为古代建筑中一种新类型。现存的古代城楼、箭楼、角楼多为明、清遗构。南京明城墙，由明太祖朱元璋于公元 14 世纪中后期亲自设计，百万工匠参与施工，历时 28 年建筑而成。明代南京城共有四种城墙，分为皇城、宫城、京城和外郭城，京城城墙原有 13 座城门，现仅保留下 4 座，分别是神策门、清凉门、石城门和聚宝门。南京明城墙长达 35.267 千米，是世界上现存最长的砖石构造城市城墙。

（二）钟楼、鼓楼

钟楼、鼓楼是古代城市中专司报时的公共建筑，后也拓展出报警和发布信号等功能。钟楼、鼓楼建筑是中国古代城市管理制度的一个缩影，昔日文武百官上朝，百姓生息劳作均以此为度，鼓楼置鼓、钟楼悬钟，“晨钟暮鼓”，循律韵通。钟楼、鼓楼的建筑形式从城楼、谯楼脱胎而来，下部是砖砌的墩台，台内部开单向或十字形券洞以利通行，上为木构或砖石木构的层楼。北京钟楼、鼓楼是坐落在北京南北中轴线北端的一组古代建筑。两楼前后纵置，是元、明、清三代都城的报时中心。西安钟楼、鼓楼均建于明洪武年间，西安钟楼与西面的鼓楼遥相呼应，从建成起便是西安的核心建筑之一。

二、行政建筑

中国古代建筑中的行政建筑，即具有行政属性的建筑及其附属设施，包括中央各级官署和地方各级官署，如宫殿、衙署、关榷等。中国传统行政建筑是封建皇权思想的集中体现，因此其建筑规制之高，装饰手法之精，堪列中国古代建筑之首。

（一）宫殿

自秦汉始，“宫”便专指帝王住宅。我国最早的宫殿遗址为河南偃师二里头宫殿建筑遗址。这种院落组合和前堂后室的布局，长期影响了宫殿建筑的布局方式。

北京故宫是中国明清两代的皇家宫殿，旧称紫禁城，处在北京中轴线的中段，而皇宫的中心又是皇帝上朝的三大殿（太和殿、中和殿、保和殿）。另外，都城南边有天坛，北边有地坛，东边有日坛，西边有月坛，四方拱卫，天下以皇帝为中心的思想表达得非常明确。北京故宫南北长 961 米，东西宽 753 米，四面围有高 10 米的城墙，城外有宽 52 米的护城河。有四座城门，南面为午门，北面为神武门，东面为东华门，西面为西华门。城墙的四角，各有一座风姿绰约的角楼，民间有九梁十八柱七十二条脊之说，形容其结构的复杂。北京故宫内的建筑分为外朝和内廷两部分。外朝的中心为太和殿、中和殿、保和殿，统称三大殿，是国家举行大典礼的地方。三大殿左右两翼辅以文华殿、武英殿两组建筑。内廷的中心是乾清宫、交泰殿、坤宁宫，统称后三宫，是皇帝和皇后居住的正宫。其后为御花园。后三宫两侧排列着东、西六宫，是后妃们居住休息的地方。东六宫东侧是天穹宝殿等佛堂建筑，西六宫西侧是中正殿等佛堂建筑。外朝、内廷之外还有外东路、外西路两部分建筑。

（二）衙署

都城以皇宫为中心，地方城市则一般以衙署为中心。比起都城，中国古代的地方城市虽然没有完整的规划，但是衙署（府衙、州衙、县衙）几乎处在城市中心位置，这一点足以体现中国古代城市规划中的政治性因素。

衙署大多按照一定的礼制规划，布局相对集中，建筑形式多为院落式，规模视其具体等级而定。衙署的大堂为主建筑，设在主庭院正中，前设仪门、廊庑等。大堂的附属建筑为长官处理公务的处所。衙署内还有保存文牍、档案、钱粮之类的建筑。地方府、县衙署还附设军器库、监狱。都城以外的衙署还连接官邸，供官员及其眷属居住。山西平遥县衙是国内存量极少的基础完整的古代县衙之一。平遥县衙坐落于平遥古城中心，其中的建筑为元、明、清各代遗存，保存下来最早的建筑建于元至正六年（1346 年），距今已有 600 多年的历史。整座衙署坐北朝南，呈轴对称布局，南北轴线长 200 余米，东西宽 100 余米，占地 26 000 余平方米。平遥县衙建筑群布局对称、前朝后寝。步入县衙先看到的是照壁，仪门中间的大门只在重要时间才开启，东边为供人日常行走的“人门”，西边为供犯人行走的“鬼门”。仪门过后为大堂，两侧各有 111 间庑房，称为“六部房”，按照“左文右武”的礼制建造。大堂东侧还建有钱粮库。大堂后是二堂，为日常办公之所，二堂后便是官员居住的内宅。

三、民居建筑

中国古代建筑中的民居建筑是我国各族人民在悠久的历史发展过程中创造并传承下来、具有地域或民族特征的传统居住建筑，因各地气候、地理环境、资源、文化等差异形成了丰富多样的建筑形式，生动地反映了人与自然和谐共生的关系。综合地域及建筑外观特征，中国传统民居建筑大致可分为北方合院式民居、江南民居、岭南广府民居、客家围屋民居、干栏式民居等。

（一）北方合院式民居

北方合院式民居，包括北京四合院、山西大院、西北窑洞民居三种类型，分布在京、津、冀、晋、陕、豫、甘等地区，尤其在京津冀地区呈集聚分布态势。北方合院式民居空间布局为中轴对称的合院式布局，通常由建筑和墙四面围合，中间大多为宽敞的院落，中轴对称，院落和大门之间由影壁隔开。北方不同地区的民居，由于院落组合形式的不同，空间布局也有一定差异。北京四合院是北方合院式民居的代表。北京四合院主要分布在北京及其周边地区，是典型的合院式布局，院落通常称为“进”，可分为一进院落，呈“口”字形；二进院落，呈“日”字形；三进院落，呈“目”字形；四进及四进以上院落等。其中，三进院落为典型的四合院布局。北京的四合院住宅，经过长期的经验积累，不论是在形式上还是在结构、材料、施工方法上，都有一套成熟的做法。进四合院大门后的第一道院子，南面有一排朝北的房屋，叫作倒座，通常供宾客居住、男仆人居住或作为书塾、杂物间。自此向前，经过二道门（或为屏门，或为垂花门）进到正院。二道门是四合院中装饰得最华丽的一道门，也是由外院进到正院的分界门。在正院，小巧的垂花门和它前面配置的荷花缸、盆花等构成了一幅有趣的庭院图景。正院中，北房南向是正房，房屋的开间进深都较大，台基较高，多为长辈居住，东西厢房开间进深较小，台基也较矮，常为晚辈居住。正房、厢房和垂花门用廊连接起来，围绕成一个规整的院落，构成整个四合院的核心空间。

（二）江南民居

江南民居是北方中原民居文化与江南独特的山水地理环境交融所形成的民居类型。江南民居集中分布在沪、浙、苏、皖等区域。江南民居整体通常呈长方形，较窄的边面对着街道或者小河，其布局采取局部平面对称或总体非对称的构筑方式，布局整齐而灵活，整体精巧，在持重中尽显雅致。江南民居都为木架承重，屋脊高，大木结构高瘦，装饰玲珑，木刻砖雕十分精细，屋面轻巧，呈现出明秀轻松的外观。江浙民居以不封闭式居多。墙体薄，立面造型棱角笔直，严格精确又自由灵活。悬山、硬山、歇山、四坡屋顶皆应用，屋顶、屋檐及山墙的高低、大小多有变化，形成高低错落的造型。民居厅堂空间简洁高雅却不失细部设计，精致含蓄，气质清雅、端庄。

在江南民居中，天井是运用极普遍的一种建筑手法。江南民居的大门多开在中轴线上，迎面正房为大厅，后面院内常建二层楼房。由四合房围成的小院子通称天井，作采光和排水用。因为屋顶内侧坡的雨水从四面流入天井，所以这种住宅布局俗称“四水归堂”。

（三）岭南广府民居

岭南广府民居，主要分布在桂东、粤北及粤南等区域。岭南广府民居空间布局紧凑，一般为小天井及大进深形式，多采用“梳式”布局或“三间两廊”式的三合院，村口常有大榕树和池塘，与宗族祠堂一起，成为岭南聚落的精神文化空间。岭南广府民居可大致分为三间两廊屋、竹筒屋、明字屋和西关大屋，以及近代都市时期的骑楼和东山花园洋房。因岭南地区襟山带海，夏季长、太阳辐射强、多雨、潮湿、闷热，岭南广府民居讲究通风、防日晒，与北方民居相比显得巷道较窄、院落较小，其中比较特别的是竹筒屋。

竹筒屋通常左右仅容一间居室及一狭窄过道，但纵向可灵活延伸，进深短则7～8米，深则20余米。竹筒屋狭长的外墙及通道因不受阳光照射而温度较低，夏日，当天井受太阳灼射而造成气流上升时便形成冷热空气对流，以保持室内凉爽舒适。

（四）客家围屋民居

客家围屋民居代表分别为赣南的围屋、闽西的土楼和以粤东梅州为中心的围龙屋，主要分布于闽、粤、赣交界地区。客家围屋民居空间布局呈几何形，以圆形、方形、椭圆形和八卦形等为主，建筑四周封闭围合，中轴对称，内部形成院落，作为活动的公共空间。客家围屋民居具有丰富的文化内涵，其建筑本身受到中原建筑技术的影响，由于客家人迁移的历史，因而防范严密、居住安全成为客家人共同的心理需求，使得客家民居以突出的防御性明显区别于其他民居。客家围屋民居对外墙壁较厚，有时可厚达1米。一二层对外不开窗，多作饲养牲畜、存储所用。上层为居住场所，朝内作走廊，户户相通。围屋内部中心多为祠堂，是内部的公共活动场所。

（五）干栏式民居

干栏式民居主要分布在川东、渝西南、渝东南、鄂西、黔东南、桂北、湘西、滇南等地区，在川渝、渝湘黔及黔桂等交界地区形成三个集聚分布区域。“干栏”一词最早出现在《魏书》中：“依树积木，以居其上，名曰干兰。干兰大小，随其家口之数。”干栏式民居底层全架空或半架空，普遍采用杉木、瓦石作为建筑材料。有的干栏式民居一半搭建在山坡上，又称为吊脚楼或半边楼。桂林市龙胜各族自治县龙脊古壮寨中的民居均为干栏式建筑。在壮族方言中，“干”是“上面”，“栏”是“房屋”，连起来就是“上面的房屋”。龙脊古壮寨内的干栏式民居依山势而建，纵向的布局原则是“下畜上人”，底层是畜栏和工具材料堆放地，二楼是堂屋、伙房、住房，阁楼多用来储物。平面一般是比较规整的矩形，面宽3～6个开间，以5开间最为普遍。房屋入口在一楼侧面，沿着木楼梯拾级而上就到达二楼正房的前厅，被称为望楼，这是一个类似开放式阳台的功能区域。由望楼进入，堂屋位于中部，是住宅的几何中心和精神中心。正对大门的香火牌位处是一个架空层，上方设有楼板，直接通达瓦面檩条。大门左右两边依托不架空的实地设置火塘和厨房，火塘四周2米见方用青石板铺设，可以降低火灾隐患。二楼的其他空间作居住、储物之用。

项目二　万象归园：中国古代园林

中国传统园林以顺应自然、模仿自然为基本特征，追求人、建筑、自然的和谐之美。在总体景观构成上强调以山水为主、建筑为辅。明代计成撰写的《园冶》是中国关于造园的第一部也是最重要的一部专著，其中关于中国造园思想最经典的论述就是“虽由人作，宛自天开”。

一、北方皇家园林

北方园林艺术集大成者为北方皇家园林。它是宫殿和苑囿相结合的皇家宫苑，皇帝除在园内游乐外，还可长期居住、处理朝政等，是一个多功能处所。北方皇家园林大多根据自然山水改造而成，规模宏大、气势雄伟，平面布局较为严整。在北方园林中，建筑的形象较为稳重、敦实。轴线对称是北方园林最显著的特点，园林的轴线与宫殿和住宅的轴线一致，称为住宅区轴线的延伸。

北方皇家园林建筑主要集中在北京及其周边地区，以颐和园为代表。另外，离北京较近的一些城市也有一些大型皇家园林建筑的分布，如承德避暑山庄。因为北方皇家园林建筑多建于优美的自然风景地，所以园林建筑在园林中所占的比例较低。在空间上多采用外向或内外向相结合的处理手法，表现出和自然景观的相融。平面布局上，园林建筑多采用“大分散，小集中”的成群成组布局方式，但因气候和轴线对称布置的影响，园林建筑多为坐北朝南，与南方较为自然多变的布局方式不同。北方园林中建筑内外空间的界限分明，较为封闭，建筑整体通常较大。

北方皇家园林最大的特色是园中有山，山中有园。庭院在总体规划中都充分利用了原有的自然山水的景观特点和有利条件，采用大空间开敞、小空间封闭、园中有园、大中见小、小中见大的布局方式。园中分成若干区域，大区域中又有小区域，小区域中又有若干景点。景点之间多用山石、林木、廊墙、桥堤、园路分隔与联系，达到隔而不断、联而又隔的艺术效果。

二、江南私家园林

中国传统园林，除北方皇家园林外，还有一类属于官吏、富商、地主等私人所有的园林，称为私家园林。就全国而言，私家园林集中在江南地区，这是因为江南地区具有造园的自然、经济与人文等诸方面条件。江南位于长江中下游，江流纵横，河网密布，水源十分丰富。气候湿润，雨量充沛，冬无严寒，四季分明，利于花木生长。园林堆山，除土以外，不可缺石，而江苏、浙江一带多产石料，南京、宜兴、昆山、杭州、湖州等地多产黄石，苏州自古以来就出湖石。同时，江浙乃鱼米之乡，极为富庶。随着商业经济发展，城市得以繁荣。经济的发达给造园提供了物质条件。另外，江南自古文风盛行，南宋时盛行文人画与山水诗，随着宋朝迁都临安，大批官吏、富商涌至苏杭，造园盛极一时。私家园林面积都不大，多者十多亩、几十亩，少者仅几亩之地，在有限的空间里创造出有山有水、迂回曲折、景物多变的环境。私家园林追求一种平和、宁静的气氛，建筑不求华丽，环境色彩讲究清淡雅致，力求创造一种与喧嚣的城市隔绝的世外桃源境界。江南私家园林的代表为瞻园、留园、拙政园、寄畅园。

（一）瞻园

瞻园位于江苏省南京市。瞻园始建于明初，至今已有600余年的历史，是南京现存历史最悠久的一座园林，素有“金陵第一园”的美誉。瞻园地处市井，占地面积较小，因此必须借助于人工的方法来分割空间，组景造园，从而使小庭院成为可居、可游、可观的城市山林。山水构成瞻园的地形骨干，结构得体，山水之间相辅相成，山水与建筑、园路、植物之间相互交融，浑然一体。瞻园以高超的假山景观构造而闻名，全园面积仅8亩，假山便占3.7亩。全园空间划分采取南北纵向展开方式，主体建筑静妙堂将全园分为南小北大两个空间，各成环游路线，弥补了南北空间狭长的缺陷。瞻园南部为一组建筑群，由大厅、楼厅、小厅及庭院组成，中部为宽敞的草坪，东侧辅以曲廊，北部为一组迭落厅廊，水院环以水廊、曲廊、方亭及八角亭。建筑布局讲究疏密对比，参差错落，同环曲折，灵活多变，不拘一格，尽量顺应自然，随高就低，蜿蜒曲折，不拘一格。瞻园将山石、水池、花木巧妙地结合起来，构成一幅生动的画面。

（二）留园

留园位于苏州市，始建于明代万历二十一年（1593年），为太仆寺少卿徐泰时的私家园林，时人称东园，其时东园“宏丽轩举，前楼后厅，皆可醉客”。清代乾隆五十九年（1794年），东园为吴县东山刘恕所得，经修建于嘉庆三年（1798年）始成。因多植白皮松、梧竹，竹色清寒、波光澄碧，故更名“寒碧山庄”，俗称“刘园”。刘恕喜好法书名画，他将自己撰写的文章和古人法帖勒石嵌砌在园中廊壁。后代园主多承袭此风，逐渐形成今日留园

多“书条石”的特色。刘恕爱石，治园时搜寻了十二名峰移入园内，并撰文多篇，记寻石经过，抒仰石之情。同治十二年（1873 年），园为常州盛康购得，经缮修加筑，园内“嘉树荣而佳卉茁，奇石显而清流通，凉台燠馆，风亭月榭，高高下下，迤逦相属”，比昔盛时更增雄丽。因前园主姓刘而俗称刘园，盛康乃仿随园之例，取其音而易其字，改名留园。在盛康及子孙的经营下，留园声名愈振，被称为“吴下名园之冠”。留园采用不规则布局形式，使园林建筑与山、水、石相融合而呈天然之趣。利用云墙和建筑群把园林划分为中、东、北、西四个不同的景区，中部以山水见长，东部以厅堂庭院建筑取胜，北部陈列数百盆朴拙苍奇的盆景，一派田园风光，西部颇有山林野趣。其间以曲廊相连，迂回连绵，达 700 余米，通幽度壑，秀色迭出。

（三）拙政园

拙政园是中国园林的杰出代表，亦是江南私家花园典范，以其悠久的人文历史、丰富的文化内涵、高超的造园成就、疏朗自然的风格、典雅秀丽的景色而著称于世。拙政园始建于明正德四年（1509 年），为明代弘治进士、御史王献臣弃官回乡后，在唐代陆龟蒙宅地和元代大弘寺旧址处拓建而成。拙政园位于苏州市东北街 178 号，占地面积 78 亩（52 000 平方米），全园分东、中、西三部分。东部明快开阔，以平冈远山、松林草坪、竹坞曲水为主，主要景点有兰雪堂、缀云峰、芙蓉榭、天泉亭、涵青亭、秫香馆等。中部为拙政园精华所在，池水面积占三分之一，以水为主，池广树茂，景色自然，临水布置了形体不一、高低错落的建筑，主次分明，主要景点有远香堂、香洲、荷风四面亭、见山楼、小飞虹、枇杷园等。西部的水池呈曲尺形，其特点为台馆分峙，回廊起伏，水波倒影，别有情趣，装饰华丽精美，主体建筑为靠近住宅一侧的卅六鸳鸯馆，另有倒影楼、留听阁、塔影亭、浮翠阁、与谁同坐轩、波形廊等。

（四）寄畅园

寄畅园初建于明正德十五年（1520 年），兴盛于明万历至清康乾年间，是江南著名的山麓别墅式古典园林，1988 年国务院公布其为全国重点文物保护单位，也是无锡唯一的明代古典园林。始建初名为“风谷行窝”，后据王羲之“取欢仁智乐，寄畅山水阴”诗意，改名为“寄畅园”，亦名“秦园”。它以高超的借景，洗练的迭山、理水手法，苍郁满目的古木，创造出自然和谐、灵动飞扬的山林野趣。清朝康熙、乾隆两帝在康熙二十三年（1684 年）至乾隆四十九年（1784 年）的 100 年间，先后下江南，分别七次驾临惠山，乾隆更是七游惠山，八巡秦园，对其钟爱有加。乾隆评说“江南诸名胜，唯惠山秦园最古”。乾隆皇帝还在清漪园（今颐和园）中仿造一园，名“惠山园”（今谐趣园）。寄畅园现存景观包括门厅，康熙、乾隆御题“山色溪光”“玉戛金枞”寄畅园法帖碑廊，凤谷行窝，秉礼堂及庭院，碑墙，含贞斋，九狮台，八音涧，案墩，梅亭，嘉树堂，大石山房，清药，涵碧亭，七星桥，清响，锦汇漪，鹤步滩，知鱼槛，幻石，郁盘及观景廊、凌虚阁、先月榭及廊、卧云堂、美人石、镜池、介如峰刻石及碑亭、邻梵阁 28 景。有碑刻 244 方，百年以上挂牌古树名木 12 棵。整个古园气机贯通，阴阳相谐，清雅别致，向世人展现了“锦江漪塔影摇曳”的清秀风光。

项目三　天人合一：中国古代建筑的特征

一、中国古代建筑的营建特征

建筑是人与自然联系的一种重要载体，中国古代建筑的选址、选材、布局都体现出天人合一的和谐关系。

（一）中国古代建筑的选址

在我国历史上第一个王朝——夏朝之前，住宅建筑发展已经较为成熟。比较具有代表性的是巢居和穴居。原始巢居主要是一种被长江流域沼泽地带的居住者广泛采用的建筑形式，因为长江流域气候温暖、湿润，适合构架透风、轻盈的巢居。早期人们搭建在树上的庇护所，就是仿鸟巢而建，所以得名“巢居”，原始的干栏式建筑也源自巢居。原始穴居是一种被黄河流域黄土地带居住者所广泛采用的早期居佳形式，因为黄河流域气候干燥、寒冷，并有土质细密、适合挖穴的黄土地层，为穴居的产生提供了自然条件。原始穴居及以后在此基础上发展出的建筑形式，是中国土木结构建筑的主要渊源。从中国古代建筑的发展轨迹来看，不管是巢居、穴居建造中的实用意识，还是后来的原始村落、都城、宫殿等建筑的风水理念，都要对自然环境进行勘察，了解环境容量，根据该地形地貌承载能力，来确定环境容量和建设规模。归根结底，这是一种保持生态平衡、保持建筑与自然和谐并合理利用环境的选址方法。

（二）中国古代建筑的选材

在世界古代六大古文明中，古代埃及、古代西亚、古代印度、古代爱琴海、古代中美洲五个文明均是石构建筑文明或土石建筑文明，唯独中国是土木混合建筑文明。并且，这种文明由中国进而影响整个东亚、东南亚。土木混合的建筑选材综合体现了自然环境、材料资源、技术手段的先天合理性。从中国传统沿用的“土木之功”这一词语作为一切建造工程的概括名称可以看出，土和木是中国建筑自古以来所采用的主要材料。从自然环境来讲，中国地处温带，因而为构筑建筑物提供了充足的树木资源，并且黏性土分布较广，黑色土、红色土都可以作为建筑材料（包括经过挖掘的天然土质、晒坯、版筑以及后来烧制的砖、瓦等）来建造房屋。从技术手段来说，土木可塑性强，单从木材来说，其既具有承载力又具有柔韧性，这也是很多传统建筑历经多年不倒的原因之一。从“夯土”技术的应用，到“榫卯”技艺的精湛，中国古代建筑的选材始终取法自然，并经由劳动人民之手，不断创新发展。

（三）中国古代建筑的布局

建筑布局即建筑单元的内在联系，以及建筑单元与其他单元的排列布置。如以一个房间、一个院落作为整个建筑的最小单位，安排这些房间与院落，就体现出中国古代建筑营建中的布局智慧。中国建筑的整体布局不是将山体走势铲平，而是顺应山体走势，地坪节节升高，建筑顺应山势产生高低起伏的变化；不是将水体走势取直，而是顺应水的走势，灵活布局。将建筑形体融入整个环境中，呈现出一幅和谐静美的画面。中国古代建筑的内在布局更承载着营造局部小气候、创造优良居住环境的功能。

二、中国古代建筑的文化特征

建筑作为一种文化载体，是政治制度、伦理道德、礼仪交往、艺术审美等文化形态的外在表现。中国传统文化透过一座座宫阁轩榭，折射出人与人、人与自然、人与艺术的碰撞。

（一）礼制规范下的井然有序

中国古代以礼治国，国家政治、法律制度和一切社会规范都按照“礼”的原则来制定。《礼记·经解》中解释：“礼之于正国也，犹衡之于轻重也，绳墨之于曲直也，规矩之于方圆也。”孔子曰：“安上治民，莫善于礼。”因此，中国古代建筑也是在礼制的规范下营建起来的。中国古代建筑讲究主次分明、尊卑有序。

受封建等级制度影响，中国古代建筑按使用者的社会地位把建筑划分为若干等级。宋朝的《营造法式》和清朝的《工程做法则例》便是当时建筑的营建规范。以屋顶为例，中国古代建筑屋顶样式主要有庑殿、歇山、悬山、硬山等。庑殿顶是最高等级的式样，只有皇家建筑才能用；歇山顶次之，可用于宫殿、寺庙等较大规模的建筑；而一般平民百姓的建筑只能用悬山、硬山顶。除屋顶样式，数量关系也是表现建筑等级的重要手段。因为“九”是阳数（奇数）之极，所以“九”便成了皇帝的专用数字，九开间一般为皇帝专用，斗拱九踩、台阶九级、门钉九路、屋脊九兽等，都是最高等级的象征。随着数字的降低，建筑等级也随之降低。

中国古代是一个宗法社会，宗法关系就是家族血缘关系。受宗法观念影响，中国古代建筑多三合院、四合院和多样化的群体组合形式的建筑布局。这种由若干个体建筑和回廊、围墙之类环绕成的一个个庭院，是前后连串，从前到后一院又一院层层深入的空间组合。此外，中国古代建筑在空间布局上反映出一定的尊卑、长幼、亲疏关系。中国古代建筑多采用中轴对称布局，这种布局体现出“尚中”的思想，也是血亲家族团聚与向心的生理、心理的需要和象征。在民居建筑中，无论是北方的四合院还是南方的民居院落，纵轴位置的居住者通常为家庭中地位最高者。家族中的其他人则按长幼顺序居住在厢房、耳房。

（二）自然观念下的虚实相生

自然观念作为一种思维方式，也在建筑的各方面表现出来。中国古代建筑中体现出顺应自然规律、与自然环境共生，并讲究“天时、地利、人和”，适当修正不利环境的和谐自然观念。

风水是与中国古代建筑直接相关的一种文化观念。对于风水的理解主要有两个层面。首先，风水具有一定的实用功能，它关注的是人的生活环境和审美需要，如建筑的朝向、周边的山水地形等，这与今天的环境科学和景观艺术的功能相吻合。其次，风水观念带有一定的迷信色彩，这是古代人们在有限的科学文化知识下的朴素总结。但这一层面的风水也与实用功能分不开，如建筑朝向不利于采光通风，常年居住或许会对人们的身体健康造成影响，久而久之便形成了具有神秘色彩的风水说法。

此外，最能体现中国古代建筑自然观念的一种建筑形式便是园林建筑。中国古代园林重视自然美，以顺应自然、模仿自然为基本特征。园林对原有地形地貌的加工和改造，都遵循“有若自然”的原则，仿佛天然所成。中国园林师法自然，采用对景、借景、隔景、障景、透景、漏景、框景等多样手段，在自然景观中适当介入，形成符合使用者审美需求的多变的景色。

（三）人文意蕴中的诗情画意

中国古代建筑是中国传统人文艺术的综合凝聚体，融合建筑工艺、园艺、诗画、书法、雕刻于一体，具有鲜明的民族审美特征，承载着农耕自然经济

时代的栖居理想。

中国古代很早就开始关注建筑的精神功能。中国最早的史书之一《国语·楚语》便有对楚灵王建造的章华台的论述："夫美也者，上下、内外、大小、远近皆无害焉，故曰美。若于目观则美，缩于财用则匮，是聚民利以自封而瘠民也，胡美之为？"表达的就是建筑不能只顾追求豪华壮丽，对所有人都没有害处才是美的精神追求。

书画是中国古代建筑装饰中非常重要的一种手法。中国古代很早就有文人在建筑结构上作画的传统。无论是王公贵族还是平民百姓，都喜欢用书画来装饰建筑，无论是墙、梁、枋还是斗拱天花、藻井，建筑使用者用书画表达自身的生活期盼、理想抱负、审美取向等。如使用文人画中梅、兰、竹、菊"四君子"作为书画主题来装饰建筑。

中国古代建筑还与文学艺术有着不可分割的关系。中国古代园林的独特个性在于以"诗意地栖居"为核心意义，以自然、和谐为最高艺术原则，兼顾自然与人文、实用与艺术、世俗与超越，创造出一种和谐、美好的栖居环境和栖居方式，造就了一种艺术化的、适性怡情的生存生活状态，使建筑成为人们庇护灵魂的精神家园。

【微课扫一扫】

中国传统建筑文化特征

初识中国古典园林

中国古典园林文化特征

测一测

一、单项选择题

1. 城墙属于（　　）建筑。

A. 民居　　B. 城市公共

C. 宗教　　D. 行政

2. 我国已知最早的宫殿遗址为（　　）。

A. 陕西岐山凤雏村西周遗址

B. 汉魏洛阳故城遗址

C. 荆州

D. 河南偃师二里头宫殿建筑遗址

3. 北京四合院东西厢房为（　　）居住。

A. 父母　　B. 客人

C. 子女　　D. 用人

4. 下列选项中，不属于岭南广府民居类型的是（　　）。

A. 三间两廊屋　　B. 竹筒屋

C. 明字屋　　D. 围龙屋

5. 下列选项中，属于北方皇家园林的是（　　）。

A. 留园　　B. 承德避暑山庄

C. 拙政园　　D. 寄畅园

6.（　　）是中国关于造园的第一部也是最重要的专著。

A.《考工记》　　B.《营造法式》

C.《鲁班经》　　D.《园冶》

7. 干栏式民居一楼通常作为（　　）使用。

A. 卧室　　B. 畜栏

C. 厨房　　D. 粮食储藏室

8. 衙署作为行政建筑通常处于城市（　　）。

A. 东方　　B. 中部

C. 西方　　D. 东南方

9. 夏朝之前，（　　）便成为被长江流域沼泽地带的居住者广泛采用的建筑形式。

A. 巢居　　B. 窑洞

C. 穴居　　D. 围楼

10. 中国古代建筑的典型选材为（　　）。

A. 土石　　B. 石头

C. 土木　　D. 木石

二、判断题

1. 客家围屋民居空间布局呈圆形或椭圆形，没有方形空间布局。（　　）

2. 中国古代建筑讲究将山体走势铲平，将水体走势取直，体现人工之美。（　　）

3. 江南私家园林追求一种平和、宁静的气氛，建筑不求华丽，环境色彩讲究清淡雅致。（　　）

4. 北方皇家园林建筑多采用“小分散，大集中”的成群成组布局方式。（　　）

5. 拙政园被称为“吴下名园之冠”。（　　）

6. 寺院建筑有意将内外空间模糊化，讲究室内室外空间的相互转化。(　　)

7. 南京明城墙是世界上现存最长的砖石构造城市城墙。(　　)

8. 北方合院式民居空间布局灵活，不讲究中轴对称。(　　)

9. 中国传统园林以顺应自然、模仿自然为基本特征，追求人、建筑、自然的和谐之美。(　　)

10. 因为屋顶内侧坡的雨水从四面流入天井，所以这种住宅布局俗称“四水归堂”。(　　)

实践体验与知识拓展

1. 搜集资料，找找你的家乡具有代表性的传统建筑。
2. 观看纪录片《园林》。
3. 自行在网上搜索著名园林的 3D 导览视频，进一步加深感受。

参考文献

1. 宋梵 . 中国传统文化与地域特色文化概论 . 长春：吉林大学出版社，2014.

2. 张应杭，蔡海榕 . 中国传统文化概论 . 上海：上海人民出版社，2013.

3. 张建，刘荣 . 中国传统文化 . 3 版 . 北京：高等教育出版社，2018.

4. 周臻，黎莉，华雪春 . 中国传统文化 . 北京：航空工业出版社，2015.

5. 王艳玲 . 中国传统文化 . 北京；高等教育出版社，2018.

6. 张岱年 . 中国文化概论 . 北京：北京师范大学出版社，2021.

7. 孔德立 . 先秦诸子 . 南京：南京大学出版社，2009.

8. 冯友兰 . 中国哲学简史 . 北京：北京大学出版社，2013.

9. 冉启江，韩家胜，康佳琼 . 中国传统文化 . 上海：上海交通大学出版社，2016.

10. 孔颖达 . 毛诗正义 . 北京：北京大学出版社，1999.

11. 李玥瑾 . 中国旅游文化 . 青岛：中国海洋大学出版社，2011.

12. 朱克敏，陈琳，王婷 . 艺术鉴赏 . 北京：北京理工大学出版社，2017.

13. 中医中药中国行组委会 . 走进中医：领略中医药文化的无穷魅力 . 北京：中国中医药出版社，2019.

14. 彭崇胜 . 中医药与中华传统文化 . 上海：上海交通大学出版社，2017.

15. 王文章 . 弘扬传统节日文化现状与对策：中国传统节日文化调研实录 . 北京：文化艺术出版社，2012.

16. 彭林 . 中国传统礼仪教程 . 北京：高等教育出版社，2006.

17. 郑久平 . 中华传统礼仪礼文 . 海口：海南出版社，1990.

18. 王枝忠 . 中国古诗词导读 . 福州：海峡文艺出版社，1999.

19. 王钟陵 . 古诗词鉴赏 . 成都：四川辞书出版社，2017.

20. 程裕祯 . 中国文化要略 . 北京：外语教学与研究出版社，2018.

21. 张宏 . 中国传统文化概论 . 北京：北京理工大学出版社，2019.

22. 周鹭 . 浅议中国古代绘画中的“天人合一”思想 . 美术教育研究，2016（7）.

23. 天人合一：艺术精神的至高境界 . 正心正举公众号，2019-10-15.

24. 中国大百科全书总编辑委员会 . 中国大百科全书 · 戏曲曲艺 . 北京，

上海：中国大百科全书出版社，2004.

25. 中国戏曲剧种大辞典编辑委员会 . 中国戏曲剧种大辞典 . 上海：上海辞书出版社，1995.

26. 曾于久，刘星亮 . 民族传统体育概论 . 北京：人民体育出版社，2003.

27. 韦晓康，浅谈中国少数民族传统体育的起源与发展 . 搏击（武术科学），2006（5）.

28. 张维青，高毅清 . 论中国传统服饰的文化内涵 . 齐鲁艺苑，1944（3）.

29. 柳肃 . 营建的文明：中国传统文化与传统建筑 . 北京：清华大学出版社，2014.

30. 王其钧 . 中国建筑史 . 北京：中国电力出版社，2013.

31. 广州市唐艺文化传播有限公司 . 古建上的中国 3：中式建筑巡礼 传统文化再现 . 长沙：湖南美术出版社，2012.

32. 广州市唐艺文化传播有限公司 . 古建上的中国 5：中式建筑巡礼 传统文化再现 . 长沙：湖南美术出版社，2012.

33. 秦岩 . 中国园林建筑设计传统理法与继承研究 . 北京：北京林业大学出版社，2009.

34. 熊瑶 . 中国传统园林的现代意义 . 北京：北京林业大学出版社，2010.

35. 徐岚 . 瞻园园林艺术赏析 . 浙江工艺美术，2000（Z1）：18–20.

36. 刘一光，康宁 . 中国传统建筑的美学特征及其当代转型 . 艺术百家，2007（1）：206–207.

37. 李玲 . 中国古建筑和谐理念研究 . 济南：山东大学出版社，2011.

38. 朱筱新，李军 . 中国传统文化 . 3 版 . 北京：中国人民大学出版社，2021.

39. 田广林 . 中国传统文化概论 . 3 版 . 北京：高等教育出版社，2022.

40. 蔡少惠 . 中华文明礼仪教程 . 北京：中国人民大学出版社，2021.

41. 彭林 . 中华传统礼仪 . 北京：中国人民大学出版社，2021.